Eichmann in Jerusalem

A Report on the Banality of Evil

導　讀

雷敦龢 *

回顧第二次世界大戰期間的尤太人註1大屠殺，台灣的一般讀者也許對這場遠在歐洲的大浩劫所知不深，只單純解讀為惡人（希特勒與納粹黨員）殺害無辜好人（歐洲尤太人）的事件，雖然過程極其殘忍，但至少納粹在二戰後便已失權，許多納粹戰犯也接受審判，而這場災難已經走入歷史。對歐洲歷史認識更深入的讀者可能認為，尤太人大屠殺只是歐洲反尤史中的一章（希望也是最後一章），而且，這段歷史的發生地與中國或台灣的距離非常遙遠，與我們幾乎無關，既然如此，便不妨將之視為一樁歷史奇事。

要重新思考這段歷史，以鄂蘭的書作為出發點也許會讓人感到奇怪。本書雖以尤太人大屠殺為主軸，但對於這段歷史的說明，並不如後續出版的其他專書來得詳盡，而鄂蘭的卓著聲譽主要是來自其政治哲學領域的成就，並非歷史學，但話說回

---

*　本文作者為東吳大學人權學程老師，曾將數本中國哲學專著譯為英文，目前主要從事人權教育工作，出版書籍多為介紹尤太人大屠殺及人權哲學的著作。

註 1：基督新教傳教士瓦特・麥都思（Walter Henry Medhurst）於 1817 年來華，1837 年曾編纂一本中英辭典，其中採用犬部的「猶」字指稱尤太人，原因是他認為尤太人並非善類，而且中國古代慣以「犬」部的字稱呼週邊的蠻族，如北方的狄族，因此麥都思刻意不使用天主教原有的「如得亞」（Judah/Jew），而選擇犬部的「猶太」，帶有貶低意味。針對麥都思的觀點，本人與許多學者都刻意採用「尤太」一詞以示反對。請參閱 Zhou Xun, *Chinese Perceptions of the 'Jews' and Judaism: A History of the Youtai*（周遜《中國對「尤太」與尤太教的看法：尤太人的歷史》），Richmond: Curzon, 2001, p. 15..

來，政治哲學家可能也會覺得本書差強人意，因為書中所闡明的理論都隱藏在歷史敘述之中，而歷史敘述著重於細究已發生的事實、已說過的話，因此讓普遍性的哲學思考淪為對特定納粹分子行為的省思。

雖然如此，但本書將顛覆你對歷史的刻板觀念，可能是你遇過最嚴峻的閱讀挑戰。鄂蘭並不認為本書所討論的納粹分子艾希曼是十惡不赦的魔頭，甚至，她也不覺得尤太人大屠殺是歐洲中世紀以來迫害尤太人傳統的延續，這一點讓當時的尤太人非常難以接受。她認為大屠殺有可能重演，而不僅是侷限於特定的國家或時代，一旦人停止思考，大屠殺就有可能重演。

本書之所以如此大名鼎鼎，或亦可說是惡名昭彰，原因來自鄂蘭於本書中提出的「邪惡的平庸性」，她認為邪惡根本平庸無奇：邪惡無根，像是細菌沿著潮濕的表面擴散；邪惡亦無本，缺乏深度，連惡的深度也沒有。但如此無根無本的邪惡，會引起的血腥殺戮比千萬頭惡獸更驚悚駭人，正因為如此，所以我們不能只將尤太人大屠殺視為二十世紀初德國一段獨特的歷史。確實，這場浩劫是在德國爆發，攻擊的對象是尤太人，而非波蘭人或華人，這與歐洲歷史（尤其是德國歷史）有所關聯，但大屠殺事件的規模是史無前例，而任何歷史先例都無法確保這種災難只會在當時當地發生。

鄂蘭認為大屠殺可能在任一地重演，此論點讓讀者頗為坐立難安，我們不能僅從中立角度閱讀本書，鄂蘭要引導我們進行思考，依照她的觀點，思考便等同於做評斷、分別善惡對錯。鄂蘭認為若要以這種方式思考，必須先學會從他人角度切入問題，她期望艾希曼能假設自己是尤太人並說出這番話：「我是德國尤太人，跟數百年前的祖先一樣，我在這裡住了一輩子，跟其他德國人具有同等的居住權，政府無權剝奪我的公民身分、工作、甚至性命。」但實際上艾希曼則追隨當時的主流偏見：既然政府說尤太人不是德國人，那當然不能把他們當成德國人，政府說尤太人是壞人，他們當然絕非善類。同樣的道理，如果我們認為凡是被判死刑的人，便必定是窮凶惡極的壞蛋，或凡是原住民，就必定是酒鬼，或凡是外籍勞工，便一律屬雞鳴狗盜之輩，如果我們這樣想，那便與艾希曼犯了相同的錯誤，「道聽途說」會被視為理所當然，此外，既是道聽途說便沒有人需要負任何責任。

但是，鄂蘭期待看到具有思考能力、願意負責、勇於質疑的人民，願意設身處地、從他人立場思考問題所在的人民。而實踐這種思考模式的首要條件，便是與他人建立關係，所以鄂蘭鼓勵我們學習與他人相處，對需要援助的人伸出雙手，在她一系列有關道德命題的演講中，最後一堂課談到邪惡的平庸性：「在最後的分析中可發現……我們判斷是非對錯時，關鍵在於我們選擇的同伴……如果不願或無法選擇理想的學習典範或同伴、不願或無法決定該如何與他人建立關係，這便形同一塊絆腳石，單靠人類無法撼動這塊絆腳石，原因是構成這塊絆腳石的並非人類或人為動機，這就是邪惡的可怕與平庸。」註2 只要我們不再質疑那些令人安心的政治常態、只要我們不再關心那些事不關己的議題、只要我們漠視他人需求，邪惡的勢力便會開始大舉擴張。

因此，我期待讀者能敞開心胸接受鄂蘭的挑戰，讓她顛覆你腦中的刻板觀念，學習以批判性眼光檢討社會現象，這樣你便知道該選擇與哪些人在這塊土地上共存共榮，這便是本書最重要的意旨。當然，本書的其他層面亦讓人獲益良多，如可增

註 2：Ronald Beiner (ed.), Hannah Arendt: Lectures on Kant's Political Philosophy, Chicago: University of Chicago Press, 1982, p. 113.

進對於尤太人大屠殺事件或尤太文化的瞭解。我開始研究尤太人大屠殺事件，便是受到本書的啟發，讓我重新思考自己對於尤太文化的認識，進而改變許多長久以來的既定認知。本書更是瞭解鄂蘭這位傑出政治哲學家的絕佳入門書，其思想觀點之獨特，難以歸屬於任何學派。同時，本書也非常適合人權議題的初學者，尤其是種族滅絕議題。鄂蘭寫作本書時，種族滅絕罪已載明於國際公約中，但大家都認為尤太人大屠殺會成為歷史絕響，而這種浩劫不可能再重演，卻沒預料到後來柬埔寨赤柬領袖波爾．布特（Pol Pot）會發動種族滅絕，波士尼亞的斯雷布雷尼察（Srebrenica）、非洲盧安達（Rwanda）會爆發集體屠殺。這些近代的種族滅絕事件促使國際社會設立數個國際人權法庭以及常設國際刑事法庭，證明人權議題應超越國界、並凌駕於各國利益之上。因此，雖然本書某些細節仍有待歷史學者、政治哲學專家或人權律師進一步斟酌，但在研究尤太人大屠殺、政治思想以及人權等領域，本書已奠定無可取代的經典地位。

2013 年 2 月 26 日

Introduction :

To be challenged by Arendt

On looking back at the Jewish Holocaust carried out under cover of World War Two, the average reader in Taiwan may comfortably reflect that this remote episode of history is quite easy to understand: a group of bad persons, Hitler and the Nazis, murdered a group of innocent people, the Jews of Europe. That was very bad but at least the Nazis were removed from power, even brought to trial and now this sad episode is over. Some readers with more knowledge of European history may see it as one, hopefully the last, episode in a history of anti-Semitism, that existed in Europe, but not in China or Taiwan. It is thus a story remote from our own times and of no particular consequence except as a historical curiosity.

Arendt's book may seem a strange place to begin to rethink this period. It tells the history, in part, but not as well or as fully as later accounts. Arendt is more famous as a political philosopher than as an historian, yet political philosophers may find that the theory in this book is embedded in a historical narrative which tends to particularise everything that is said, reducing it from universal philosophy to reflections on the actions of one particular Nazi.

Yet the book you are about to read is one of the biggest challenges to your historical certainties that you will ever encounter. Arendt does not hold the one Nazi she discusses, Adolf Eichmann, to have been a monster of evil. Nor, and this annoyed her Jewish contemporaries, does she believe that the holocaust was simply a continuation of medieval anti-Semitism. In other words, the important point about the holocaust is precisely that it was not specific to one country or to one time: it could happen anywhere. And it could happen whenever people stop thinking.

This book is famous, or notorious, for what has become its hallmark: the phrase "the banality of evil". Evil, in Arendt's view, is simply ordinary; it is rootless, spreading like a fungus over the surface; it has no roots; no depth, not even a depth of malice. But the slaughter wrought by this rootless evil is more fearsome than that brought about by a thousand monsters. Precisely for this reason we cannot dismiss it by saying that it was a unique peculiarity of early twentieth-century Germany. That the holocaust happened in Germany and not elsewhere, that its victims were principally Jews rather than Poles or Chinese, is not without some basis in European history and German history in particular, but the historical precedents do nothing to prepare us for the enormity of the crime committed. Nor are they sufficient to confine that crime to that time and place.

By suggesting that the holocaust could happen anywhere and could happen again, Arendt makes the reader uncomfortable. We cannot read this book neutrally. It is an invitation to think.

Thinking, in Arendt's terms, means making judgments about right and wrong and she believed that this type of thinking required an ability to put oneself in the place of another. What she would have expected of Eichmann is that he could have said to himself: "I am a German Jew; I have lived here all my life and so have my ancestors for hundreds of years; therefore I have as much right to be here as any other German and the government has no right to deny my citizenship, my job and my life." Eichmann, however, preferred to dwell in the popular ill-thought out prejudices of his day. If the government said Jews were not German, then they were not German; if it said they were wicked, then they were wicked. The same happens when we hold that all people condemned to death are evil monsters or that all indigenous people are drunkards or that all migrant workers are potential crooks. That we fail to question "what everyone believes to be true" is not seen as a fault. Moreover, it stops us having to be responsible.

But Arendt wants, thinking, responsible citizens, people prepared to question, to put themselves in another's shoes and see things from that person's perspective. Precisely because the type of thinking she requires demands relating to persons she demands that we must make an effort to be with people, to identify with those who need us. In the final lecture of her series on Basic Moral Propositions, Arendt had this to say about the banality of evil:

In the last analysis... our decisions about right and wrong will depend upon our choice of company, with whom we wish to spend our lives... Out of the unwillingness or inability to choose one's examples and one's company and out of the unwillingness or inability to relate to others through judgment arise the real skandala, the real stumbling-blocks which human powers cannot remove because they were not caused by human and humanly understandable motives. Therein lies the horror and, at the same time, the banality of evil. [1]

Evil spreads precisely when each of us fails to challenge the political certainties that make our life comfortable, when we no longer care about issues which do not affect us directly, when we become indifferent to the needs of others.

Hence, I hope that you, the reader, will allow yourself to be challenged by Arendt, to let her shake you out of your own comfortable certainties and face society with a critical eye. Then you will know how to choose the people with whom you need to identify, those with whom you wish to allow to share this earth with you.

That is the main point of the book. Naturally, this does not preclude learning more about the Holocaust in general and Judaism in particular. My reading of Eichmann in Jerusalem has encouraged me to go on to do research into the holocaust and to come to a new appreciation of Judaism, which has certainly changed many of the ways of thinking in which I was brought up. The book is also a readable introduction to a fascinating political philosopher whose thought cannot be pinned down to any one school or trend. It is also a good introduction to human rights and

---

1. Ronald Beiner (ed.), Hannah Arendt: Lectures on Kant's Political Philosophy, Chicago: University of Chicago Press, 1982, p. 113.

to one particular issue in human rights, that of genocide. When Arendt wrote genocide had been defined in an international treaty, but it was largely supposed that, after the Holocaust, genocide would never happen again. We were not prepared for Pol Pot in Cambodia, for Srebrenica in Bosnia, or for Rwanda. These more recent genocides have given rise to new international courts and to the International Criminal Court. More than anything else this has shown that human rights must always be above national interests and national boundaries. Thus in these fields of interest Arendt's work will stand as a classic that is irreplaceable even if details in it may need further refinement at the hands of specialist historians, political philosophers or human rights lawyers.

Edmund Ryden SJ *
Human Rights Programme
Soochow University (Taipei)
26 February 2013

* Edmund Ryden is a translator of Chinese philosophy into English and a lecturer in human rights, with books on the Holocaust and the philosophy of Human Rights.

目次 CONTENTS

3 導讀

15 第一章 正義的殿堂

35 第二章 被告

51 第三章 尤太問題的專家

73 第四章 第一個解決方案
—強制驅離—

87 第五章 第二個解決方案
—集中營—

103 第六章 最終解決方案
—屠殺—

133 第七章 萬湖會議
—本丟·彼拉多—

157 第八章 守法公民的職責

173 第九章 大德意志帝國的驅逐行動
—德國、奧地利和保護國—

第十章 西歐的驅逐行動 185
—義大利、比利時、荷蘭、丹麥—

第十一章 巴爾幹半島的驅逐行動 205
—南斯拉夫、保加利亞、希臘、羅馬尼亞—

第十二章 中歐的驅逐行動 219
—匈牙利、斯洛伐克—

第十三章 東陸屠殺中心 231

第十四章 證據和證人 245

第十五章 判決、上訴、行刑 261

結　語 281

後　記 309

參考書目 329

索　引 333

喔，德國——

聽聞堂內演講聲，

讓人欣然而笑。

但只要見到你，任誰都得劍拔弩張。

——德國劇作家與詩人布希萊特（Bertolt Brecht, 1898-1956）

第一章

正義的殿堂

「Beth Hamishpath」——「法官到」：法警大聲宣布三名法官進入法庭，在場所有的人都忙不迭起身肅立；這三名法官都沒有戴帽，他們身穿黑袍從法庭的側門走進來，坐在高台上最高階的位子。法官面前的長桌不久後將堆滿許多書本及逾一千五百份文件；長桌兩側各坐了一名法庭書記官。法官正下方坐的是通譯員，負責在場提供翻譯服務，以便被告或其辯護律師與法庭直接溝通；否則只懂德語的被告必須像其他旁聽的人一樣，透過無線電傳輸同步口譯來瞭解希伯來語的法庭審訊內容；但同步口譯的法語翻譯十分流利，英語翻譯馬馬虎虎，至於德語翻譯則是笑話一場，大多讓人聽得一頭霧水。（鑒於這場審判在各項技術面的安排均謹守公平原則，其中一個難解的小謎團便是在以色列這個新獨立國家裡，德裔人口的比重極高，卻找不到適合的人選替被告及其辯護律師將審判內容翻譯成他們唯一聽得懂的語言。過去以色列雖然對德裔尤太人明顯存有偏見，但如今這種情形早已不如以往強烈，因此並非造成上述謎團的原因。唯一的解釋就是更早以前即存在且至今影響仍十分深遠的「維他命 P」，也就是以色列人所謂的政界與官僚的保護心態。）在通譯員的下方設置了兩個玻璃小包廂作為被告席與證人席；兩個包廂面對面，因此旁聽的人只能看到被告與證人的側臉。最後，坐在最下層的人則是背對著旁聽的人，分別是檢察官及其四位助理律師，以及被告的辯護律師；頭幾週內該律師還有一名助理隨行。

法官的言行舉止一點都不矯揉造作，步伐自然，精神抖擻而全神貫注。聆聽受害者的故事後，臉色也自然因為哀戚而凝重了起來。檢察官冗長的發言不斷拖延審訊過程時，他們也自然流露出不耐煩的神情。至於他們對辯護律師的態度，則是顯得過分禮遇，好像一直都知道「辯護律師塞萬提斯博士（Dr. Servatius）在陌生的沙場上孤軍奮戰」，他們對被告的態度則是完全無可非議，顯然就是三位誠實的好人，在這樣的場景下，從來不會忍不住而裝模作樣了起來。他們三位自小生長於德國，從不會假裝自己必須聆聽希伯來語的翻譯才能繼續訊問。庭長蘭道法官（Moshe Landau）往往等不及翻譯完畢，就說出自己的答案，並且屢屢打岔，糾正翻譯，顯然相當樂於在冷酷審判過程中保有一點娛樂。幾個月之後，對被告進行交叉詢問時，他甚至帶頭和其他法官用母語德文和被告艾希曼（Adolf Eichmann）對話——不用說，這種做法顯然和當時以色列的輿論觀點背道而馳。

毫無疑問，蘭道法官從一開始便為本次審判定調，在檢察官戲劇化的演出下，他仍竭盡全力避免這場審判淪為一場表演秀。可惜結果不盡如人意，首先是因為，審判在台上進行，而台下設有觀眾席，每次開庭前法警高亢嘹亮的口令，更是產生揭開序幕的效果。當初規劃這座人民大會堂的人，腦海中必有一個劇場的藍圖，場內安排樂團與座位區，拱形舞台和前部裝置，還有兩側的門專供演員進退場（此時場內圍欄高架，庭外部署大批警力，戒備森嚴，前門外搭起檢查站，想入場觀看的群眾都要受到嚴格搜身）。以色列總理本古里安（David Ben-Gurion）決定派人到阿根廷將艾希曼綁架回耶路撒冷的地方法院，就其在「尤太人問題的最終方案」所犯罪行受審，當時心裡盤算的審判秀顯然很適合在這間會堂進行。本古里安在審判全程扮演隱形舞台總監的角色，他雖未現身法庭，但可透過檢察總長霍斯納（Gideon Hausner）的聲音傳達意志，霍斯納代表以色列政府，徹底服從上級命令，真可說是鞠躬盡瘁。假使有任何不盡如人意之處，那也是因為主審法官對正義的堅持，跟霍斯納對以色列政府的忠誠度不相上下。為了伸張正義，被告應依法受起訴、為己辯護並接受審判，而其他看似很重要的問題，如「為什麼會發生大屠殺？」「怎麼能夠容許這種暴行發生？」「為何針對尤太人？」「為何是德國人發起這場屠殺？」「其他國家是否牽涉其中？」「同盟國應承擔多少共同責任？」「尤太領袖如何與納粹合作而讓尤太人自取滅亡？」「為什麼尤太人會像牲畜一般被宰殺？」等等，一律皆拋到九霄雲外。正義強調艾希曼的重要性，他是卡爾．阿道夫．艾希曼（Karl Adolf Eichmann）的兒子，此時正坐在防彈玻璃箱中，是個半禿的中年人，身高中等，體型瘦削，戴一副近視眼鏡，牙齒不太齊整，從頭到尾都伸長細瘦脖子，朝法官席觀望（完全沒有往旁聽席看過），大致來說，審判過程中他都能保持自制冷靜，但想必在踏進法庭前，緊張恐懼早就讓他嚇得齒牙顫抖。秉持正義審判的焦點，是艾希曼的所做所為，而不是尤太人的苦痛，不是德國人或全人類，甚至也不是反尤太主義或種族歧視。

相較於以色列總理的權力權威，正義（對於本古里安及其支持者可能只是個「抽象」名詞）顯然嚴格許多。檢察總長竭力宣揚本古里安的權威，他的權威是以「允許」而非限制的方式展現，允許檢察長在審判期間召開記者會、接受電視採訪（美國的實況報導由葛利克曼公司〔Glickman〕贊助，屢屢被房產廣告打斷。），甚至允許他在接受法院前的記者詢問時，出現「發自內心的」情緒失控（畢竟，要對滿嘴謊言的艾希曼進行交叉詢問，實在讓霍斯納厭煩不已），也允許他不斷斜視聽眾席，允許他充滿戲劇化的浮誇演出，而這樣的激情表現還贏得美國總統一句讚美：「可圈可點。」但正義絕不允許這一切，正義要求絕對隔離、容許悲傷但非憤怒、戒除追逐聚光燈的虛榮。如同蘭道法官展現的風範，他於審判後不久訪問美國，但除了相關的尤太機構，此行並不對外公開。

即使法官盡力保持低調，審判時還是得高坐台上，面對台下的眾目睽睽，猶如舞台劇的演員一般。台下觀眾理應代表國際社會，而在審判開始的前幾週，這間法庭內確實聚集眾多來自世界各地的記者與媒體人士，共同見證這次與紐倫堡大審判同樣造成轟動的審判，不一樣的是，耶路撒冷的審判「會聚焦於尤太人所遭受的悲劇」。「如果我們於此就艾希曼對非尤太人的罪行起訴他……原因並不在於他犯罪，而是因為我們對所有種族一視同仁。」對於一個檢察長而言，在開庭演講時說出這種話確實非常驚人，後來也證明，這幾句話足以為整場審判定調，因為此案焦點已成為尤太人的苦難，而非艾希曼的所做所為，此外，霍斯納認為這兩者間的差別不大，因為「從頭到尾，這場尤太人慘案焦點就在一個人身上，這個人意在摧毀尤太族群，這個人在其邪惡政權中的職位，就是專為摧毀尤太人設置的，這個人就是艾希曼。」所以，把尤太人受苦受難的事實（這點毫無爭論餘地）都呈現在法庭上，然後再找出艾希曼涉及其中的證據，不是很合理嗎？紐倫堡大審判的被告「因其對各種國籍人民犯下的罪行遭到起訴」，而尤太人的悲慘命運未受到應有的重視，就只因為艾希曼當時還逃亡在外。

霍斯納是否真的覺得，如果當年紐倫堡審判時艾希曼人在法庭內，尤太人大屠殺事件就會受到更多關注？恐怕不是。跟絕大多數的以色列人一樣，霍斯納認為只有尤太人主導的法庭才能為尤太人伸張正義，而審判尤太人的敵人更是自己的家務事。也因此，多數以色列人一提到當年的國際法庭就特別反感，若艾希曼在場，紐倫堡的軍事法庭可能會針對因其「對人類犯下的罪行（無論是否為尤太人）」起訴之，而非針對其「對尤太人犯下的罪行」。就此而言，霍斯納冠冕堂皇的言論：「我們對所有種族一視同仁。」聽起來就特別矛盾，但以色列人恐怕不這麼認為。在以色列，尤太公民的個人事務受拉比法律（rabbinical law）約束，不得與外族通婚，雖然境外婚姻可獲承認，但與非尤太人結婚所生的子女則為法律認定的「雜種」（有尤太血統的非婚生子女亦視為尤太人），但如果某人的母親並非尤太人，未獲正統尤太人身分，那他就無法在以色列結婚，死後亦無法在以色列舉行葬禮。此嚴格規定引起諸多不滿，自 1953 年起，牽涉到家事法的諸多司法審判權便轉至世俗（非宗教）法庭，現在以色列女性可以繼承財產，且大致享有與男性同等的地位。而以色列政府仍不願將婚姻問題的司法審判權移轉給世俗（非宗教）法庭，原因恐非出於對尤太人信仰的尊敬，或是少數宗教狂熱分子的力量使然。以色列公民，無論是否具有宗教信仰，似乎都贊成禁止異族通婚的法律，又同時不希望政府制定成文憲法，因為此法勢必得明文規定於憲法中，讓人感到窘迫難堪（菲利普・吉倫〔Philip Gillon〕近期於《尤太前線》〔*Jewish Frontier*〕中撰文指出：「反對世俗婚禮的理由在於，若婚禮不採宗教儀式舉行，不僅會讓以色列國會陷入分裂，也會分離以色列境內和離散在外的尤太人〔the Diaspora〕）。本次審判起訴書中嚴詞譴責 1935 年《紐倫堡法案》，其中一條法律禁止德國人與尤太人結婚或有婚外性行為，相較於以色列境內現行的律法，這種譴責實在是天真到不可思議。在場的各國特派記者中，有些閱歷比較豐富，看得出這個情況極為諷刺，但在報導中便迴避不談，因為他們知道，要提醒尤太人其律法制度不盡合理，此刻大概不是個好時機。

如果這次審判希望聽眾代表全世界，如果台上的審判秀意在體現尤太人的苦難大全，那實際情形可能會讓這種期待落空。審判開始後，各國記者客觀公平的報導僅維持短短兩週左右，兩週後，以色列政府預期台下坐的多半是對大屠殺所知甚少的以色列年輕人，或是從未聽聞過大屠殺的東方尤太人（Oriental Jews），而這場審判旨在教導他們在非尤太人社群中生活有多可怕，並說服他們，尤太人只有在以色列才能夠活得平安有尊嚴。（對記者來說，這堂課體現於一本關於以色列法律體系的小手冊中，作者蘭金〔Doris Lankin〕引述某案件，其中兩名為人父的男子「擄拐其子女至以色列」，最高法院判決該二人將子女交由具有合法監護權的母親，但母親旅居國外，蘭金表示：「法官最終還是決定將小孩交由母親照護，即使這麼一來，孩子便得陷入與流散尤太人中敵對分子的不平等對抗中。」作者顯然對這種嚴苛的判決倍感驕傲，就如同霍斯納對於自己竟願意為大屠殺中的非尤太裔受害人提起控訴，感到十分光榮一般。）但實際上，絕大多數佔據旁聽席的人都不是年輕人，也極少非尤太裔以色列人，而是「倖存者」，是步入中老年的歐洲尤太移民，跟我一樣，心裡很清楚今天坐在旁聽席的目的就是要知道真相，根本沒心情聽人說教，更不需要這場審判幫忙替自己為大屠殺下結論。一個個證人輪番講述當時駭人聽聞的情況，台下的觀眾便得在公開場合聆聽這些故事，但其實他們私底下根本無法忍受在這些受害者面前聽當時的悲慘故事。越來越多關於「這一世代尤太人的浩劫」在證人席呈現，霍斯納的發言也變得越來越激昂浮誇，玻璃箱裡的被告越來越像一縷慘白的幽魂，連霍斯納指著他大罵：「要為整個事件負責的禽獸就坐在那裡！」似乎都無法將他喚回人間。

在沉痛的可怕暴行下崩潰的正是這場審判的表演成分，一場像戲劇般的審判，開場與結尾都要以加害人為焦點，而非被害人，相較於一般審判，審判秀更需要一個明確的表演綱要，明白限定加害人做了什麼事、怎麼做的。審判的焦點只能是做出行動的人（從這個角度看來，也可說是戲劇中的英雄角色），如果他必須受苦受難，也必得是為了自己所做所為而受苦受難，而不是為了加諸在他人身上的苦難。審判庭長比誰都更清楚這一點，但這場審判就在他眼前淪為一場該死的表演秀，如同一艘無舵的船在海上隨波逐流，他雖力挽狂瀾，但往往力不從心，而且很奇特的是，部分原因是來自於辯護方，不管證人提供的證詞多麼不重要、多麼偏離主題，辯護律師都極少起立抗議。辯護律師就是每個人口中的塞萬提斯博士，在文件陸續呈上法庭時，他的表現才比較大膽一點，最令人印象深刻的是，漢斯·弗蘭克（Hans Frank，波蘭於納粹佔領時期的總督，是紐倫堡大審判中的主要罪犯，後被處以絞刑）的日記被當作呈堂證供時，塞萬提斯博士說：「我只有一個問題，在這二十九本（實際上有三十八本）日記中，有提到被告，也就是阿道夫·艾希曼的名字嗎？……阿道夫·艾希曼的名字並沒有出現在這二十九本日記中，……謝謝，沒有其他問題了。」

所以這場審判最終沒有變成一齣戲劇，但本古里安盤算的審判秀的確在法庭中上演，或者也可說是他規劃的「課題」，他希望通過這些課題教育尤太人與非尤太人、以色列人與阿拉伯人，一言以蔽之，就是全世界。同一場秀中所要傳達的課題還依不同受眾而有所差異。審判開始前，本古里安發表多次聲明，解釋以色列政府綁架艾希曼的原因，在聲明中便揭示不同課題，對於非尤太人的課題是：「我們要在全世界眼前昭示，數百萬人，因為他們碰巧是尤太人，以及一百萬兒童，因為他們碰巧是尤太兒童，而被納粹殺害。」或者，引用《話報》（*Davar*，本古里安所屬以色列工黨〔Mapai〕的發聲喉舌）的話就是：「讓國際社會知道，不只是德國納粹要為六百萬遭屠殺的歐洲尤太人負責。」因此，本古里安說：「我們希望全世界知道……你們應該感到慚愧。」對於流散尤太人的課題是：「具有四千年歷史的尤太教，具有神聖的創始、對道德的堅持、對彌賽亞的渴望」，但總是必須面對「充滿敵意的世界」，本古里安希望讓這些人知道，尤太人如何沉淪到像羔羊般走向屠宰場，只有建立主權國家，尤太人才有能力反擊，如同以色列人在以色列獨立戰爭、蘇伊士運河戰爭、甚至是幾乎每日在邊境上演的混戰中所做的反擊。此外，如果要向以色列境外的尤太人展示以色列英雄主義與尤太人的懦弱順從之間的差別，對於以色列尤太人而言還有這個課題：「大屠殺後年輕一代的以色列人」與尤太民族以及其歷史間的連結可能面臨消失的危機，「我們的下一代必須牢記尤太人的遭遇，我們希望年輕人知道尤太歷史上最悲慘的一頁。」此外，這場審判的另一個動機是「揪出其他的納粹分子，比如找出納粹與某些阿拉伯統治者的關係。」

如果這些就是所有把艾希曼帶到耶路撒冷的正當理由，那這場審判可能會失敗，就某些方面來說，這些說教根本沒必要，有些甚至充滿誤導。感謝希特勒，反尤太主義遭受譴責，至少目前氛圍的確如此，原因並非尤太人突然變得非常受歡迎，根據本古里安的說法，是因為大多數人「瞭解可能是因為反尤太主義，我們的時代才會出現毒氣室、肥皂工廠。」對流散尤太人的說教也毫無必要，他們不需要看到三分之一的同胞被屠殺才知道這個世界原來充滿敵意。在法國德雷福斯案件（Dreyfus affair）後[註1]，遏止長期充斥各地的反尤主義一直都是尤太復國運動最重要的意識型態因素，不僅如此，這也是德國尤太人願意在納粹初期掌權時期與其協商的原因，除此之外，此舉難有其他解釋。（當然，這些協商與後來尤太委員會與納粹間的合作相差甚遠，當時還未牽涉任何道德問題，只牽涉到政治層面的決定，可能會引起爭辯之處在於其「可行性」：有人認為「具體」協助比「抽象」譴責有用。這是少了玩弄權術的現實政治角度，但這麼做的危險性，於數年後二次大戰爆發後顯現，此時尤太機構代表人員與納粹政府每日頻繁的接觸，很快便讓尤太機構的職責，從協助尤太人逃離變成協助納粹政府遣送尤太人。）也就是這個原因，讓尤太人無法辨別孰敵孰友，德國尤太人低估其敵方，因為他們不知為何認為非尤太人族群都一樣，而他們並非唯一犯這個錯的尤太族群。如果（基於實用目的而言的）尤太人國家領袖本古里安想強化這種「尤太意識」，那可不太明智，因為這種心態必須先改變，才能真正具備國家地位，必須具有國家地位，才能讓尤太民族與其他民族平起平坐，與其他

註 1：1894 年法國陸軍參謀部尤太籍的上尉軍官德雷福斯遭到誣陷，被控犯有叛國罪，涉嫌洩漏國家軍事機密給德國，被判處革職並處終身流放，法國右翼勢力乘機掀起反尤浪潮。此後不久即真相大白，但法國政府卻堅持不願承認錯誤，直至 1906 年德雷福斯才獲判無罪。

國家享有同等權利，而要達成這個目標，必須實現多元化，摒棄行之有年、與宗教緊密連結的二分法思維。

展示以色列英雄主義與尤太人的懦弱順從（準時到達集合點、步行到屠殺執行的地點、為自己挖墳、全身脫光還把衣服折得很整齊、然後一個挨一個躺好等著被射殺）之間的對比，似乎是一個不錯的施力點，而檢察官頻頻詢問每個證人：「為什麼你不反抗？」「為什麼你要上火車？」「你面前有一萬五千人，只有幾百個警衛，為什麼不造反、取得控制權然後反擊？」他不斷強調這個對比，但很可惜的是主攻這個施力點並不明智，因為沒有任何尤太人以外的族群或民族曾有不同的反應。十六年前，法國的大衛・魯塞（David Rousset）曾被納粹軍隊逮捕送往德國貝希特斯加登集中營（Buchenwald），他後來著書描述集中營的情況：「納粹親衛隊（S.S., Schutzstaffel）的勝利，讓遭受凌虐的被害人深受威攝，毫無抵抗地步向套索受死，放棄自己到毫無身分的地步，納粹這麼想看到受害者挫敗的樣子，並非毫無來由，不只是出於虐待意圖，而是他們瞭解，這個機制能成功地在受害者站上絞刑台前就予以毀滅……是奴役群眾的絕佳手段，而且這些人還非常順從，一批批尤太人像是魁儡假人般走向死亡，再也沒有比這個更慘的事情。」（引自《我們的死亡之日》〔*Les Jours de notre mort*, 1947〕）檢察官問的那些殘酷而愚蠢的問題，在法庭上沒有得到回應，但只要稍微花幾分鐘回想 1941 年荷蘭尤太人的遭遇，就能輕易解答。當時阿姆斯特丹舊尤太區的尤太人，壯起膽子反抗一個德國警察支隊，德警為了報復，逮捕四百三十名尤太人，並將其凌虐致死，地點一開始是在貝希特斯加登集中營，後來在奧地利毛特豪森（Mauthausen）集中營，幾個月內有上千人死亡，每個人都會羨慕在奧茲維辛（Auschwitz）集中營、甚至是里加（Riga）、明斯克（Minsk）集中營的同胞，因為對他們得面對許多比死更可怕的事，而納粹親衛隊則負責讓他們最深層的恐懼成真。從這個角度來說，刻意在法庭上講述尤太人立場的故事似乎有點扭曲事實，甚至是尤太人的事實。華沙尤太人區起義以及其他反擊的例子，起因就是他們拒絕束手就死，拒絕被槍殺、或進入毒氣室，此時在耶路撒冷親眼見證過這些抵抗與叛亂、這「佔據大屠殺一小角」的證人，再度證實，只有很年輕的尤太人才敢於「決定我們絕不能去像羔羊般任人宰割。」

本古里安對這場審判的期望也沒有完全落空，至少這場審判成為揪出其他納粹戰犯的關鍵，但並非從阿拉伯國家中著手，畢竟這些國家已經公開為納粹提供庇護。沙國大教長（Grand Mufti）在大戰期間與納粹保持密切關係，這早非秘密，教長希望德國納粹能協助他們在近東地區實行「最終解決方案」。因此，敘利亞大馬士革、黎巴嫩貝魯特、埃及開羅、約旦等地的報紙，都明白表示對艾希曼的同情，或是對艾希曼的「未竟全功」表達遺憾。有一家開羅媒體在耶路撒冷審判的首日便同時轉播，開場時甚至有點責怪德國，抱怨德軍「在二戰中，並未將飛機開到尤太人地區上方丟擲炸彈」，阿拉伯民族主義者對納粹的同情，一直極為惡名昭彰，原因也很明顯，既然他們一點隱藏意圖都沒有，本古里安或這場審判本身都不需要費心將他們「揪出」。耶路撒冷審判揭露的是，所有關於艾希曼與耶路撒冷地區伊斯蘭教大教長阿敏．胡賽尼（Mufti Haj Amin al-Husayni）間的各種傳聞都缺乏根據（在某次官方接待場合有人介紹艾希曼給胡賽尼以及其他部門長官），胡賽尼與德國外交部與納粹親衛隊首領希姆萊（Heinrich Himmler）保持密切聯繫，但這早就不是新聞了。

如果本古里安所言「納粹與某些阿拉伯統治者的關係」並無意義，那他並未提及現今的西德，就頗令人驚訝。當然，聽到他說以色列「並不認為西德總理艾德諾（Konrad Adenauer）應該為希特勒負責」，還有「我們認為一個有修養的德國人，即使他來自那個二十五年前曾屠殺上百萬尤太人的國家，仍是一個正派的人」等話（但他並未提到有修養的阿拉伯人），很令人欣慰。即使德意志聯邦共和國（西德）並未正式承認以色列的國家地位（想必是擔心阿拉伯國家會因此承認由布裏希特〔Walter Ulbricht〕領導的東德），但過去十年內已陸續賠償以色列七億三千七百萬美元，近來償付期限將屆滿，且目前以色列希望與西德協商一個長期借款計畫。因此，以色列與西德之間一直保持友好關係，尤其本古里安與艾德諾私交甚篤，雖然這場審判結束後，以色列國會制定關於兩國文化交流的限制規定，這也並非本古里安所預期或樂見。值得一提的是，本古里安並未預見（或只是懶得提），艾希曼遭逮捕的事件會讓德國首次採取大動作，捉捕起碼兩名與大屠殺直接牽連的罪犯送審。1958年西德政府才成立納粹罪犯調查中心，由檢察官蘇赫（Erwin Schüle）領導，剛開始執行調查的過程困難重重，因為見證大屠殺的德國人不願意合作，而且地方法官不願意依據調查中心遞送的文件內容判決。這裡並不是說耶路撒冷審判真的替找出艾希曼共犯提供任何新證據，但有關艾希曼遭逮捕、世紀審判的新聞一時之間造成轟動，讓德國地方法官終於勉強改變心意，願意根據蘇赫提供的證據做出判決，而有些原先因為「殺人犯是自己人」這個天真想法而不願意協助調查的人，也採取懸賞的老方法抓出罪犯。

結果十分驚人，艾希曼被遣送耶路撒冷後七個月，即開審前四個月，奧茲維辛集中營指揮官德貝爾（Richard Baer）上校（前任指揮官為霍斯〔Rudolf Höss〕），終於遭逮捕，緊接著，被稱為艾希曼的突擊隊員的人大多數都遭逮捕，包含諾瓦克（Franz Novak，在逃時於奧地利當印刷工人）、甘什（Otto Hunsche，在逃時於西德擔任律師一職）、克魯密（Hermann Krumey，在逃時擔任藥師一職）、瑞克特（Gustav Richter，羅馬尼亞的前「尤太顧問」）、佐帕夫（Willi Zöpf，在阿姆斯特丹擔任同樣職務）等，雖然這些人的犯罪證據數年前在西德已刊登於報章雜誌上，但他們沒有人覺得有必要隱姓埋名，這是二戰結束後，納粹罪犯的審判報導首次佔據西德報紙所有版面，全部皆被控大屠殺罪犯（mass murder）（艾希曼被逮捕的同月，也就是 1960 年 5 月之後，只能判一級謀殺罪，處以二十年徒刑，其他罪行已超過法律時限），而地方法官不情願的心態，體現於最終伸張正義時，極為慈悲的判決（特別行動隊〔Einsatzgruppen，德國納粹親衛隊設於東歐的屠殺部隊〕成員布萊費〔Otto Bradfisch〕殺了一萬五千名尤太人，被判苦工監十年；艾希曼的法律諮詢甘什，曾下令緊急遣送一千兩百名匈牙利尤太人，後來至少六百人身亡，他被判苦工監五年；雷奇塔勒爾〔Joseph Lechthaler〕負責俄國斯盧薩可〔Slutsk〕與斯莫勒維奇〔Smolevichi〕地區尤太人居民的「清算」任務，被判三年半徒刑）。後來新逮捕的罪犯在納粹掌政時期都是有頭有臉的人物，德國法院宣稱其中多數人身上的納粹影響已經消除，其中一位是親衛隊旅級領袖沃夫（Karl Wolff），他也是親衛隊首領希姆萊的貼身部屬，1946 年一份遞交至紐倫堡法院的文件指出，他「很高興聽到兩週來每天都有五千名『上帝的子民』由火車運送」，從華沙送至特雷布林卡（Treblinka）集中營。另一位是寇普（Wilhelm Koppe），一開始是負責波蘭海烏姆諾（Chelmno）的毒氣屠殺任務，後來接掌德國親衛隊阿吉蘭德將軍（Friedrich Wilhelm Krüger）的職位，這位主掌波蘭「淨空尤太人」工作的軍官，在戰後擔任巧克力工廠的領班。在少數案例中，德國法院確實判重刑，但判在親衛隊上將塞洛希（Erich von dem Bach-Zelewski）身上，似乎就不那麼令人寬慰。他曾於 1961 年因參與 1934 年的羅姆政變而受審，被判三年半徒刑，1962 年又因 1933 年曾殺害六位德國共產黨黨員遭起訴，送至紐倫堡審判，被判終身監禁。兩次起訴都沒有提到塞洛希在東歐前線是鎮壓游擊隊的指揮官，或他曾參加過明斯克、莫吉廖夫（Mogilev）、白俄羅斯的尤太人大屠殺。德國法院（託言戰爭罪並非犯罪）應該在判決上有此「種族區分」嗎？或者，塞洛希被判處不尋常的重刑（至少在戰後的德國法院很少見），因為他在大屠殺參與者中，是極少數精神崩潰的人嗎？因為他曾幫助尤太人逃離納粹特別行動隊的魔掌嗎？或是因為他曾經在紐倫堡審判中為控方作證嗎？他在 1952 年公開譴責自己在大規模屠殺中的做為，是這群納粹幫凶中唯一如此做的人，但他從頭到尾都沒有因為大屠殺而被起訴。

事到如今，要改變這一切的機率微乎其微，即使西德政府已被強制淘汰其司法體系中的一百四十位法官與檢察官，以及許多警察，因為他們有著不足為外人道的過往，並解除聯邦最高法院首席檢察官法蘭柯（Wolfgang Immerwahr Fränkel）的職務，因為他（儘管他的名字內有 Frank「誠實」一字）一直不願坦承自己過往與納粹的關聯。據估計，在西德一萬一千五百名法官中，有五千名曾於希特勒掌權時擔任法官職務。1962 年 11

月，也就是司法大清除後不久，或艾希曼的名字已從報章雜誌中消失六個月後，等待已久的費倫茲（Martin Fellenz）審判終於在弗倫斯堡（Flenzburg）開庭，然而當時法庭內旁聽席幾乎空無一人。費倫茲是前納粹親衛隊高級將領與警察統帥，也是西德政府自由民主黨中的重要成員，他於1960年被逮捕，也就是艾希曼遭捕獲後數星期。他被指控參與謀殺波蘭的四萬名尤太人，於該行動中負部分責任，審判為期六個多星期，被告提供詳盡證詞，檢察官要求處以最高刑罰：終身苦勞監，而法院最終判處費倫茲四年徒刑，且在監獄等待受審期間他已經服刑兩年半。但無論如何，艾希曼審判對德國帶來極大的影響。從這些事來看，德國人對自身過去的態度（這個問題已經困惑德國問題的專家長達十五年之久）其實再清楚不過：他們並不在意，也不特別介意還有大屠殺在逃的罪犯匿藏在國內，因為這些人不太可能在無人指揮的情況下再犯下謀殺案。但是，如果國際社會（或更確切地說，das Ausland，亦即德國以外的所有國家，德國人將其視為一個單數名詞）非常堅持這些人一定要受到重罰，他們也非常願意配合，至少會展現某種程度的配合。

總理艾德諾早已預見這種窘境，並表示他擔心艾希曼審判將「再次挑起當時的恐怖記憶」，並在全球引發新一波的反德情緒，事實證明確實如此。以色列準備這次審判的十個月期間，德國為了防範他們所預期的後果，展現前所未有的積極態度，大力搜尋並起訴境內的納粹戰犯。但是，無論是德國當局或是社會輿論，都沒有要求引渡艾希曼，從這個動作就可明顯看出其態度，因為沒有一個主權國家不希望能親自審理自己國家的罪犯。（艾德諾政府的官方立場是，引渡並不可行，因為以色列與西德間並未簽訂引渡條約，這種說法無憑無據，沒有引渡條約僅表示以色列不會被強制將艾希曼引渡至西德。哈森〔Hassen〕地區的總檢察長鮑爾〔Fritz Bauer〕知道這一點，便向當時位於波昂的聯邦政府提出引渡申請。鮑爾就此問題的展現的是德國尤太人的情感，但跟德國輿論並不同調，他的申請不僅遭到拒絕，而且可說是完全被忽略，無人支持。另一個反對引渡的理由，是由西德政府送往耶路撒冷的觀察員所提出，他們說德國已廢除死刑，因此無法判處艾希曼應得的重刑。但一想到德國法院對大屠殺兇手的寬容，便讓人很難不去懷疑這種論調背後的居心。1961 年 8 月 11 日，簡森〔J. J. Jansen〕在德國《萊茵河週報》〔*Rheinischer Merkur*〕撰文指出，如果艾希曼在德國受審，最大的政治風險當然會是，法官最終會因艾希曼缺乏犯罪意圖而將其無罪釋放）。

這件事還有較微妙、就政治角度而言更重要的一面。將罪犯和殺人犯從藏身之地揪出是一回事，而看到這些人在政府機構官運亨通——其中有無數人在聯邦政府或省政府工作，大部分人的公職生涯在希特勒時代便十分順遂，又是另一回事。的確，如果艾德諾的西德政府拒絕聘用任何曾有不可告人過去的雇員，可能根本無法組成政府。當然事實上跟艾德諾博士的說法完全相反，他說德國人中只有「相對較少」的人曾經是納粹，而「大多數的人（一直都）很樂意在能力範圍內幫助尤太人同胞。（至少有一家德國報社《法蘭克福評論報》〔*Frankfurter Rundschau*〕，自問一個顯而易見、早就該問的問題：「有這麼多必定知道首席檢察官過去紀錄的人，但他們為什麼選擇保持沉默？」該報提供一個更顯而易見的答案：「因為他們自己也深懷罪惡感。」）。依據本古里安的構想，艾希曼審判的邏輯（著重於一般以及細微的法律問題），應該是要揭露所有德國政府與相關機構都是最終解決方案的共謀，從所有部會的公務員、正規軍隊、其他一般工作人員、司法機關、以及商業領域的人，全參與其中。然而，即使霍斯納檢察官將這場審判導離正題甚遠，讓證人一個又一個接連上台，針對許多既可怕又真實、但與被告所為毫無或些微相關的事實作證，同時起訴內容極力避免觸及這個爆炸性的問題——也就是德國納粹無處不在、遠超乎政黨範圍的共犯。（先前有一個謠言廣為流傳，指出艾希曼在審判前，已經供出「數百名位居西德政府高層的同夥」，但這些傳聞並不正確。在審判開庭致詞時，霍斯納提到艾希曼的「幫兇犯罪既非黑幫分子，也非地下人士」，他保證我們應該會在「決定滅絕尤太人的委員會遇到這些人，當中有醫生、律師、學者、銀行家、經濟學家等」。但這些話並未成真，也不可能成真。因為他所說的「具有決定權的委員會」從未存在，這些「頂著高學歷、穿長袍的政要」從未做出滅絕尤太人的決定，他們只是一起計畫如何執行希特勒的指示。）但是，還是有一個案被帶到法庭，就是總理秘書葛羅波克（Hans Globke），他是西德總理艾德諾最信任的顧問，曾在二十五年前，參與編纂惡名昭彰的《紐倫堡種族法案》的官方法律評論，其後，還提出一個非常高明的點子，要強制所有的德國尤太人都以「以色列」或「莎拉」為中間名。而辯護律師在地方法院的訴訟書中，提到葛羅波克的名字（且沒有其他人的名字），原因大概只是希望能「說服」西德政府同意展開引渡訴訟。然而不管怎麼說，相對於前任耶路撒冷的伊斯蘭教大教長，葛羅波克這位前納粹內政部次長、現任西德總理秘書，當然更有權利說明尤太人遭受納粹迫害的歷史。

就起訴方而言，這次審判的焦點是歷史，霍斯納說：「在這場歷史審判中，坐在被告席的不僅是個人，也不僅是納粹政權，而是整個歷史洪流中的反尤主義。」這是由本古里安構想、由霍斯納忠實呈現的腳本。霍斯納在開庭演講（歷經三次開庭才講完）時，從埃及法老時代開始闡述，一直講到波斯王國的大臣哈曼下令對尤太人「全然剪除、殺戮滅絕」，接下來，又引用《聖經．以西結書》：「我（主）從你旁邊經過，見你滾在血中，就對你說，你雖在血中，仍可存活。」霍斯納解釋，這必須理解為：「這個國家自從首次出現於歷史舞台以來，始終謹記的誡命」。他講述的歷史錯誤百出，他的言詞極為低俗，更糟的是，這種話恰好違背將艾希曼送審的目的，他講的話暗示，也許艾希曼只是無辜的，他只是負責執行早已注定的神秘命運，或者反尤太主義，而反尤主義可能恰好是開拓這條「由此民族走過的、充滿血跡的路」必要的元素，以讓他們能邁向其苦難命運。幾次開庭後，當美國哥倫比亞大學的拜倫教授（Salo W. Baron）出庭作證，敘述近年東歐尤太人的境況時，塞萬提斯博士再也忍不住，提出顯而易見的問題：「為什麼尤太人會這麼倒楣？」「難道你不認為迫害者毫無理性的動機，造成了這些人的命運嗎？這些動機超乎人類想像？」有沒有可能，是一種『歷史精神』在推動歷史往前進……而非受到人類影響？難道是霍斯納先生基本上同意『歷史法則學派』──這是黑格爾的典故──難道他的話沒有顯示「領導並非總能達到預期的宗旨和目標？……這場大屠殺目的是要摧毀尤太人，但並未達成目標，而一個嶄新的強盛國家應運而生。」塞萬提斯博士的看法，已接近反尤太主義對錫安長老會（Elders of Zion）的最新論點，幾週前埃及外交部副部長薩布里（Hussain Zulficar Sabri）在國民議會上嚴正表示：希特勒屠殺尤太人是出於無辜，他是尤太復國主義的受害者，尤太復國主義「迫使他犯下罪行，最終目的是要實現他們的目標——建立以色列國家。」只不過，塞萬提斯博士順著檢察官闡述的歷史哲學，在他的話中將通常保留給「錫安長老會」的位置改成「歷史」。

不管本古里安的意圖為何、不管檢察長多費煞苦心，在被告席上坐的仍是一個人、一個血肉之軀，如果本古里安「不關心判處艾希曼有罪的裁決為何」，那毫無疑問，做出公允裁決便是耶路撒冷法庭唯一的任務。

第二章

被告

被告艾希曼（Otto Adolf Eichmann）是卡爾・阿道夫・艾希曼（Karl Adolf Eichmann）與瑪利亞・雅伯靈（Maria née Schefferling）的兒子。於 1960 年 5 月 11 日晚間在布宜諾斯艾利斯郊區遭到逮捕，九天後以飛機載運到以色列，1961 年 4 月 11 日在耶路撒冷地方法院受審，以十五項罪名起訴：艾希曼被指控「夥同他人」，犯下反尤太罪、反人類罪，和在納粹統治時期、尤其是第二次世界大戰期間犯下戰爭罪行。1950 年頒布的《1950 年納粹與其共犯（懲罰）法》（也就是他被審判的依據）規定：「犯下這些……罪行之一……的人，便應判處死刑。艾希曼針對每一項罪名的辯護都是：「就這個起訴的意義上而言是無罪的。」

那就何種意義上，他認為自己是有罪的？在冗長的交叉詢問過程中（按照他的說法是「有史以來最長的」詰問），辯護律師、檢察官、以及三名法官都沒問過這個明顯的問題。辯護律師是來自科隆的羅伯特・塞萬提斯（Robert Servatius），由艾希曼選聘，費用由以色列政府支付（遵循紐倫堡審判的先例，所有律師辯護費用由戰勝國法庭所支付），塞萬提斯在記者採訪中替艾希曼回答了這個問題：「艾希曼在神的面前認為自己有罪，但並非在法律面前」，這個答案從未經過被告本人確認。

辯護律師顯然希望他不認罪，依據的理由是，以當時的納粹法律制度而言，他沒有做錯任何事，且他被指控的並不是犯罪，而是「國家行為」，而國家行為不在外國法院的管轄範圍內（拉丁文：par in parem imperium non habet），且他的責任一直就是遵從命令，還有，依照塞萬提斯原話，他犯的行為是：「如果贏了，便華袍加身，如果輸了，就上絞刑架。」（因此，納粹德國宣傳部長戈培爾〔Joseph Goebbels〕曾在 1943 年宣告：「我們要不是成為歷史上最偉大的政治家，就是最罪大惡極的罪犯」。）在以色列以外的地區（為了討論德國《萊茵河週報》所謂的「敏感問題」，巴伐利亞的天主教學院召開會議，討論以刑事訴訟方式處理歷史和政治罪責的可能性和局限性），塞萬提斯更進一步表示：「艾希曼審判中唯一合法的犯罪問題就是，宣判綁架艾希曼的人有罪，而目前為止，耶路撒冷法庭還沒完成這個任務。」順帶一提，他說的這番話，跟他屢次在以色列對這場審判發表的評價：「一個偉大的精神成就」，實在讓人有點難以相連結。

艾希曼自己的態度則不同。首先，他認為因謀殺罪起訴他是個錯誤：「屠殺尤太人這件事，跟我一點關係都沒有。我從沒殺過尤太人，也沒殺過非尤太人，就這個問題來說——我從來沒有殺死任何人，我從來沒有下令殺人，無論是尤太人還是非尤太人，我從沒有這樣做」，他後來又加以說明：「事情就這樣發生了……而我從來沒有殺人」——同時他很確定，如果上級命令他殺了自己的父親，他也會確實執行。因此，他一遍又一遍地重複（重複薩森文件中已經提過的內容。1955 年，艾希曼接受阿根廷的荷蘭記者薩森〔Willem Sassen〕採訪，訪談內容被稱為薩森文件，薩森是前親衛隊成員，也是納粹逃犯之一，在艾希曼遭逮捕後，部分訪談內容刊於阿根廷的《生活》〔*Life*〕期刊與德國的《明星周刊》〔*Der Stern*〕），他只能被控「協助和教唆」毀滅尤太人，而他在耶路撒冷宣稱這是「人類歷史上最大的罪行之一。」辯護律師完全沒注意艾希曼自己的論點，但起訴方浪費太多時間，嘗試要證明艾希曼至少有一次是用自己的雙手殺人（一個在匈牙利的尤太男孩），結果一無所獲，還花了更多時間（但稍有斬獲）檢視德國外交部尤太人專家拉德馬赫拉（Franz Rademacher）寫的一張紙條，某次他透過電話與人在討論如何處理南斯拉夫時，順手寫下一句：「艾希曼建議射殺」。事實證明，這是艾希曼唯一的「屠殺命令」（如果這可以算得上命令的話），而其他的證據都很零碎。

這個證據似乎比在審訊過程中被當作呈堂證供時更讓人懷疑，法官接受檢察官的說法，而艾希曼極力否認——他的否認全然無效，因為他早就忘記這件塞萬提斯所謂的「沒那麼引人注目的小事情（只有八千條人命）」。這件事發生在1941年的秋天，也就是德國佔領了南斯拉夫的塞爾維亞地區的半年後。當時游擊戰一直很困擾德國陸軍，後來軍事當局決定要一次解決兩個問題，只要死去一個德國士兵，就要射殺一百名尤太人和吉普賽人作為交換。可以肯定的是，游擊隊士兵既不是尤太人，也不是吉卜賽人，但是，在軍事當局擔任文職官員的特納（Harald Turner）說：「在我們集中營的尤太人，畢竟也是塞爾維亞國民，此外，他們也必須消失。」（由史學家希爾伯格〔Raul Hilberg〕於《歐洲尤太人的毀滅》〔*The Destruction of the European Jews*, 1961〕中引述）。當時集中營已由該區的督軍波姆將軍（Franz Böhme）指揮成立，裡面只安置男性尤太人。特納與波姆都沒有等艾希曼下令後才開始射殺數千名尤太人和吉普賽人。問題來了，波姆將軍事先未諮詢相關的警察和親衛隊人員，就決定要開始驅逐所有的尤太人，原因大概是要展示，他不需要特殊部隊（受特殊部門指揮）也能完成塞爾維亞的尤太人清算任務。艾希曼知道這件事之後，拒絕批准這項驅逐工作，因為這會干擾其他的計畫，但外交部路德（Martin Luther）（而不是艾希曼）提醒波姆：「其他地區（指俄羅斯）的軍事指揮官處理更多的尤太人，他們可沒吭聲。」在任何情況下，如果艾希曼確實「建議射殺」，他也只是告訴軍方繼續做他們已經在進行的事，而人質的問題則完全屬於軍方的權限。很顯然，這是軍隊的事，因為只有男性參與其中。最終解決方案在塞爾維亞開始實施大約六個月後，婦女和兒童也被抓了起來，並帶到移動式毒氣車中處置。交叉審訊過程中，艾希曼像往常一樣，提出最複雜、最不可能的解釋：拉德馬赫拉需要德國保安總處（也就是艾希曼所屬單位）的協助，以便在外交部能站得住腳，所以他才會偽造這張紙條。（1952 年拉德馬赫在西德法院受審，他針對此提出更合理的解釋：「是軍隊下令射殺在塞爾維亞造反的尤太人。」這聽起來更合理，但卻是一個謊言，因為我們知道（從納粹分子口中得知），尤太人完全沒有「造反」。如果這個透過電話的命令這麼難以說得通，那要說艾希曼的地位已經高到可以對將軍發號施令，就更難以令人信服了。

如果艾希曼被指控是謀殺從犯，當時他會不會認罪？也許會，但他會附帶許多重要條件，如他的所做所為只是一種回溯性的犯罪行為，而他一直是奉公守法的公民，因為希特勒的命令在當時的大德意志帝國（Third Reich）具有「法律效力」，他盡其所能執行其命令（辯護律師可以引用大德意志帝國最著名的憲法專家蒙茲〔Theodor Maunz〕的話，此人是德國巴伐利亞省現任教育和文化部長，他在著作《警方的形式與法律》〔*Gestalt and Recht der Polizei*, 1943〕中提到：「元首的命令……是現行的法律秩序，是絕對核心。」如果今天有人告訴艾希曼，當時他可以採取不同的方式行事，那這個人其實根本不知道或忘記當時的情況。艾希曼不希望跟其他人一樣，現在才在假惺惺說：「他們一直都反對上面的做法」，然而實際上當時卻是巴不得快點執行命令。但是，時間讓人改變，艾希曼像蒙茲教授一樣「出現不同的見解」，對於他曾做過的事，他並不想拒絕承認，正好相反，他建議：「讓我受絞刑公開示眾，以作為世上其他反尤人士的警告。」講這些話，意思並不是說他感到懊悔，他說：「小孩才需要懺悔。」(這是他的原話！)

即使辯護律師給艾希曼極大壓力，艾希曼也沒有改變他的立場。1944 年，在討論警察總長希姆萊所提的交易 (以一萬輛卡車交換一百萬名尤太人)，以及他自己應負責哪些工作時，有人問艾希曼：「見證人先生，在與你的上級商談時，你有沒有表達任何對尤太人的同情？你有沒有說還有幫助他們的空間？」他回答：「我誓死保證我現在說的話毫無虛假，我發起這個交易的原因絕非出於憐憫。」──這樣說沒錯，但其實並非艾希曼「發起」這場交易。接著他態度相當老實，繼續說：「這個原因我今天上午已經解釋過了。」也就是：希姆萊派遣了自己的人手到布達佩斯處理尤太移民問題 (順帶一提，移民問題已成為一筆大生意：牽涉大量的金錢利益，因為尤太人可以付錢買自己的生路。但是艾希曼並沒有提到這一點)，在這裡，「移民事務並非由隸屬於警隊的人所處理」，所以讓他憤怒，「因為我必須協助驅逐的工作，而一個新來的傢伙被指派處理移民事務，我認為自己是移民的專家……我受夠了……我非得做點什麼，奪回移民事務的主控權。」

整個審判過程中，艾希曼一直試圖澄清（大多是徒勞無功），他「就這個起訴的意義上而言是無罪的。」起訴內容暗指，他不僅蓄意採取行動（對此他也並未否認），而且還是在充分瞭解基本動機以及該行動的犯罪性質後，才做出行動。就基本動機而言，他非常肯定，自己才不是他所稱的「Inner Schweinehund」，也就是在內心深處是個骯髒的混帳。就其良心而言，他記得很清楚，只有未遵守命令時，他才會感到良心不安，命令包含——以極大的熱情和最無微不至的關懷，運送數以百萬計的男人、婦女、兒童，送他們迎向死亡。的確，這令人難以接受。六七位精神科醫生一致證實他很「正常」——其中一名醫師驚呼：「經過診察，不管從任何角度來看，我發現他甚至比我還正常。」另一名醫師則表示艾希曼的心理樣貌，他對妻兒、父母兄弟姊妹、朋友的態度，「不只正常，還堪為理想典範。」艾希曼在監獄期間有位牧師會定期探訪，最高法院聆聽完艾希曼的上訴後，牧師對大家保證，宣稱艾希曼「充滿正面想法。」這位靈魂專家所上演的喜劇背後，是鐵一般的事實，艾希曼顯然並沒有道德錯亂的狀況，更遑論法律層次的錯亂（霍斯納先生最近在《星期六晚間郵報》〔*Saturday Evening Post*〕中揭露他「無法在審訊中提出」的事情，這些內容與耶路撒冷法庭傳達的非正式信息相互矛盾。現在他告訴我們，艾希曼遭精神科醫生懷疑，是「一個沉迷於危險、無止盡殺人慾望中的人」，具有「變態、殘暴的個性」。如果這種情況屬實，他早該進瘋人院。）更糟糕的是，他顯然既沒有對尤太人恨之入骨，也不是狂熱的反尤太主義者，也沒有試圖灌輸任何仇恨意識。他「個人」從未有任何反尤行為，相反地，有充分的「私人原因」顯示他不會對尤太人懷恨在心。可以肯定的是，他親近的朋友中有狂熱的反尤人士，例如在匈牙利負責政治（尤太）事務的國務秘書恩德雷（Lászlo Endre），後來於 1946 年在布達佩斯被處以絞刑，但是，根據艾希曼的說法，這或多或少只能顯示「我某些摯友是反尤人士」。

可惜的是，沒有人相信他的話。檢察官不相信他，因為相信被告不是霍斯納的工作。辯護律師不重視這些話，因為他與艾希曼不同，從各種表面跡象看來，辯護律師對良心問題完全不感興趣。法官不相信他的話，因為他們太稱職了，也許也太在意其職務最基礎的部分，所以無法接受一個「正常」的人，一個既不軟弱也不憤世嫉俗的人，居然會無法判斷是非。他們寧願根據艾希曼偶爾撒的小謊下結論說他是個騙子，而忽略整個案件最重大的道德甚至法律上的挑戰。他們的假設認為，被告像所有「正常人」一樣，一定已經知道他的所做所為的犯罪性質，艾希曼確實很正常，因為他「在納粹政權中跟其他人完全沒兩樣。」然而，在大德意志帝國只有「例外」才會出現「正常」反應。這個簡單的真相，讓法官陷入無法解決或逃避的困境。

艾希曼於 1906 年 3 月 19 日出生於德國萊茵地區的索林根（Solingen），該鎮以製造精良的德國刀、剪刀、手術器械而聞名。五十四年以後，他沉浸於最喜歡的回憶錄寫作中，開始描述以下這個令人難忘的事件：「今天，離 1945 年 5 月 8 日十五年又一天，我的思緒回到 1906 年 3 月 19 日，當天清晨五點鐘，我誕生於地球上，成了人類的一員。（以色列當局尚未公布艾希曼的手稿，荷蘭小說家穆里斯〔Harry Mulisch〕得以閱讀這本自傳「半小時」，而德國尤太刊物《重建》〔*Der Aufbau*〕後來刊登穆里斯簡短的摘錄。）從納粹時期起，艾希曼未曾改變自己的宗教信仰，根據他的信仰（在耶路撒冷法庭中，艾希曼自稱是 Gottgläubiger，即納粹黨對背離基督教的人的稱呼，他拒絕拿《聖經》宣誓），出生這件事乃歸功於「更高意義的承載者」，某種程度來說，這個載體等同「運動的宇宙」，人的生命就是這個宇宙的主體，而人的生命不具備「更高意義」（這些術語很耐人尋味，稱呼神為「更高意義的承載者」〔德原文：Höheren Sinnesträger〕如同從語言層次幫神在軍事位階保留一個位置，因為納粹將軍事上的「命令受者」〔Befehlsempfänger〕改變為「命令的承載者」〔Befehlsträger〕，表明這些必須執行命令的人，身上承擔的責任和重要性，正如同古時候「壞消息的承載者」〔bearer of ill tidings〕。此外，艾希曼跟每個涉及最終解決方案的人一樣，也是「秘密的承載者」〔Geheimnisträger〕，這就肯定自我重要性方面而言，不可小覷）。然而，艾希曼對形而上學並不感興趣，對於更高意義的承載者與命令的承載者之間的關係未再著墨，接著開始思考自身存在的其他因素，也就是他的父母：「他們對於第一個出生的孩子如此欣喜若狂，但如果他們看到在我出生的那一刻，帶來厄運而非幸運的女神，已經開始將悲痛與哀傷編入我的一生，他們可能就不會這麼開心了，但我的父母眼前蒙上一層令人費解的面紗，讓他們看不到未來。」

厄運來得很快，就從學校開始。艾希曼的父親，一開始在電車與電力有限公司（Tramways and Electricity Company）索林根分公司當會計，1913 年後，便轉到奧地利林茨（Linz）分公司任主管職，他有五個孩子，包含四個兒子和一個女兒，其中似乎只有最年長的艾希曼一人連高中都沒讀完，結果被轉送到工程相關的職業學校，後來也沒有畢業。終其一生，艾希曼一直對早期遭逢的「厄運」撒謊，以父親經濟窘境為藉口。然而，在他與以色列警察大隊長萊斯（Avner Less，他花了大約三十五天，將七十六卷錄音帶內容，以打字機騰出三千五百六十四頁供詞紀錄）第一次會面時，他熱情洋溢，迎接這種難得的機會，可以讓他「滔滔不絕講出所有我知道的一切……」，也因此，他成了有史以來最合作的被告（被問到文件中確鑿的具體問題時，他的熱情很快就減低，但從來沒有消失）。艾希曼最初充滿無限信心（這些信心顯然浪費在萊斯身上，萊斯對小說家穆里斯說：「我是聽艾希曼告解的神父」），最好的證明就是他這輩子第一次坦承早年的災難，而他一定知道，這麼做等於告訴大家他的納粹官方紀錄中幾個重要項目都是捏造的。

他所謂的災難其實很普通：因為他「並不是最勤勞的學生」，或者可以再加一句「也不是最有天賦的學生」，他的父親先將他送到高中，後來又送到職業學校，但他一直沒有畢業。艾希曼所有的官方資料中的職業欄位都寫著：建築工程師。此外他還撒了另一個謊，同樣跟事實相去甚遠，他說自己出生於巴勒斯坦，能說流利的希伯來語和意第緒語[註1]，艾希曼特別喜歡對親衛隊同志和他的尤太受害者扯這個謊。此外，他也一直假裝自己原先在奧地利的真空石油公司（Vacuum Oil Company）擔任業務員，後來因國家社會黨成員的身分而遭解僱。他對萊斯坦承的版本沒有這麼戲劇化，雖然可能也不一定是真的：他被解僱的原因是當時正在裁員，而未婚員工往往會優先被解僱（這個解釋看似合理，但不是很令人滿意，因為他是在1933年的春天失業，當時他已與維拉·勒伯（Vera Liebl）訂婚屆滿兩年，後來勒伯成為他的妻子，為什麼他不趁仍有一份好工作時跟她

註 1：一說是德語中混入斯拉夫語、希伯來語，以希伯來文字書寫；為居住在俄國、東歐、英國、美國等地的尤太人所使用。

婚？兩人終於在1935年3月結婚，原因可能是，在納粹親衛隊中與在石油公司一樣，單身漢的工作不太穩定，也沒有升遷機會）。顯然，吹牛一直是他的惡習。

少年的艾希曼在學校中表現差強人意，此時他的父親離開電車與電力有限公司，開始自行創業，買了一個小型採礦廠，並把他沒什麼出息的長子送到廠裡做一般的苦工，後來，他又幫艾希曼在上奧地利電氣設備公司（Oberösterreichischen Elektrobau Company）的銷售部門找到一份差事，艾希曼在此工作達兩年多，當時二十二歲左右，事業前景一片黯淡，唯一學會的大概就是怎麼賣東西。接下來發生的事，他稱為其生命中的首次突破，跟先前所提的相同，這個故事有兩個非常不同的版本。1939年艾希曼為了申請升遷，提交給納粹親衛軍一份手寫履歷，內容如下：「我曾在1925年的年到1927年在一家奧地利電氣設備公司擔任業務員。後來我主動請辭，因為維也納的真空石油公司提供我上奧地利分部的職缺，這裡的關鍵詞是「提供」，因為根據他在以色列告訴萊斯的版本，從來沒有人主動提供他任何工作。艾希曼十歲時母親便去世了，他的父親後來再婚，繼母有一個堂兄弟，艾希曼都叫他「叔叔」，是奧地利汽車協會的主席，娶了一個捷克斯洛伐克尤太商人的女兒，他運用自己與奧地利真空石油公司總經理維斯先生（Julius Weiss，是尤太人）的私交，幫艾希曼謀到一份旅行業務員的工作。艾希曼頗為感謝，而他家族中的尤太人成員，就是他並不憎惡尤太人的「私人原因」。1943年或1944年，最終解決方案如火如荼實行時，他也沒有忘記：「叔叔的女兒，根據《紐倫堡法案》，她具有一半的尤太血統……來見我，請求我批准她移民到瑞士，當然，我也照做了，而且叔叔也來找我，要求我出手協助一對維也納尤太人夫婦。我講這些，只是想表明，我對尤太人沒有仇恨，因為從小到大我父母親都讓我一直接受嚴格的基督教教育，而我母親則因其尤太親屬的關係，與納粹親衛隊所持的意見相左。」

艾希曼花了很長的篇幅來證明自己的觀點：他從未對尤太人心存惡意，更重要的是，他也從來沒有掩飾這件事：「我不但跟倫根洛伊斯博士講過（Josef Löwenherz，維也納的尤太區的領袖），也向卡斯特納博士（Rudolf Kastner，尤太復國主義組織在布達佩斯的副總召）解釋過，大概跟身邊所有的人都說過，我的部下也都聽我說過。小學的時候，課餘時間我都跟一個同學玩，後來他到我們家，他姓塞巴註2，家裡住在林茨。上次我們見面時，一起在林茨的街道上散步，當時我上衣的釦子已經有民族社會主義德意志工人黨（N.S.D.A.P.，即納粹黨）的黨徽，但他也不以為意。」如果艾希曼不那麼拘謹，或警方的調查（警方並未進行交叉質詢，大概是為了確保他能合作）不那麼小心翼翼，他對尤太人「偏見極少」的態度，可能還可從另一個方面探究。艾希曼在維也納進行的尤太人「強迫移民」任務非常順利，而他似乎有個從林茨來的尤太情婦，是他的「舊情人」。與尤太人發生性行為（Rassenschande），可能是納粹親衛隊成員最嚴重的罪名，雖然在二次大戰時，強姦尤太女性已成為納粹成員最喜歡的消遣，但是納粹親衛隊高級官員與尤太女人發生外遇，這可不常見。因此，艾希曼屢次強烈譴責反尤刊物《先鋒報》（*Der Stürmer*）主編施特萊歇爾（Julius Streicher）淫穢的反尤主義行為，背後可能有私人動機，以致他對這位較低階黨員展現的粗俗行為，比其他「開明」的納粹親衛隊成員反應都來得激烈，極其蔑視。

註 2：Sebba 為尤太姓氏。

艾希曼在真空石油公司工作的五年半期間，想必是他生命中最幸福的時刻，當時景氣蕭條、失業問題嚴重，但他的生活還相當寬裕，而且，除非他去外地出差，否則其他時間都仍和父母住在一起。而這樣無憂無慮的生活瞬間嘎然而止，1933 年的聖靈降臨節（Pentecost，每年三至四月間），是少數讓他難以忘懷的時間。但其實，在這之前已經有些惡兆，1932 年底，他被無預警地從林茨調職到薩爾茨堡（Salzburg），讓他萬般不情願：「我失去工作的樂趣，再也提不起勁推銷或打電話給客戶。」艾希曼失去對工作的熱情（Arbeitsfreude），開始感到度日如年。最慘的是，他突然被告知元首下令「屠殺滅絕尤太人」（其實他還在其中扮演舉足輕重的角色），這個消息讓他非常意外，表示：「從來沒有想過……會採用這麼暴力的解決方案」，並形容自己的反應：「我現在失去了一切，所有工作的樂趣、所有的動力，提不起勁，可以說遭到極大打擊。」同年他在薩爾斯堡被解僱，想必又是一次打擊，根據他的說法，他對被解僱這件事並不驚訝。另外，還說自己對這件事感到「非常高興」，但這一點我們倒是沒必要相信。

不管怎麼說，1932 年對於艾希曼本人而言，都是一個生命的轉捩點。當年四月，他受一位林茨的年輕律師卡爾滕布倫納（Ernst Kaltenbrunner，後來成為國家保安本部〔Reichssicherheitshauptamt，或稱 R.S.H.A.〕的部長）的邀請，加入了納粹黨，並進入了納粹親衛隊，隸屬穆勒將軍（Heinrich Muller）指揮的第四分部（蓋世太保），是六個主要分部之一，艾希曼後來成為第四分部 B 組第四小隊（IV-B-4）的隊長。在法庭上，艾希曼給人的印象是一個典型的中下階層的成員，這種印象主要來自於他監獄中的發言或文字。但這與事實不符，艾希曼其實來自良好的中產階級家庭，他父親跟卡爾滕布倫納律師的父親是很好的朋友，但他與卡爾滕布倫納間的關係很冷淡：後者顯然將艾希曼看作社會階層比自己低階的人，這其實對艾希曼出生的階層有所低估。加入納粹黨與親衛隊之前，艾希曼已展現自己對群體的熱衷，德國於 1945 年 5 月 8 日戰敗投降，這對他意義重大，主因是他驚覺此後再也不能依附於某個組織，他說：「我發現，從此沒人會領導我，我得單槍匹馬過日子，再也沒有人會向我下指令，再也收不到命令或指示，沒有任何條例可依循——換句話說，我從來沒這樣活過。」艾希曼童年時，父母對政治不感興趣，幫他報名參加基督教青年會協會，也就是他後來參與德國青年運動（Wandervogel）的原因，在四年悲慘的高中歲月中，他加入了德國暨奧地利退伍軍人組織的青年部（Jungfrontkämpfeverband），這個組織雖然有強烈的親德與反共和政府傾向，但奧地利政府對其頗為容忍。卡爾滕布倫納建議艾希曼加入納粹親衛隊時，艾希曼正打算加入的是完全不同的組織——共濟會的蘇拉非亞社（Schlaraffia），「成員包含醫生、演員、公務員等，社團宗旨就是追求喜悅和歡樂……每個成員輪流演講，重點在於突出幽默的一面，精緻的幽默。」而卡爾滕布倫納向艾希曼解釋，他必須放棄參加這個歡樂的社團，因為納粹黨員不能是共濟會成員——當時他連共濟會這個字（Freemason）都不知道。在親衛隊與蘇拉非亞社（命名源於 Schlaraffenland，德國童話中關於雲杜鵑王國的故事）之間做選擇，也許很不容易，但他後來犯了一個錯，因此被蘇拉非亞社「踢出去」，即使到現在，談起這件事還是讓他臉紅，以色列監獄中接受交叉詢問時，他描述當時的狀況：「我違背從小到大所受的教養，當時我是裡面最年輕的成員，但跑去邀請其他同伴喝紅酒。」

艾希曼像是在風中飄盪的葉子，一陣風颳來，將他颳離蘇拉非亞社這個童話王國，在這裡神仙會展現魔法，帶來一桌豐盛的好菜，只要張開嘴巴烤雞就會飛過來──或者，更準確地說，把他颳離一群擁有高學歷、高地位、受景仰的世俗庸人，以及「高尚的幽默」。在這裡會犯下最嚴重的錯誤，大概是忍不住開惡作劇式的玩笑，而這陣風接下來又將他颳進所謂的納粹「千年帝國」（歷時共歷時十二年又三個月）。無論如何，他參加納粹黨並非出於個人信念，他也從未被納粹黨說服，每次有人問他加入的原因，他每次都會以一次戰後《凡爾賽條約》所帶來的蕭條失業為由，其實他入黨的原因，應是他在法庭上所說的：「就像突然被黨吸進去，讓大家很驚訝，加入之前也沒有特別做什麼決定，一切既突然又迅速。」他沒有時間也沒有興趣要好好瞭解這個黨，連黨綱都不知道，也從來沒有讀過希特勒的《我的奮鬥》（*Meinkampf*），就只是卡爾滕布倫納對問他一句：「何不加入親衛隊？」他回答：「有何不可？」這就是全部的過程，僅止於此。

當然，並不是僅止於此，接受交叉詢問時，艾希曼沒有告訴審判長的是，他年輕時充滿雄心壯志，在真空石油公司解僱之前，他早就受夠業務員這份工作，自此從單調乏味、不值一提的生活被吹入人類歷史重要的一頁，他認為，納粹黨是個不斷向前走的組織，讓像他這種在眾人眼中的輸家──同社會階層的人、家人、連他自己都這麼認為──能夠從頭開始，做出一番事業。如果他並不總是樂於執行某些任務（例如，用列車裝載尤太人送往死亡，而非強迫他們移居國外），如果他早就猜到德國戰敗後納粹不會有好結果，如果他最重視的計畫到頭來什麼都不是（比如將歐洲尤太人撤往馬達加斯加〔Madagascar〕，在波蘭建立尼斯科地區的尤太區，在柏林的辦公室周圍精心打造防禦設施，以擊退俄軍的坦克），如果他沒有在親衛隊中晉升到中校（Obersturmbannführer）以上（這會是他「最沉重的悲痛和哀傷」——簡而言之，如果他的生活充滿挫折（在維也納工作那幾年除外），他也不會忘記另一個可能的選項有多糟。即使戰後逃到阿根廷過困苦的難民生活，在耶路撒冷受審而喪失自由，但如果有人問起，他還是會比較希望以退役中校的身分被絞死，而不想一輩子庸庸碌碌，當個平凡的業務員。

艾希曼在納粹黨的新生涯，一開始並不順遂。1933年春天時，當時他剛失業，因為希特勒的崛起，導致所有奧地利納粹黨與及關係組織都被終止活動。但是，即使當時沒有發生這件事，他在奧地利納粹黨的發展也已經亮起紅燈：許多納粹親衛隊正式成員還是回到先前的工作崗位，卡爾滕布倫納仍擔任父親律師事務所的合夥人。而艾希曼決定回德國，這個決定很自然，因為他的家人從來沒有放棄過德國公民身分（這一點其實在審訊過程中具有其重要性。塞萬提斯律師請求西德政府引渡艾希曼，西德拒絕之後，他請求該國支付被告辯護律師的費用，又遭拒絕，理由是艾希曼並非德國國民，這完全與事實不符）。他在德國邊境的帕紹突然又開始當起商旅業務員，向地區長官提出報告時，還迫切詢問對方：「在巴伐利亞的真空石油公司有沒有認識的人。」這段時間，是他生命的轉折期，對他而言也並不罕見。無論在阿根廷或甚至在耶路撒冷獄中，每次被問到有關納粹失敗的徵象，他總說自己「又走上一條老路」。然而，他在帕紹的空窗期很快就結束了，有人告訴他，他最好參加軍事培訓——「我就想，這聽起來不錯，何不當軍人？」他接連快速被送至兩個位於巴伐利亞的營區，也就是列西菲德

（Lechfeld）與達豪（Dachau）（但他與這兩地的集中營完全沒關係），「奧地利的流亡軍團」在此培訓。因此，雖然拿德國護照，他也可算是奧地利人。從 1933 年 8 月到 1934 年 9 月，他一直在這些軍事營地受訓，接下來升等到下士（Scharführer），此時他有充裕的時間重新考慮自己對職業軍人生涯的意願。根據他的說法，在營區中這十四個月，只有一件事他為自己感到驕傲，就是嚴格操練，他執行的非常徹底，充滿憤怒，是一種「如果我的手凍僵，這是父親活該，誰叫他不給我買手套？」的怒氣，且這次演練讓他在隊中獲得第一次升等，但除了這種相當奇特的成就感，他的日子過得很痛苦：「單調的軍中生活，令人難以忍受，每天重複一遍又一遍相同的事情。」在此受訓百無聊賴，艾希曼開始分心打聽其他工作，後來聽說親衛隊保安服務處（Sicherheitsdienst, S.D.，由警察總長希姆萊指揮）有個職缺，他便立刻提出申請。

第三章

尤太問題的專家

1934 年，艾希曼成功申請轉調到親衛隊國家保安服務處（S.D.）時，這個隸屬親衛隊管轄的機關才剛創立兩年，1932 年甫由希姆萊成立，是納粹黨的情報機構，現由前海軍情報官海德里希（Reinhard Heydrich）指揮，如英國史學家賴特林格（Gerald Reitlinger）所說，他即將成為「最終解決方案真正的策劃人」（《最終解決方案》〔*The Final Solution*, 1961〕）。保安服務處最初的任務是監視納粹黨員，這讓保安服務處的地位高於其他常設分部。除監視黨員外，保安服務處也負責替國家秘密警察（蓋世太保）提供情報與研究服務，這是親衛隊與警察部門合併的第一步，但雖然希姆萊從 1936 年起便擔任親衛隊首領暨安全警察的總長，但直至 1939 年 9 月才完成整併。艾希曼當然不可能知道未來的這些發展，但他進入國家保安服務處時，似乎就對該處性質一無所知，這完全有可能，因為國家保安服務處的運作一直是最高機密。對他來說，加入保安服務處完全是出於誤會，一開始讓他「非常失望，我以為這跟我在《慕尼黑畫報》（*Münchener Illustrierten Zeitung*）上讀到的一樣，黨內高層的座車開過時，突擊隊警衛就站在車邊的踏板上……總之，我把保安服務處跟國家保安本部搞混了……沒人糾正我，也沒人跟我說過任何相關事宜。現在我完全不知道接下來會發生什麼事。」艾希曼在這裡是否說實話，對審判有一定影響，因為法官必須知道他擔任其職務是否出於自願，或是受人引導。他的誤會（如果確實是誤會）其實也不難理解，因為親衛隊這個特殊組織一開始成立的宗旨，就是要保護納粹黨的高層領導人。

但艾希曼如此失望的主因，是一切得從頭來過，又得從底層做起，唯一讓他感到安慰的是，也有其他人犯了同樣的錯誤。一開始他被指派到情報部門，第一份工作就是提供所有關於共濟會（在早期納粹的意識型態中，不知何故將共濟會、尤太教、天主教、共產主義都混為一談）的情報，並協助建立共濟會的博物館。現在，他終於有充分的機會，瞭解卡爾滕布倫納之前提到的「共濟會」這個奇特的詞到底是何意（順帶一提，納粹的特點是熱衷於為敵人建立紀念博物館，二戰期間，黨內各分部競相爭取要建立反尤太人博物館和圖書館。也多虧這種奇特的熱潮，讓歐洲尤太人許多偉大的文化寶藏得以留存）。但問題來了，這份工作又開始讓艾希曼感到非常、非常無聊，四、五個月後，他被指派到新的部門，終於不需要成天埋首共濟會資料，他大大鬆了一口氣，而新部門主責尤太人相關事務，這是艾希曼職涯的真正起點，一直延續到耶路撒冷法庭上。

此時是 1935 年，德國違反《凡爾賽條約》的規定，希特勒宣布恢復徵兵，並公開宣布重整軍備計畫，建立空軍和海軍。第一次世界大戰後，德國於 1933 年退出國際聯盟（League of Nations），並於 1935 年，大張旗鼓公開進軍《凡爾賽條約》劃定的萊茵非武裝區。當年希特勒發表和平演說：「德國需要和平，也渴望和平」、「我們承認波蘭是一個偉大而具有意識的民族的國土」、「德國既不打算也不希望干涉奧地利的內政，更不想併吞奧地利，或者與之合併」，更重要的是，這場演說，很不幸地，讓國內外正式承認當年的納粹政權，希特勒在國內聲望如日中天，人民認為他是偉大的政治家。對德國來說，此時也是一個過渡時期，因為龐大的重整軍備計畫解決了失業問題，讓一開始有所抗拒的勞工階級也欣然接受，而納粹政權初期反對的對象是「反法西斯分子」，包含共產黨人士、社會主義支持者、左翼知識分子、還有位居顯要的尤太人，換言之，還未完全轉為針對尤太人的迫害。

可以肯定的是，在1933年納粹政府最初所採取的步驟便是禁止尤太人從事公務員工作（包括德國境內從文法學校到大學的所有教職，以及大多數娛樂相關產業，包括廣播、劇院、歌劇和音樂會），基本上，就是將尤太人驅離公部門，但直到1938年，私人企業才出現類似舉措，雖然大多數的大學都拒絕尤太人入學，有幸入學的少數人也無法畢業，但禁止尤太人從事法律、醫師等行業的措施只是逐步進行。那幾年內，尤太人加速外移，但外移人數並非遽增，且大致十分有序。而貨幣的限制雖然讓外移變得困難重重，但並非不可能，尤太人可以將存款帶到國外，至少可領取大部分的存款，而非尤太人同樣需要受到貨幣限制的規範，似乎回到威瑪共和國時期。此時，出現一些個別行動（Einzelaktionen）對尤太人施壓，迫使他們以低到離譜的價格出售財產，這通常發生在小城鎮中，且其實出於納粹衝鋒隊（S.A）某些激進隊員的自發性「個別」動機，這些衝鋒隊員中，除了較高階的軍官，大多來自下層階級，而警方的確從未干預過這些「過分」行為，但納粹當局對此頗為感冒，因為此舉影響全國各地的房價。外移的尤太人中，除了政治難民便是年輕人，他們知道自己在德國完全沒有未來，而且很快地，這些人發現他們在其他歐洲國家也無法生存，所以有些移民的尤太人甚至返回德國。當艾希曼被問到，面對納粹黨中狂暴的反尤主義，他怎麼調解自己與黨內對尤太人的觀感，他以一句諺語回應：「東西在熱鍋上煮的時候最燙口。」（意指事實沒有看起來那麼糟），這也是當時許多尤太人掛在嘴邊的一句話。他們活在美妙的幻覺中，其中有幾年，連施特萊歇爾都在說要以「法律途徑」解決尤太人問題，直到 1938 年 11 月發生一場有組織的尤太迫害行動，也就是所謂的水晶之夜(Kristallnacht)註1，有七千五百間尤太商店的窗戶被砸毀，所有的尤太教堂遭縱火，兩萬名尤太男子遭到逮捕，被送往集中營，至此尤太人才大夢初醒。

有件事常被忽略，1935 年秋天頒布的《紐倫堡法案》，其實並未發揮實質作用。耶路撒冷法庭中，有三位來自德國的證人，皆屬前任尤太復國主義組織高層，在戰爭爆發前夕離開德國，他們的證詞，讓人一窺納粹掌權後五年中的真實狀況。《紐倫堡法案》剝奪尤太人的政治權，但他們還是具備民權，尤太人不再是德國公民（Reichsbürger），但他們仍是「國家居民」（Staatsangehörige），即使移民，也不會變成無國籍，該法嚴禁德國人與尤太人發生性行為，限制異族通婚，並禁止尤太人家庭僱傭四十五歲以下的德國婦女，其中只有最後一條發揮實質作用，其餘法令只是將既存的實際現況(de facto)合法化。因此，一般認為《紐倫堡法案》其實是讓尤太人在德國納粹帝國統治中獲得穩定的位置。自 1933 年 1 月 30 日起，說得委婉一點，尤太人便一直是二等公民，在數週或數月內，幾乎被完全隔離於其他民族之外，隔離方式採恐怖手段，而其他非尤太人對此則極為姑息。來自柏林的科恩博士（Benno Cohn）作證：「尤太人與非尤太人之間有一道牆，我不記得自己在德國期間有跟任

註 1：「水晶之夜」當天，德國在納粹的安排下，出現有組織的大規模反尤太行動，「水晶」指的是滿地的碎玻璃。

何基督徒說過話。」此時，尤太人感覺他們擁有專屬的法律，將不再成為非法分子，認為只要遵守不跟非尤太人往來的規定（其實他們一直都被迫遵守），生活便能不受干擾。根據尤太人在德國的全國代表機構（Reichsvertretung，成立於 1933 年 9 月，由柏林尤太人社區所發起，納粹未干預機構內人事安排）的說法，《紐倫堡法案》旨在德國人和尤太人之間，建立一種尚堪忍受的關係，一位柏林尤太人社區的幹部、同時也是激進尤太復國主義者表示：「人在任何法律下都可以過活，但如果完全不知道什麼可以做，什麼不能做，根本活不下去。一個有用、且受尊敬的公民，也可以在偉大的國家中當一個少數族群成員。」（拉姆〔Hans Lamm〕，《歐洲尤太人發展》〔*über die Entwicklung des deutschen Judentums*, 1951〕）。1934 年羅姆政變後，希特勒已經消除納粹衝鋒隊的勢力，早期尤太人大屠殺和軍隊暴行，幾乎都是由這些身穿卡其布軍裝的衝鋒隊員所犯下，此外，尤太人還蒙在鼓裡，完全不知道親衛隊這支黑衫隊正日益強大，且親衛隊通常不會採用街頭暴力手段，也就是艾希曼蔑稱的「先鋒隊方法」，因此尤太人普遍認為可能有權宜之計，他們甚至向納粹提出，願意在「尤太人問題的解決方案」中合作。總之，此刻，艾希曼剛開始學習處理尤太人事務（四年後，他便成為公認的尤太「專家」），剛開始接觸尤太機構代表人員時，無論是支持尤太復國主義或同化主義的人都正在討論「尤太復興」、「德國尤太人的大型建設運動」，內部還因意識型態不同，爭論尤太人是否應該移民，似乎真以為這件事他們可以做主。

警方詢問艾希曼是如何被引進到新部門時，他的回答多少有點扭曲事實，但並非一派謊言，過程頗似黃粱美夢。他進去後的頭一件任務，是他的新上司（某個姓馮．米德斯坦〔von Mildenstein〕的人，不久後便轉至著名建築師史畢爾〔Albert Speer〕的托德組織〔Organisation Todt〕，主責公路建設業務，他是個專業工程師，艾希曼也一直假裝這是自己的職業）要求他讀赫茨爾（Theodor Herzl）的《尤太國》（*Der Judenstaat*），很快地，這本尤太復國主義經典之作就讓艾希曼永遠改奉尤太復國主義，這似乎是他第一次讀學術著作，在他腦海中留下深刻印象。如同艾希曼在審判中一再重複的，他從那時便只專注於「政治解決方案」（相對於後來採行的「實體解決方案」，前者指驅逐，後者指滅絕），以及爭取「讓尤太人雙腳踏實地踩在土地上」（這裡可能值得一提的是，1939 年底，他似乎曾對維也納赫茨爾墳墓的褻瀆事件表達抗議，有報導指出，他在赫茨爾去世三十五週年紀念日當天，穿便服現身紀念會場，奇怪的是，在耶路撒冷他並沒有提過這些事，只是不斷吹噓他跟尤太官員間關係有多密切），為了達到這個目的，他開始在納粹親衛隊宣傳、講學並撰寫手冊，接著他還學了一點希伯來文，可以勉強閱讀意第緒語報紙，這並不是多了不起的成就，因為意第緒語基本上是一種以希伯來字母寫成的古老德語方言，講德語的人，只要掌握幾十個希伯來文詞語，就可以讀懂意第緒文。艾希曼甚至又讀了一本書，伯姆（Adolf Böhm）的《尤太復國主義的歷史》（*History of Zionism*）（審訊過程中，他不斷將這本書與赫茨爾《尤太國》搞混）。根據艾希曼的說法，他除了報紙以外，什麼也不讀，家中書架上的書一本都不願意碰（因此讓他父親極為失望），因此對他來說，連續閱讀這兩本書，堪稱是一個極大的成就。讀完《尤太復國主義的歷史》之後，他開始研究尤太復國主義運動及其政黨、青年團體、各類活動的組織架構。這尚未讓他成為「權威」，但讓艾希曼被指派為官方間諜，負責監視尤太復國主義支持者的辦公室和會議內容。值得一提的是，他研究尤太事務的範圍幾乎可說是以尤太復國主義為中心。

艾希曼個人第一次與尤太組織的接觸非常成功，出席會晤的都是尤太復國主義圈內的知名人士。艾希曼解釋，自己對「尤太問題」如此著迷的原因是來於他的「理想主義」，他認為這些尤太人與同化主義者和正統尤太教徒都不同，他藐視同化主義者，而正統派讓他感到厭倦，他覺得尤太復國主義支持者跟自己一樣，是「理想主義者」。他認為，一個「理想主義者」不僅是抱持某種「理想」的人，也不僅是不偷不搶、不受賄的人（雖說這些特質都不可或缺），一個「理想主義者」指的是一個為了「理想」而活的人（因此不能是商人），這個人可以隨時準備為自身信念犧牲一切事物，特別是，一切的人。在警方審訊時，他說如果上級命令他殺了自己的父親，他也會確實執行，說這些話不只是要強調自己受制於命令以及遵循命令的程度，同時也是為了展現自己自始至終都是個「理想主義者」。一個完美的理想主義者，跟其他人一樣，當然有個人的情感和情緒，但如果情感與理想出現衝突，他永遠不會允許情感干涉其行動，「如果兩者之間發生了衝突」。艾希曼遇過最偉大的尤太人「理想主義者」，是卡斯特納博士（Rudolf Kastner，尤太復國主義組織在布達佩斯的副總召）。進行匈牙利尤太人驅逐任務時，他與卡斯特納協商，艾希曼同意允許數千名尤太人「非法」前往巴勒斯坦（其實在火車上把守的是德國警察），以換取集中營的「安靜和秩序」，後來該營區中數十萬人被運到奧茲維辛集中營。這幾千名因為兩人的協議而得以保命的尤太人中，包含頗有聲望人物以及尤太復國主義青年組織的成員，根據艾希曼的說法，他們是「最好的生物品種」。艾希曼認為，卡斯特納博士為了自己的「理想」犧牲同胞，而這就是理想主義者該做的。耶路撒冷審判中，卡斯特納博士為自己與艾希曼與其他納粹高層合作的行為辯護，三位主審之一的哈勒維（Benjamin Halevi）法官，認為卡斯特納「將靈魂賣給了魔鬼」。既然被告席上的魔鬼竟然也可以是「理想主義者」，這也許很難以置信，但出賣靈魂的人確實也很有可能曾經是「理想主義者」。

在此許久以前，艾希曼第一次有機會學以致用，將在部門中所學的尤太事務付諸實踐。1938 年 3 月德奧合併（奧地利與納粹德國合併）之後，他被派遣到維也納安排尤太人移民工作。而在當時的德國對此則一無所知，直到 1938 年的秋天前，尤太人始終相信納粹編造的謊言，相信只要他們有意願，便能獲允離開德國，納粹不會強迫他們離開。德國尤太人相信納粹黨的原因是，德意志工人黨（納粹黨）於 1920 年宣布的二十五點綱領，該綱領與威瑪憲法的命運一樣奇特，從未遭到正式廢除，希特勒甚至說過二十五點綱領將「永遠不變」。從後來發生的事看來，綱領中的反尤規定的確無害：因為尤太人不具有德國公民的資格，所以不能擔任公職，相關新聞也不能見報，此外 1914 年 8 月 2 日（第一次世界大戰爆發的日期）以後成為德國公民的人將遭撤銷公民資格，且應驅逐出境（撤銷公民資格的規定立即生效，但約一萬五千名尤太人的大量驅逐行動，則是五年後才發生，出乎所有人預料之外，這些人在一天之內被成群趕到波蘭邊境的茲巴斯珍城〔Zbaszyn〕，立即送入集中營）。納粹黨官員從未認真看待其黨綱，他們引以自豪的是自己參與一場運動，而不僅是一個黨，運動無法受到黨綱約束。即使在納粹正式掌權之前，這二十五點綱領也只是為了符合政黨制規定而存在，為了吸引那些會關心黨綱的傳統選民的選票而存在。而如同前述，艾希曼可沒有研究黨綱這種可悲的習慣，他在耶路撒冷法庭上說自己對希特勒的黨綱一無所知，很可能並非在說謊：「黨的綱領並不重要，反正你知道自己加入什麼組織。」而尤太人就這方面來說則是稟持傳統，不但完全知悉這二十五點黨綱，且深信不疑，如果發生任何違背綱領的事情，他們往往歸咎於納粹黨中「革命搞過頭」的違紀成員，認為一切只是暫時性的。

但是，1938 年 3 月在維也納發生的事則完全不同。艾希曼的任務被定位為「強迫移民」，這次納粹黨說的話完全算數：所有的尤太人，無論個人意願或其公民身分，全部都被強迫外移，此舉一般稱為驅逐出境。每當艾希曼回憶起入黨後這十二年的生活，都會指出在維也納的奧地利移民中心主持尤太人移民事務的這一年，是他最開心、最成功的時期。在此不久之前，他已經晉升為軍官（Untersturmführer，上尉），且因其「充分掌握敵人——尤太人——的組織方式和意識型態」受到讚揚。被指派到維也納，是他第一份重要任務，截至當時，艾希曼的晉升一直十分緩慢，未來前景端看這一役表現。想必艾希曼當時盡全力表現現，成果非常壯觀：八個月內，四萬五千名尤太人被驅離奧地利，同時期離開德國的尤太人還不超過一萬九千人。十八個月內，奧地利「清除」近十五萬名尤太人，也就是該國境內約六成的尤太人口，所有的人都是「合法」離開的，即使二次大戰爆發後，還有六萬名尤太人可以逃離。他是怎麼辦到的？促成這一切的想法當然不是來自於他，而（幾乎可以肯定）是派他到維也納的海德里希，因為海德里希下的具體指令，事情才如此順利（艾希曼對此卻含糊其辭，供詞暗示這些指令其實來自於自己。另一方面，以色列的法庭向來堅持「阿道夫・艾希曼要概括承受所有責任」的論點，更精彩的是，他們深信「艾希曼就是納粹迫害背後的主宰」，甚至竭力幫助他「打腫臉充胖子」，而艾希曼本來就很喜歡吹牛）。在水晶之夜當天的晨會中，海德里希跟戈林（Hermann Wilhelm Göring）共同解釋驅離尤太人的想法，既簡單又巧妙：「透過尤太社區，我們從那些想移民的有錢尤太人身上挖出一些錢，只要他們付了這些錢，還有額外的外幣款項，這樣尤太窮人也能離開，叫有錢尤太人走人不是問題，怎樣擺脫尤太暴徒才是問題所在。」這個「問題」並非由艾希曼所解決，直到耶路撒冷審判結束，法庭才從荷蘭國家戰爭文件研究處（Netherlands State Institute for War Documentation）得知，最先想出「移民基金」這個方法的人，是一名叫做亞科維奇（Erich Rajakowitsch）的「出色律師」，根據艾希曼的證詞，「亞科維奇受雇於黨中央辦公室，負責處理維也納、布拉格、柏林尤太移民事務的法律問題。」不久以後，1941 年 4 月，亞科維奇被海德里希派到荷蘭「建立一個中央辦公室，為德軍佔領的歐洲國家立下『尤太問題解決方案』的模範。」

儘管如此，還有許多問題只有在運作的過程才能加以解決，且毫無疑問，艾希曼在維也納任務中第一次發現自己的優點。有兩件事情他做得比其他人都好：組織跟談判。他到維也納後立刻與尤太社區代表展開談判，談判前，他還得先把這些代表從監獄跟集中營裡放出來，因為奧地利的「革命熱情」遠超過先前在德國「革命搞過頭」的黨員，幾乎所有稍具聲望的尤太人都遭到監禁。有了這次談判的經驗，尤太組織便極力爭取移民，完全不需要艾希曼來說服，還跟艾希曼報告移民工作會遇到哪些重大困難。除了已經「解決」的財務問題外，最主要困難是每位移民離境前需要遞交大量文件，每份文件的有效期都很短，因此取得最後一份文件後，第一份文件往往已經過期很久了。艾希曼完全瞭解移民的運作方式後，他「自己想辦法」，並「找出對雙方都很公平的方式」。他腦中想像「一條生產線，一開頭放上第一份文件，接下來是其他文件，而生產線終端的產品，便是移民護照」。如果所有相關機構，包含財政部、國稅局、警察局、尤太社區的辦事人員都聚在一起，且必須在申請人面前當場完成工作，這個辦法便可行，如此一來，申請人不用在各個機構間疲於奔命，不用受氣，還能省下賄賂的費用。等到一切就定位，確保生產線可流暢迅速運作後，艾希曼「邀請」柏林的尤太組織到現場視察。他們感到極為震驚，表示：「這根本就是個自動工廠，像是把麵粉廠連接到麵包店。每個尤太人在起點時，還擁有財產、工廠或商店、或銀行帳戶，在這棟樓經過重重關卡，經過一間間辦公室，最後到終端時，完全一無所有，沒有錢、沒有任何權利，只剩下一本護照，上面寫著:『你必須在兩週內離開本國，否則就會被送進集中營。』」

當然，基本上整個過程就是這樣沒錯，但也不完全精確，因為這些尤太人不能「完全沒錢」，原因很簡單，如果分文不剩，當時沒有任何國家會允許他們入境，他們需要「通關費」（Vorzeigegeld），也就是辦理簽證、並通過出入境國管制的費用，且需要使用外幣支付，但德國納粹不想把外幣浪費在尤太人身上。這個費用無法使用尤太人的外國帳戶支付，但要擁有外國帳戶也很困難，因為多年來尤太人都被禁止開設外國帳戶，於是艾希曼就派遣尤太機構的代表人員到國外，向大型尤太組織募集資金，再由尤太社區賣給準備移民的尤太人。這項買賣利潤很可觀，比方說，買賣匯價是 10 到 20 元馬克兌換 1 美元，當時市場匯價是 4.2 元馬克兌換 1 美元。透過這個方式，尤太社區不但為貧窮、沒有外國賬戶的尤太人籌得所需的資金，面臨大幅擴展的業務，也不愁缺乏經費。艾希曼著手進行這項任務時，遭到德國金融監管機關、相關部會和財政部大力反對，因為他們都知道，這些交易會讓德國馬克貶值。

愛吹牛是艾希曼的致命傷，大戰結束前夕，他告訴部下：「我會笑著跳進墳墓，因為我曾昧著良心殺了五百萬名尤太人（或他常說的「大德意志帝國的敵人」），令人再滿意不過。」實際上，他沒有跳進墳墓，而如果他良心感到不安，也不是因為謀殺，是因為他曾經打了倫根洛伊斯博士一巴掌，這是他最喜歡的尤太人。（後來他在自己的下屬面前道歉，但這件事一直讓他很心煩。）艾希曼說自己殺了約五百萬名尤太人，這個數量幾乎等同於所有納粹迫害的尤太人，講這種話實在很荒謬，他自己也很清楚，但他一直不斷對別人重複這些話，直到人家聽了想吐，即使十二年後在阿根廷，他還是照講不誤，因為「一想到自己是在這種情況下退場，便令人特別得意洋洋。」（前外務委員霍斯特．葛萊爾（Horst Grell）在匈牙利認識艾希曼，出庭耶路撒冷擔任辯方證人時表示，他認為艾希曼只是在吹噓，聽到艾希曼發表這番謬論的人，想必都立刻知道他在吹牛。）他假裝自己「發明」尤太區系統，或「想出」將歐洲尤太人運往馬達加斯加的點子，這些話純粹都是在吹牛。他還說自己「首創」特瑞辛尤太區（Theresienstadt ghetto），但這個尤太區成立前好幾年，此系統早就引入德國的東歐佔領國，還為特殊類型的尤太人設置特別尤太區，其實，特瑞辛尤太區跟尤太區系統的想法，都來自海德里希。而馬達加斯加移民計畫，似乎是由德國外交部

「催生」，艾希曼對該計畫的貢獻，說起來還多半是倫根洛伊斯博士的功勞，他最為賞識的倫根洛伊斯博士，依照艾希曼吩咐起草「一些基本概念」，以便在戰爭結束後，將四百萬名左右的尤太人從歐洲驅離，目的地大概是巴勒斯坦，但無法確認，因為馬達加斯加計畫是最高機密（當倫根洛伊斯博士報告呈上法庭時，艾希曼並沒有否認這些想法是來自於博士，也很罕見地展現真正窘迫的樣子。）艾希曼自吹自擂的習慣，終於讓他鋃鐺入獄，他「無法忍受當個無名的流浪者，在各國間遊蕩」，而愛吹牛的性格一定隨著時間的流逝而更為增強，原因不僅是因為他找不到值得做的事情，也因為二次大戰的結束，帶給他意料之外的「名氣」。

不過，愛吹牛的人恐怕不少，艾希曼性格中更特殊、更絕對的缺陷是，他幾乎完全無法從他人的角度思考。最明顯的例子，可從他關於維也納任務的供詞看出。他說他與手下，跟尤太人一起「同舟共濟」，每當遇到困難時，尤太機構的人就會跑來找他「表白心跡」，訴說「無限痛苦和悲傷」，並要求艾希曼幫忙。尤太人「很希望」移民，而他，艾希曼，則朝他們伸出援手，原因是當時德國納粹也很希望淨空帝國中所有的尤太人。既然雙方意願相吻合，那麼他，艾希曼，便能「公平對待雙方」。在審訊中，關於這部分的供詞他從未更改，雖然他後來同意，「時間改變很多事情」，尤太人想起這個「同舟共濟」的時刻可能並不是這麼開心，而他不想「傷他們的心」。

1960 年 5 月 29 日到 1961 年 1 月 17 日期間，以色列警方對艾希曼進行審訊，德語版的錄音逐字稿內容，每一頁都經過艾希曼的校對和確認，這份文件可說是心理學家的寶山，前提是這名心理學家必須非常明智，瞭解真正的可怕也可以很滑稽且極其可笑。有些滑稽場面無法以英語傳達，因為笑點在於艾希曼與德文的英勇鬥爭，且戰敗的往往是艾希曼。審訊時，他使用大量「引言」（winged words，德語《熟習引語》〔*Geflügelte Worte*〕，收錄德國經典名句的口語引言）、成語（Redensarten）、口號（Schlagworte），笑果十足。庭長以德語進行關於薩森文件的審訊時，他使用一個成語 kontra geben 註2，指自己阻止薩森在他的故事中加油添醋，法官蘭道顯然對紙牌遊戲一無所知，但艾希曼完全不知道如何以其他方式表達。從這一點我們隱約可以發現，低落的語言能力一直是他的困擾，且想必從求學時代便開始，這已經算是輕微的失語症（aphasia），對這一點他提出道歉：「我只會講官話。」但重點在於，官話成了他的語言，因為沒有這些老套詞語，他真的一句話都不會說了（這些陳詞濫調，就是精神科醫生認為艾希曼「正常」、「堪稱理想典範」的原因嗎？這是牧師希望引導信徒擁有這種「正面思想」嗎？艾希曼在耶路撒冷展示這類積極面的最好機會，是兩人負責監視他身心健康的年輕警察，為了讓他放鬆，給他一本戀童小說《羅麗塔》〔*Lolita*〕，兩天後，艾希曼把書還給他們，很憤慨地說：「非常不健康的書。」）。後來法官終於告訴艾希曼，他說的都是「空話」，可以肯定的是法官講的再正確不過，除了他們以為被告講空話是想用以掩飾其他可怕、但不空洞的想法。然而，每次艾希曼提到重要事件時，記性不好的他會一再重複完全相同的成語套話，以及自己發明的陳詞濫調（如果他成功自創一句話，他會反覆使用，直到陳腔濫調的程度）時，前後供詞的一致性恐怕足以駁斥法官的假設。無論是阿根廷或耶路撒冷寫他的回憶錄，無論對警方審訊人或法官發言，他說的話總是同一套，表達方式也一模一樣。聽艾希曼講話講越久，便越能發

註 2：一種博奕遊戲策略，意指「以牙還牙，以眼還眼」。

現，他語言能力的欠缺，跟他無法從別人角度思考的特質是緊密相連的，他完全無法溝通，原因不是他撒謊，而是因為他被一個堅而不催的牆包圍，將語言與他人的存在隔離在外，因此，也無法感知現實。

所以，由一名尤太警察審訊八個月，這並未讓艾希曼感到絲毫的猶豫，還是花了很長的時間、並一再重複解釋，未能在親衛隊升到更高的軍階並不是他的錯，他已經竭盡所能，甚至主動要求擔任前線軍事任務，「我對自己說，只要到前線，就會比較快升到上校（Standartenführer）。」在法庭上，他卻推翻這個說法，假裝自己主動要求調動的原因是因為他想逃離殺人的職務，不過對這一點他沒有很堅持，但很奇怪的是，他對負責審訊的大隊長萊斯所說的供詞，並沒有在此刻呈上法庭與之對質，他還告訴萊斯，他曾希望被提名為特別行動隊（德國納粹親衛隊設於東歐的屠殺部隊）成員，因為特別行動隊於 1941 年 3 月成立時，他的部門便「關門大吉」了，此時再也不需進行任何移民工作，而此時驅逐工作也尚未開始，而他最終的願望是要晉升為德國城鎮的警察局長，但也並未如他所願。供詞稿中關於個人抱負的部分之所以好笑，原因在於作者的語氣，就像在講述一個倒楣傢伙的故事，必定能贏取「正常」、「人道」的同情。「不管我準備計畫得多周全，到最後都會出錯，不管是我的個人事務，或是多年來為了尤太人爭取土地的努力，都付諸流水。我不懂，所有的事就像是受到邪惡的詛咒，我想要、希望得到、也計畫實行的，命運都會加以阻撓。不管是什麼，每件事都讓我很沮喪。」當萊斯問到由前親衛隊上校提出疑似捏造的證據而詢問他的意見時，他突然驚呼，一副怒氣沖沖的樣子，舌頭還打結：「這讓我非常驚訝，這個人居然升到親衛隊上校，我真的非常驚訝，這完全，完全無法想像，我不知道該說什麼。」談到跟親衛隊有關的事時，他從來沒有顯露出任何挑釁蔑視的神情，似乎即使到現在仍舊想捍衛過去十二年軍旅生活的標準，「親衛隊」、或「事業」，或「希姆萊」（即使艾希曼完全不敬佩他，但總以完整軍銜稱呼希姆萊：納粹親衛隊首領和警察總長）這些字眼，會觸發他體內的某種已無法改變的機制。即使在萊斯隊長面前，這個機制也絲毫不為所動，萊斯是個德國尤太人，絕不可能認為親衛隊員會因為操守良好而升官，但艾希曼還是保持對親衛隊尊敬的語調態度。

有時候，艾希曼的滑稽會突然變得很恐怖，從他口中說出的故事（想必並非捏造），充滿令人毛骨悚然的幽默，沒有任何超現實主義作品可相比擬。這個可怕的故事，主角是不幸的史脫佛（Kommerzialrat Storfer），是維也納尤太社區的代表，艾希曼接受審訊時，說奧茲維辛集中營的指揮官霍斯曾寄給他一封電報，說史脫佛已經來到此處，迫切要求見艾希曼一面。「我對自己說：好，這個人表現一直都不錯，是值得我一去……我會去看看他究竟怎麼回事，所以我去找埃布（Ebner，蓋世太保在維也納的指揮），埃布說——這段話我記不太清楚——如果這傢伙沒這麼笨，居然跑去躲起來，還試圖逃跑，大概是講這樣。後來史脫佛就被警方逮捕，送到集中營，根據納粹親衛隊首領（希姆萊）的命令，只要進了集中營就不能出來，完全無法通融，不管是埃布博士、我、或任何人都沒辦法。我去了奧茲維辛集中營，要求霍斯讓我見史脫佛。他（霍斯）說：『是的，是的，他也在這做苦工』，後來我就見到史脫佛，這個，我們見面時一切都很正常、很人道。他告訴我一切的悲痛和哀傷，我說：『好的，我親愛的朋友，我們完全瞭解！真是太不走運了！』

我也說：『聽好，我真的無法幫你，因為根據納粹親衛隊首領的命令，沒有人可以離開這裡。我無法讓你出去，埃布博士也無法讓你出去。我聽說你犯了一個錯誤，跑去躲起來或逃出去，而畢竟，你根本不需要這樣做。』（艾希曼的意思是，史脫佛是尤太機構代表人員，不會被驅逐出境）。我忘了他對這些話的回答。然後我問他過的如何，他說，他想知道他能不能不要做苦工，這裡的工作太過繁重。我對霍斯說：『工作，史脫佛不用工作！』但他說：『這裡每個人都要工作。』於是我就說：『好，那我就下個命令，史脫佛的工作就是負責拿支掃帚清理碎石路，』那邊有幾條碎石路，『而且他有權利拿著掃帚坐在路邊的長凳上。』我（對著史脫佛）說：『這樣可以嗎？史脫佛先生？這個工作適合你嗎？』他非常高興，我們彼此握手，然後有人拿了把掃帚給他，他就在板凳上坐了下來。我的內心充滿喜悅，至少見到這位曾與我共事這麼多年的人，還能把手言歡。」就在這個正常、人道的場面畫下句點後六週，史脫佛死了——顯然不是遭毒氣殺死，而是遭到射殺。

這是那種奸詐、自欺欺人、蠢到離譜的典型病例嗎？或只是一個永遠不知悔改的罪犯（陀思妥耶夫斯基〔Dostoevski〕曾於日記中提到，在西伯利亞，他遇過數十個殺人犯、強姦犯、竊賊，但從來沒有任何一個人承認自己做錯事）？他無法面對現實，是因為其罪行成為他認知的現實中不可或缺的一部分？然而，艾希曼的情況與一般罪犯不同，一般罪犯只要待在狹小的同伴圈內，就能有效與非犯罪的外界抗衡。但艾希曼只需要回想一下過去，便能放心對自己說他沒有自欺欺人，因為他與過去的那個世界間充滿完美的和諧。在德國的八千萬人也以同樣的方式、同樣的自欺欺人、同樣的謊言愚蠢，將自己屏蔽於現實和真實之外，而這種謊言與自欺已經成為艾希曼根深蒂固的一部分。這些謊言每年都在變，往往互相矛盾，而且對各分支機構各階層的人還有不同意義。但是這種自欺欺人現象極為普遍，可說是生存的先決條件。即使到現在（1963年），納粹政權已經瓦解十八年，這些謊言的具體內容可能早已遭遺忘，但有時還是很難不相信，說謊已成為德國民族性格的一部分。戰爭期間，對整體德國人來說最有效的謊言，就是由希特勒或納粹宣傳部長戈培爾提出的口號：「這是德國人的命運之戰」，這讓自欺欺人變得更容易，因為這個口號暗指；第一，這並非一場戰爭，第二，這是因命運而起，並非因德國而起的戰爭，第三，這是德國人的生死關頭，一定要消滅敵人，否則就會被敵人消滅。

不管在阿根廷或耶路撒冷，艾希曼對犯罪的坦承不諱都令人震驚，原因並不是他犯罪技巧與自我欺騙能力高超，而因為他活在大德意志帝國充滿謊言的氛圍中，在這裡說謊不僅稀鬆平常，且廣為接受。「當然」他在「尤太人大屠殺事件」中扮演重要角色，當然，如果他「沒有負責運送尤太人，他們也不會被送到屠夫手中。」艾希曼問：「這有什麼好『承認』的？」而現在，他又說：「想與以前的敵人和平共處。」希姆萊在二戰結束的那一年，也說過類似的話，德國勞動戰線和納粹黨組織負責人萊伊（Robert Ley，在紐倫堡自殺之前，他建議成立「調解委員會」，由涉及大屠殺的納粹黨員與倖存的尤太人共同組成）也表達這樣的情操，此外，更令人難以置信的是，許多一般德國民眾，在戰爭結束時說過一模一樣的話。這種離譜的陳詞濫調，已經不是來自上級的指令，而是一種自行捏造的老套詞語，完全悖離現實，跟納粹政權十二年間的那些陳詞濫調沒兩樣。這些人嘴裡吐出這些話時，你可以想像他們有「多麼得意洋洋。」

艾希曼的腦中充滿這類句子。事實證明，他的記憶力非常不可靠，根本不記得到底發生哪些事。有一次法官蘭道難得動怒，質問被告：「你到底記得住什麼？」（如果你不記得在萬湖會議中討論事項，包含各種屠殺尤太人的方式，那你還記得住什麼？），當然，答案是艾希曼對個人職涯的轉折點記得很清楚，但這些轉折，卻不一定與尤太人大滅絕轉折點相重疊，他甚至對歷史也所知甚少（艾希曼總記不住大戰爆發或德軍征俄的確切日期）。這裡的重點是，那些曾讓他「得意洋洋」的老套句子，他一句也沒忘。因此，審訊過程中，當法官試圖要喚起他的良心，但喚起的卻往往是「得意洋洋」的情緒，法官發現艾希曼在不同的時期、不同的活動中都有不同的陳詞濫調，讓他保持「得意洋洋」，這點讓法官感到憤怒又不安。在艾希曼心目中，「我會笑著跳進墳墓」跟「讓我受絞刑公開示眾，以作為世上其他反尤人士的警告。」兩者完全不衝突，前者適用於戰爭結束後，後者則適用於完全不同的情況，但兩者可產生相同效果，都讓他感到得意洋洋。

艾希曼這些特質為審訊帶來極大的困難，他自己倒不覺得有什麼，但對於負責對他起訴、為他辯護、審判、報導的人來說，則是頭痛不已。因此，我們必須嚴肅看待艾希曼，這並不容易，除非有人想抄捷徑解決這個困境，不去深究難以形容的恐怖行為，跟極其荒謬滑稽的罪人之間的關聯，而直接聲稱艾希曼是工於心計的騙子——他顯然不是。艾希曼自己對這一點的說法可稱不上謙虛：「命運賦予我的少數能力中，有一樣就是瞭解真相的能力，而且我可以獨立做到。」艾希曼甚至在檢察官還未將他沒犯的罪行加諸於他身上前，便宣稱自己有此能力。在阿根廷準備接受薩森的採訪時，艾希曼記下一些雜亂的筆記，當時他聲稱自己：「完全擁有身體與精神上的自由，」且在筆記中發出警告：「未來的歷史學家必須夠客觀，不可偏離紀錄於此的真相。」——這讓人無比驚奇，因為筆記中的每一行字，都顯示他完全忽視跟工作沒有直接關係、技術相關的事情，也突顯出他奇差無比的記憶力。

雖然檢察長竭力指控，但每個人都看得出來，艾希曼並非「野獸」，但確實很難不去懷疑他是個小丑。但是，因為這樣的懷疑會讓整場審判崩潰，而且，要說這個讓成千上萬人受苦的罪犯是個小丑，也很難令人置信，因此他最可怕的小丑特質，幾乎沒有人注意到，也沒有人在報導中提過。這個人先是強調，他在渾渾噩噩的一生中，學會最重要的事情是絕不能宣誓（「今天沒有任何人或法官，能說服我宣誓，在作證前宣讀誓詞，我拒絕，我基於道德理由拒絕這樣做，因為經驗告訴我，如果一個人忠於他的誓言，總有一天必須承擔後果，我已經下定決心，不管是法官或是任何威權，沒有人能讓我宣誓，宣讀誓詞，我不會自願做這件事，也沒有人能夠強迫我。」），接下來，他被明確告知，無論「宣誓或不宣誓」，他都可以作證為自己辯護，結果他沒有稍加遲疑，立刻說願意宣誓，對於這種人你能怎麼辦？不僅如此，他先是向法院、審訊警官一再保證，一再強調，他絕不會試圖開脫責任、不會自求保命、爭取從寬量刑——結果，經過辯護律師的指示，他呈上一份手寫文件，在文中請求法院從寬發落。對於這種人，你能怎麼辦？

就艾希曼而言，說法反覆不一其實是心情問題，只要他能在記憶中或憑著當下一時衝動，找到有關的老套詞語，就會非常滿足，完全沒發現自己發言出現所謂的「不一致」。正如我們將要看到，這種以陳詞濫調安慰自己的可怕天賦，即使在艾希曼死到臨頭時，都依然存在。

第四章

第一個解決方案

—強制驅離—

耶路撒冷的審判如果跟一般的審判相同，僅是控辯雙方間為了揭露真相、維護正義的拉鋸戰，接下來便該呈現辯護方的說法，並挖掘艾希曼關於維也納任務的奇怪供詞中，是否有其他隱含的問題，而艾希曼對現實的扭曲，是否真的完全該歸因於他愛說謊的特質。早在審判開始之前，據以將艾希曼判處絞刑的犯罪事實已確定是「超越合理的懷疑範圍」（beyond reasonable doubt），所有研究納粹德國的人都很清楚這些事實。檢察長在庭上試著舉證更多犯罪事實，且法官也已接受其中部分事實，但如果辯護方在法庭中提出自己的證據，這些事實也不會看似如此「超越合理的懷疑範圍」。因此，必須檢視幾項眾所皆知但塞萬提斯博士選擇忽略的事實，這篇關於艾希曼的報導才堪稱完整。

尤其對艾希曼就「尤太人問題」的混亂觀點與意識型態，更應加以檢視澄清。接受審訊時，艾希曼告訴庭長，他在維也納執行任務時，「認為對於尤太人這樣的敵手，必須找出對雙方而言皆可接受的公平解決方案……我想就像在他們腳下鋪上土壤，讓他們有一席之地，踩在屬於自己的土壤上。我欣然朝這個方向努力，為了達成這項解決方案，我十分高興、愉快地與各方合作，因為這也是受到尤太人內部肯定的解決方案，我覺得這是最適切的解決方式。」這就是艾希曼所謂與尤太人「同舟共濟」的真正原因，這就是雙方相互「達成共識」的真正原因。離開德國才符合尤太人的利益，即使可能並非所有的尤太人都明白這一點，「一定要有人來幫他們，幫這些尤太機構工作人員採取行動，而我就是伸出援手的那個人。」如果這些尤太機構工作人員是「理想主義者」，也就是尤太復國主義支持者，他不僅尊重他們，更「與他們平起平坐」，聆聽他們的「請求、苦水以及援助需求」，並且盡其所能實現他所做出的「承諾」——「現在大家都忘記那時的事了。」除了他艾希曼以外，還有誰挽救了數以十萬計的尤太人？要不是他的熱忱與絕佳組織能力，他們哪能及時逃生呢？的確，當時他無法預見後來會採取最終解決方案，但他拯救了尤太人，這是一個「事實」。（審判過程中，艾希曼的兒子在美國接受記者採訪，他告訴美國記者同樣的話，想必這已經成為家族津津樂道的傳奇。）

從某種意義上說，大概不難理解為什麼辯護律師並未支持艾希曼與尤太復國主義者間友好關係的說法。艾希曼承認，如同他在接受薩森採訪時所說的，他「從未把接受任務看成像是一頭牛被引向牛欄一樣，」他跟其他同事很不一樣，那些人「沒有看過最基礎入門的書（指赫茨爾的《尤太國》），沒有從頭讀到尾，津津有味地研究」，因此他們無法「與工作建立內在關聯」。他們「只是辦公的苦力」，一切都取決於「公文和命令，他們對別的事一點興趣也沒有」，簡而言之，就是所謂的「小螺絲釘」，根據辯護律師的說法，艾希曼從前就是個「小螺絲釘」。如果這表示絕對服從元首的命令，那所有的人全都是小螺絲釘，甚至包含希姆萊，他的推拿師克斯滕（Felix Kersten）表示，希姆萊接到最終解決方案的命令時，並沒有特別歡欣，而艾希曼向警方保證，他的上司穆勒（Heinrich Müller）如果不是要服從命令，絕不會提出粗糙的「實體滅絕」方案。顯然，艾希曼的眼中，小螺絲釘的理論並不是重點。當然，他的影響力絕對沒有像霍斯納先生竭力營造的如此之大，畢竟艾希曼不是希特勒，而就尤太問題的「解決方案」來說，他也不具有像穆勒、海德里希或希姆萊般舉足輕重的地位，艾希曼雖並不狂妄自大，但他也不是像辯護律師所描述的如此人微言輕。

艾希曼扭曲現實的行為極為可怕，因為他們面對的慘狀本身便極為可怕，但大體說來，在希特勒垮台後的德國中，扭曲現實的做法並沒有什麼改變。例如，前國防部長施特勞斯（Franz Josef Strauss）最近進行選舉造勢，他的對手是西柏林市長布蘭第（Willy Brandt），布蘭第在希特勒掌政時期曾逃難至挪威。施特勞斯問了布蘭第一個問題，引起媒體競相報導，顯然是很成功的宣傳，他問布蘭第：「那十二年中你在德國以外的地方做了些什麼？我們知道我們在德國做了些什麼。」這完全是開脫罪行的說法，但沒有人感到驚訝，更不用說要提醒波恩政府成員，德國人在那些年內的所做所為早已是惡名昭彰。另一位可敬的德國文學評論家，也有同樣「天真」的舉動，想必他並未當過納粹黨員，他在審視一份大德意志帝國文學研究時，他不經意地說這份研究的作者：「跟那些知識分子一樣，在野蠻暴行四處上演的時刻捨棄我們而去。」他口中的作者想當然耳是一名尤太人，想當然是被納粹所驅逐，而遭非尤太人捨棄，遭到像德國《萊茵河週報》貝克曼（Heinz Beckmann）一樣的人捨棄。順帶一提，「野蠻」這個詞也不符合事實，現在德國常用這個詞形容希特勒統治時期，因為這麼說，就好像當時尤太和非尤太人知識分子之所以逃離德國，是因為這裡對他們來說不夠

「文雅」一般。

另一方面，艾希曼雖然不像政治家和文學批評家那麼文雅，但假如他的記憶力沒這麼差，或辯護律師有幫助他，艾希曼其實可以舉出某些確切的事實來支持他的說法，因為「第一階段的尤太政策，納粹黨員認為可以採取『親尤太復國主義』態度，這是不爭的事實。」（慕尼黑尤太社區的領袖拉姆〔Hans Lamm〕）。也正是在第一階段時，艾希曼學會關於尤太人的課題，他絕不是唯一重視「親尤太復國主義」的人，德國尤太人自己也認為，可以藉由新的「異化」過程消除「同化」，因此紛紛加入尤太復國主義運動的行列（目前並無確切數字，但根據估計，尤太復國主義週刊《尤太評論》（*Die Jüdische Rundschau*）的發行量，在希特勒政權開始幾個月內，從每月約五千至七千本，增加到每月近四萬本。此外，據估計，跟 1931 至 1932 年相比，尤太復國主義者的募捐組織在 1935 年至 1936 年收到募款增加三倍，捐贈者皆是悲慘且人數銳減的尤太人），這並不一定表示尤太人渴望移民到巴勒斯坦註1，而是攸關自尊：「戴上黃色的六芒星臂章吧！驕傲地戴上去！」這句話是《尤太評論》的總編魏爾什（Robert Weltsch）想出來的口號，在那幾年間非常流行，顯示當時普遍的觀感與氣氛。他用這句話來回應 1933 年 4 月 1 日德國發起的抵制尤太人運動——其實一直到六年後，納粹才實際強迫尤太人必須配戴白底黃色的六角星形標誌註2——這個口號也用以反對「同化主義」支持者，以及所有拒絕新的「革命進展」、「被時代拋在後面」的人（德原文：die ewig Gestrigen）。耶路撒冷審判期間，來自德國的證人回想起這個口號，情緒非常激動，但他們忘了提到，魏爾什這位傑出的記者近年來曾說過，如果他能夠預知後來的事，當初絕不會

註 1：尤太復國主義的主要訴求，便是讓尤太人遷回巴勒斯坦。

註 2：即「大衛之星」。

提出那個口號。

撇開口號和意識型態的爭論不談，納粹執政的那些年內，只有尤太復國主義支持者有機會與德國當局談判，這可是個事實。原因很簡單，納粹主要的尤太敵人，也就是德國的尤太信仰公民中央協會（Central Association of German Citizens of Jewish Faith，95% 的德國尤太人組織皆隸屬此協會）在其組織章程中明確指出，其主要宗旨是「打擊反尤太主義」，因而該協會瞬間變成「與政府敵對」的組織，如果協會膽敢依據其章程行事（但它並沒有），確實早就會被迫害。希特勒掌權最初期幾年，尤太復國主義者似乎主要將希特勒的成功，看成是同化路線的「決定性失敗」，因此尤太復國主義支持人士，至少可以暫時與納粹當局進行某些非犯罪的合作。尤太復國主義者也相信，「異化」策略加上讓尤太青少年、尤太資本家移民到巴勒斯坦的做法，可能是一個對「雙方都公平的解決方案」。當時，許多德國官員也持相同觀點，在納粹結束統治前，這類的言論似乎極為常見。一位德國尤太人是特瑞辛尤太區（Theresienstadt ghetto）的倖存者，他寫了一封信，指出所有由納粹指定的尤太人代表機構（Reichsvereinigung）中，高層的職位都是尤太復國主義者擔任（而真正獨立的尤太人代表機構高層中，同時存有尤太復國主義者和非尤太復國主義者），根據納粹當局的說法，這是因為尤太復國主義者是「像樣」的尤太人，他們也「為國家著想」。不過可以肯定的是，沒有任何高層的納粹官員曾經如此公開讚揚尤太人。從頭到尾，納粹的反尤宣傳言論都非常激烈、明確、且毫不妥協，這些宣傳言論最終在那些缺乏極權主義政府經驗的人眼中也只是「純屬宣傳」。納粹掌權頭幾年，與尤太人巴勒斯坦辦事處之間達成一個皆大歡喜的協議——「轉讓協議」(Ha'avarah)，此協議讓移民到巴勒斯坦的尤太人，能將錢換成當地的德國商品，等他抵達巴勒斯坦，再將商品換回貨幣。不久之後，這便成為尤太人唯一隨身攜帶金錢的方式（另一個合法替代方式是設立一個凍結帳戶，該帳戶可於國外結清，但金額會損失 50% 至 95%）。結果，1930 年代時，當美國尤太人煞費苦心發起抵制德國商品的行動，巴勒斯坦則是被「德國製造」的商品所淹沒。

對艾希曼來說，更重要的是來自巴勒斯坦的尤太人代表，他們不需要德國的尤太復國主義者或尤太人巴勒斯坦辦事處下命令，就會主動接近蓋世太保和親衛隊，目的是要爭取讓尤太人非法移民到由英國託管的巴勒斯坦，蓋世太保和親衛隊都有幫上忙。這些人曾在維也納跟艾希曼進行談判，後來跟其他人說，艾希曼「很有禮貌」，不是會「大呼小叫」的人，艾希曼甚至為他們提供農場和設施，以替即將到來的移民設立職業訓練營（「有一次，他為了給年輕的尤太人提供訓練農場，將一群修女逐出修道院」，另一次為一群移民「提供一輛特別列車，還有納粹官員陪同」，以確保他們安全越過邊界，這些人表面上是要前往南斯拉夫的尤太復國主義訓練農場培訓。）根據尤太史學家榮恩・金瑟（Jon Kimche）和大衛・金瑟（David Kimche）的著作(《秘密道路：一個民族的「非法」移民，1938年至1948年》（*The Secret Roads: The "Illegal" Migration of a People, 1938-1948*, London, 1954），這些巴勒斯坦尤太人「與主要負責人全面且通盤合作」，他們所說的話跟艾希曼差不多，巴勒斯坦合作公社派這些人到歐洲，他們對救援行動不感興趣，因為：「這不是他們的工作。」他們要做的是「選擇合適的勞力」。在納粹開始滅絕尤太人之前，巴勒斯坦尤太人的主要敵人不是讓尤太人飽受困頓的德國或奧地利，而是禁止他們進入新家園的英國。確實，這些巴勒斯坦尤太人跟本地德國尤太人不同，他們能與納粹在平等立足點上談判，因為具有國家強制保護力，他們可能是第一群與納粹公開談論雙方利益的尤太人，而且肯定是首度獲允從集中營中「挑選年輕尤太人」的尤太人。當然，當時他們還不知道納粹在這場交易的不良居心，和未能看清真相的結果，但他們卻認為如果這攸關尤太人的生死問題，那就該由尤太人來挑選誰能逃過一劫，這也讓沒有被選上的多數尤太人，最後落了個腹背受敵的下場——前有納粹德國，後有尤太人高層。艾希曼回答有關維也納任務的供詞中，曾說自己救了幾十萬的尤太人的性命，這個荒謬的說法在法庭內還遭到訕笑，但卻可從尤太史學家榮恩．金瑟和大衛．金瑟的敘述中獲得支持：「因此納粹執政期間最弔詭的事就此展開：史上殘害尤太人的頭號兇手，開始協助歐洲尤太人的救援工作。」

艾希曼口中的故事如此難以令人置信，而他的問題就在於，他完全不記得任何能支持這些說法的事實，而專業博學的辯護律師可能沒有甚至不知道有什麼要記住。（塞萬提斯律師可以請求傳喚前「移民局」〔Aliya Beth，巴勒斯坦於英國託管時期負責偷渡尤太移民入境的地下組織〕工作人員作為被告證人，這些人肯定還記得艾希曼，而且他們現在居住於以色列）。艾希曼只記得與他職業生涯有關的事，因此，他記得有一位巴勒斯坦的尤太人代表到柏林拜訪他，告知在巴勒斯坦公社的生活情況，還記得自己帶這位尤太人去吃了兩頓晚餐，原因在於，這次拜訪結束後，艾希曼正式獲邀到巴勒斯坦，由尤太人當地陪，也獲得納粹上級許可，他非常高興，因為當時還沒有其他納粹官員有機會到「遙遠的異國」。法官判決結論中認定此行乃是「間諜任務」，確實如此，不過這與艾希曼告訴警方的內容並無矛盾。（基本上這趟一無所獲，艾希曼跟同部門一個叫哈根〔Herbert Hagen〕的記者同行，進到巴勒斯坦後，只有時間去到海法的卡梅爾山〔Mount Carmel〕繞繞，就立刻被英國當局驅逐出境，兩人都被遣送到埃及，且英國拒絕發給他們巴勒斯坦的入境許可證。艾希曼說「哈加納（Haganah，尤太的武裝自衛組織，後來以色列軍隊的核心）的人」，到開羅見他們兩人，後來納粹上級命令艾希曼和哈根，將當時對這些人說的話寫成「徹底的負面報導」，當作政治宣傳的手段，該報導也正式發布。）

除了這些小小的勝利，艾希曼唯一記得的是自己在各個階段的心情和所搭配的口號。被派往維也納之前，1937 年他被送到埃及，而關於在維也納的情況，他只想起整體氣氛還有自己「昂揚興奮」的心情。他從未忘記自己的心情和搭配的口號，就算這些口號在新時代（而新時代都需要不同的心情和「振奮人心」的口號）已經不合時宜，他還是不斷重複，在警方審訊期間，可發現他對這些口號幾近滾瓜爛熟，就這個角度來說，很難不相信，當他以悠閒恬靜來形容在維也納工作的那段期間時，說的確實是真心話，而且，就是因為艾希曼的思想和情感極度缺乏一致，所以即使納粹德國是在艾希曼被派往維也納那年（從 1938 年春至 1939 年 3 月）終止親尤太復國主義策略，他說這些話的真心誠意其實也不受影響。納粹運動的本質就是不斷變動，每天都往極端更靠近一步，奇特的是，納粹成員在心理層面上往往傾向在整體運動中落後一步，很難跟上整體步伐，以希特勒的話形容，就是難以「超越自己」。

艾希曼的記憶力非常差，這一點比任何客觀事實都更糟糕，他清楚記得在維也納遇到的一些尤太人，包含倫根洛伊斯博士和史脫佛，但卻不記得那些巴勒斯坦尤太代表，而這些人也許能為他說的話作證。倫根洛伊斯博士在戰後寫了很有趣的紀事錄，敘述他與艾希曼之間的談判（審判期間，艾希曼曾閱讀過部分內容，這是少數讓他完全同意其中主要論點的文件），倫根洛伊斯當時身為尤太人代表，首度讓整個尤太社區組織轉變成為納粹德國服務的單位，而他也是極少數因其貢獻而獲得獎勵的尤太代表，納粹允許他留在維也納，戰爭結束後倫根洛伊斯就陸續移民到英國和美國，艾希曼被逮捕後不久他就去世了，死於 1960 年。從前章敘述可發現，史脫佛可沒這麼幸運，但這肯定不是艾希曼的錯。史脫佛取代那些日漸不受指揮的巴勒斯坦尤太代表，而艾希曼給他的任務，是在沒有尤太復國主義者協助的前提下，處理非法偷渡尤太人到巴勒斯坦的事宜。史脫佛不是尤太復國主義者，且在納粹進駐奧地利之前對尤太人問題也不感興趣。儘管如此，截至 1940 年為止，在艾希曼的幫助下，他成功將三千五百名左右的尤太人遣離歐洲，當時納粹已經佔領歐洲的一半，史脫佛似乎也盡全力處理巴勒斯坦代表的事宜（艾希曼在講述奧茲維辛集中營情形時，加了一句令人難以捉摸的話：「史脫佛從來沒有背叛尤太教，一點都沒有，背叛的不是史脫佛。」當時艾希曼心裡想的大概就是巴勒斯坦代表這件事）。艾希曼從沒忘掉的第三個尤太人，就是科學家愛普斯頓博士（Paul Eppstein），他在尤太人全國聯合會（Reichsvereinigung）解散前幾年負責在柏林的移民工作（尤太人全國聯合會是由納粹所任命，與真正獨立的尤太全國代表機構〔Reichsvertretung〕不能混為一談），1939 年 7 月該會正式解散。艾希曼指派愛普斯頓在特瑞辛尤太區中擔任尤太長老（Judenältester）的職務，1944 年愛普斯頓於此遭槍斃。

換句話說，艾希曼只會記得完全受他掌控的尤太人，他不但忘記巴勒斯坦的尤太代表，連他早期從事情報工作時熟識的柏林尤太人也不記得了，當時艾希曼還沒有主管權力。例如，他從來沒有提過德國尤太復國主義組織的前任成員邁耶博士（Dr. Franz Meyer），檢察官傳喚邁耶到耶路撒冷法庭作證，描述其與被告在 1936 年至 1939 年之間的聯繫情況。就某種程度來說，邁耶博士可以證實艾希曼的供詞：在柏林的尤太代表可以「提出投訴和要求」，雙方有一種類似合作的關係，邁耶說：「有時候是我們提出要求，有時候，是他對我們提出要求」，當時艾希曼「很認真聆聽我們說的話，而且是真心想瞭解情況」，這種行為「完全正確」，「他以前會稱呼我為『先生』，並招呼我坐下。」但 1939 年 2 月，一切都變了，艾希曼將德國尤太人領袖召集到維也納，解釋他「強迫移民」的新方式。他坐在羅斯柴爾德皇宮偌大的一樓大廳中，當然一眼就認出是艾希曼，但完全變了個人，「我馬上對朋友說，我不知道這跟我在柏林認識的是不是同一位，這變化太可怕了……現在我看到的是一個自以為可以掌控別人生死的人，他對我們的態度既傲慢又粗暴，不准我們接近他的辦公桌，也不准我們坐下。」檢察官與法官一致認為，艾希曼升等到具有實權的職位後，人格就此徹底改變。但是就在審判庭上，證實艾希曼有時候會「回復原狀」，並不像檢察官與法官所想的這麼簡單。有一名證人指出，他在 1945 年 3 月在特瑞辛集中營訪問艾希曼，當時艾希曼再度展現對尤太復國主義問題的強烈興趣，該證人是尤太復國主義青年組織的成員，並持有巴勒斯坦的入境許可。他說採訪時艾希曼「言詞非常和善，態度也很親切誠懇」（奇怪的是，辯護方律師從未在答辯狀中提過這名證人的證詞）。

大家可能對艾希曼在維也納的人格個性變化有所存疑，但派駐使維也納是他職涯的真正起點，這點毫無疑問。1937 年和 1941 年之間，他獲得四次升等，在十四個月內從少尉（Untersturmführer）一路升到上尉（Untersturmführer），接下來，又在一年半的時間內升到中校，他於 1941 年 10 月升職為中校，不久後就被指派參與最終解決方案，最終將他引至耶路撒冷法院的被告席。而參與最終解決方案任務後，他非常懊惱地發現自己遇到「瓶頸」，因為該職務讓他無法再往上升遷，他在前四年的快速升等時完全料想不到這件事。在維也納時艾希曼展現執行魄力，現在，他不但是公認的「尤太問題專家」、尤太組織和尤太復國主義政黨複雜性專家，還是移民和疏散的「權威」、「大師」，深諳移民手段。1938 年 11 月他取得職涯中最大的勝利，當時水晶之夜剛落幕不久，德國尤太人極欲逃離出境。空軍總司令戈林決定在柏林建立一個大德意志帝國尤太移民中心（可能是海德里希的提議），並在傳達指令的信中，特別提到建立這個中心機構時，要以艾希曼的維也納辦事處為榜樣，但柏林辦公室的負責人並不是艾希曼，而是他後來的長官穆勒將軍，穆勒將軍廣受愛戴，是海德里希發掘的另一個人才。穆勒先前只是一個普通的巴伐利亞警察（甚至沒有加入納粹黨，直到 1933 年前都隸屬反對黨），因為大家都說穆勒對蘇俄的警察系統瞭若指掌，因此海德里希直接將他帶入柏林的蓋世太保組織。對於穆勒來說，雖然一開始沒有擔任重要職務，但這也是他職涯的開始（順帶一提，穆勒並不像艾希曼那麼愛吹噓，他以謎樣的言行著稱，戰後就消失得無影無蹤，雖然有傳言指出，從前的東德和現在的阿爾巴尼亞都僱用這位蘇俄警方專家，但沒有人真正知道他的下落）。

1939 年 3 月，希特勒佔領捷克斯洛伐克，在波希米亞和摩拉維亞地區註 3 成立波希米亞和摩拉維亞保護國。艾希曼立刻奉命建立布拉格的尤太人移民中心，「要離開維也納，一開始我並不是很開心，因為我已經在這裡建立一個辦事處，運作流暢、井井有條，不想就這麼放棄。」而且，布拉格其實讓人有點失望，雖然運作方式跟維也納一樣，「捷克尤太組織的代表人員到維也納，而維也納的人到布拉格，所以我根本不需要介入，布拉格完全仿照維也納的運作模式，自動開始進行。」但布拉格的移民中心規模小很多，「很遺憾，沒有任何代表的才能與熱情能跟倫根洛伊斯博士相比擬。」相較於客觀的事實，這些主觀的個人牢騷完全不重要，事實是，數十萬的尤太人在短短幾年內離開家園，還有數百萬人在等待移民，因為波蘭和羅馬尼亞政府公開宣告，他們也希望將尤太人趕出國土，而他們不明白，這個舉動是在追隨一個「文明大國」的腳步，但為什麼全世界會如此憤慨（1938 年夏天召開埃維昂會議〔Evian Conference〕，旨在通過跨政府行動來解決德國尤太難民問題，然而這計畫徹底失敗，對德國尤太人造成莫大的傷害）。此時移民海外的管道越來越少，而移民在歐洲範圍內也找不到出路，即使在最好的情況下（如果戰爭沒有干預他的計畫），艾希曼也很難在布拉格複製出維也納的「奇蹟」。

艾希曼對面臨的問題十分瞭解，他確實已經是一個移民專家，因而在面對上級指派的下一個任務時，他的熱情大為降低。1939 年 9 月第二次世界大戰爆發，一個月後，艾希曼被召回柏林接任穆勒在大德意志帝國尤太移民中心的職務。如果是在一年以前，這確實是個升遷機會，但現在時機完全不對，現在根本無法以強迫移民來解決尤太問題，原因不僅是開戰後跨國的

註 3：即蘇台德區。

遷移行動變得窒礙難行，另一個難題是，納粹德國吞併波蘭領土後，又必須處理這裡的兩百萬至兩百五十萬名尤太人。希特勒政府的確還是很想把德國尤太人趕走（直到兩年後，也就是1941年秋天才發布終止所有尤太人移民的命令），假使當時已經決定「最終解決方案」，但沒有人真正下令執行，儘管此時尤太人已經在東歐的尤太區受苦受難，也已經遭到特別行動隊清算。不管柏林的移民行動安排得多妥善，完全遵照「生產線法則」，因為這些種種因素，移民任務到最後還是無疾而終。艾希曼形容這個過程：「就像拔牙……要我說的話，就是兩邊都委靡不振，尤太人那邊是真的很難再繼續移民，我們這邊則是因為毫無生氣、門可羅雀，我們就這樣枯坐在大堂中，讓人空虛到要打呵欠。」很顯然，如果尤太問題（也就是艾希曼的專業）仍然要靠移民解決，他很快就會失去飯碗。

第五章

第二個解決方案

—集中營—

直到1939年9月1日第二次世界大戰爆發，納粹德國才公開展現極權主義和犯罪的一面。從組織的角度來看，朝此方向前進的最重要一步，就是希姆萊簽署一項法令，合併親衛隊國家保安服務處（納粹黨轄下的情報機關，艾希曼自1934年起轉調至此部門）以及帝國常設的安全警察體系，包含國家秘密警察蓋世太保，兩者合併組成國家保安本部（Reichssicherheitshauptamt，或稱R.S.H.A.），第一任部長是海德里希，他於1942年逝世後，由艾希曼在林茨的舊識卡爾滕布倫納接任。合併後，無論先前是否為納粹黨員，所有的警官，包含蓋世太保、刑事警察和治安警察，都擁有與先前職級相對應的親衛隊職稱。這表示，傳統國家公務員制度中最重要的一環，現在已併入納粹政黨階層中最極端的組織。而據我所知，沒有人提出抗議或辭職（雖然親衛隊全國首領希姆萊從1936年起便兼任安全警察總長，但直至1939年9月才完成整併）。此外，國家保安本部歸到親衛隊的指揮體系中十二個本部之一，以目前的情況來說，所有本部中最重要的是治安警察本部（由達呂格將軍〔Kurt Daluege〕領導），負責抄捕尤太人，以及親衛隊經濟管理本部（Wirtschafts Verwaltungshauptamt，或稱W.V.H.A.，部長為前海軍會計波赫〔Oswald Pohl〕），負責管理集中營，後來也負責滅絕行動的「經濟」層面。

這種「客觀」的態度是典型的親衛隊心態——以「管理」一詞談論集中營，使用「經濟」一詞談論滅絕營，直到耶路撒冷審判時，艾希曼仍然對這種「客觀」感到非常自豪。親衛隊以此「客觀性」區隔像施特萊歇爾那類「情緒化」的傢伙（艾希曼稱之為「不切實際的傻瓜」），以及艾希曼口中那些「黨內日耳曼條頓騎士團權貴，他們講起話來的樣子，好像頭上還戴著有角的頭盔、身上還披著毛皮一樣」。艾希曼很欽佩海德里希，因為海德里希不講這種廢話，艾希曼不喜歡希姆萊，因為他雖然貴為親衛隊全國首領與安全警察總長，卻讓自己「至少在很長一段時間中受到這種觀點影響」。然而在耶路撒冷審判過程中，最「客觀」的人並不是身為親衛隊中校的被告，而是辯護律師塞萬提斯，他是來自科隆的稅務及商務律師，從未加入納粹黨，但卻在法庭給大家上了一課，讓大家看清楚什麼叫作不要「情緒化」，令人難以忘懷。審判期間，也是法院休庭四個月以撰寫判決書之前，最經典的一刻發生在塞萬提斯簡短的口頭答辯，他聲稱：「針對屍體採集作業、強制絕育、以毒氣等類似的醫療方式殺人致死等控訴，艾希曼是無辜的。」法官哈勒維打斷他的話：「塞萬提斯博士，你剛剛說以毒氣殺人是一種醫療方式，我想你是不小心說錯。」塞萬提斯回答：「這確實是一種醫療方式，因為這是由醫生所準備的，而殺人，也是一個醫療方式。」此外，也許是為了確保法官不會忘記即使是今天的德國人（一般的德國人，不是親衛隊員或是納粹黨員），會如何看待這種在其他國家稱為謀殺的行為，所以塞萬提斯在〈一審判決意見書〉中再次重複這句話，作為最高法院審查該案件的參考。後來他又把同樣的話說了一遍，「一直致力於醫療方式」的並不是艾希曼，而是他的屬下君特（Rolf Günther）（塞萬提斯博士非常熟悉大德意志帝國的「醫療方式」。他在紐倫堡審判中擔任勃蘭特醫師〔Karl Brandt〕的辯護律師，勃蘭特是希特勒的私人醫師，擔任納粹德國衛生與健康部門的總負責人，主持安樂死計畫）。

大戰期間，親衛隊的每個本部下都劃分為數個分部，國家保安本部最後分為七個分部，第四分部是蓋世太保，由穆勒少將所領導，這是他在巴伐利亞警察局的職級，主要任務是打擊「反對國家的敵人」，分為兩大類，第四分部 A 組處理第一類：「異議分子」，包含共產黨人、反動者、左派人士、暗殺刺客；而 B 組處理第二類：「宗教異端」，包含天主教徒、新教徒、共濟會成員（職位仍然空缺）和尤太人，每個類別都有各自的辦公室，以阿拉伯數字命名，艾希曼於 1941 年出任國家保安本部第四分部 B 組第四小隊（IV-B-4）的隊長。他的直屬上司是第四分部 B 組組長，但十分無足輕重，因此穆勒將軍始終是他真正的上司，而穆勒的上司是海德里希，後來則改成卡爾滕布倫納，而每個人都對希姆萊負責，希姆萊則直接聽命於希特勒。

除了這十二個本部，希姆萊還主持了一個完全不同的網絡，在執行最終解決方案時也發揮很大的作用——高級親衛隊和警察領袖，負責指揮地區組織，此網絡並不受國家保安本部指揮，而是直接聽命於希姆萊，這些人的級別高於艾希曼及其屬下。另一方面，特別行動隊（Einsatzgruppen）則聽命於海德里希和國家保安本部——當然，這不表示艾希曼一定跟他們有什麼關係。特別行動隊的指揮官的級別也都高於艾希曼。從技術與組織層面來說，艾希曼的職級並不是很高，後來之所以變得如此舉足輕重，是因為尤太人問題在戰爭期間日趨重要（純粹出於意識型態的原因），直到 1943 年開始德國敗象漸露時，艾希曼的地位已經高到非常驚人。此時，他指揮的部門仍是官方唯一處理「頭號敵人尤太人」的機關，但實際上，處理尤太人事務並非艾希曼專屬的職責，因為那時無論是政府或納粹黨、陸軍或親衛隊，所有的部門機構都忙著「解決」尤太問題。就算我們只聚焦於警察機構，忽略其他的部門，職責分工情況還是錯綜複雜，因為特別行動隊和高級親衛隊和警察領袖、指揮官、安全警察與保安服務處總長都涉及其中，這些部會各自屬於不同的指揮系統，雖然最終都向希姆萊負責，但各部會彼此間地位平等，沒有上下層級之分。因而在此必須一提的是，檢察官要在這些平行機構的複雜職能間理出頭緒，非常困難，有如走迷宮一般，但每次檢察長想將罪名冠到艾希曼頭上時，還是得這樣做。（如果審判在今天舉行，這個任務會簡單的多，因為史學家希爾伯格在其著作《歐洲尤太人的毀滅》一書中，首次清楚展現納粹極其複雜的體制結構。）

此外，必須記住的是，這些掌握極高權力的機關，彼此間競爭非常激烈——但這對受害者沒有幫助，因為所有機關的目標非常一致：殺死尤太人，越多越好。當然，這種競爭意識，讓每個人對自己的單位格外忠誠，而且一直延續到戰後，只是在戰後發揮的作用恰好相反，每個人都極欲「犧牲其他單位，為自己所屬機構脫罪」，當奧茲維辛集中營的指揮官霍斯所寫的回憶錄呈到庭上時，這就是艾希曼提出的解釋。霍斯在書中對艾希曼做出指控，而艾希曼則聲稱他不曾也沒有權力如此做。他還很輕鬆地說霍斯不會因為個人因素而把莫須有的罪名轉嫁於他，因為他們的關係一直很友好，堅稱霍斯是想為所屬單位開脫，即親衛隊經濟管理本部，並把所有的責任推給國家保安本部。紐倫堡也發生類似的事，庭上每個被告人都彼此互相指控，這樣的奇特畫面真令人作嘔——但是，沒有一個人指責希特勒！沒有人僅是為了想保住自己的生命才犧牲別人，在法庭上的每個被告都代表不同的組織，長期以來各組織彼此間就存在間隙，敵意根深蒂固。前面提過的總理秘書葛羅波克，在紐倫堡審判時出庭為原告作證，便試圖為所屬的內政部開脫，把責任推到外交部。另一方面，艾希曼總是試圖維護穆勒、海德里希、卡爾滕布倫納，儘管卡爾滕布倫納對他非常不好，艾希曼還是替他說話。毫無疑問，耶路撒冷法庭的檢察官最嚴重的客觀錯誤，便是過於依賴這些由前納粹黨高層官員所做出的供詞，無論供詞是否經過宣誓，無論證人是死是活，這些內容無法全然採信，而檢察官並未發現，或許我們也無法指望他發現這些供詞內容有多可疑，難以據以認定事實。即便是判決，在評估其他納粹戰犯的證詞時，也得考慮到（一位辯方證人所說的話）：「在審判戰爭罪的法庭上，大家都會盡其所能地把責任推到缺席者或是死人身上，這很常見。」

艾希曼甫到國家保安本部的第四分部就任時，馬上就面臨一個令人窘迫的難題，此時納粹德國對尤太人問題的解決方案還是「強迫移民」，但同時，移民這個做法已經不可行，這是艾希曼的親衛隊生涯中。頭一次（也幾乎是最後一次）被迫要主動「想出一個辦法」。根據他在警方審訊中的說法，他很幸運地想出三個辦法，但他不得不承認這些辦法都沒效，無論採用什麼方法，到最後總是出錯——最大的打擊是，艾希曼還來不及使用在柏林私自打造的防禦設施退拒蘇俄坦克，就被迫放棄，一路走來充滿挫折，簡直非常倒楣——如果這能稱上倒楣的話。如他所見，艾希曼認為，處理尤太人問題最棘手的麻煩在於，總是有別的單位要分一杯羹，其他的國家或黨的機關都想插手尤太人的「解決問題」，然後各種「尤太專家」開始冒出頭，他們原先對此一無所知，現在爭先恐後地想要在這個領域搶佔第一把交椅。艾希曼最蔑視這群人，原因是他們後知後覺，其次是因為這些人嘗試圖利自己，還往往在過程中獲得豐碩成果，此外，艾希曼覺得他們非常無知，根本沒唸過那一兩本「入門書」。

他的三個夢想的靈感其實是來自那幾本「入門書」，但是後來也發現其中兩個根本就不是艾希曼自己想的，而另一個——好吧，「我真的不確定這是史塔赫萊克（Franz Stahlecker，艾希曼在維也納和布拉格的上司）還是我自己想出來的，總之，這個辦法就是想出來了。」依照時間順序，這最後一個辦法是最先施行的，即「尼斯科計畫」（Nisko Plan），而這個計畫最終宣告失敗，艾希曼認為這是干擾才會壞事的最佳證明（而本案的罪魁禍首是波蘭總督弗蘭克）。為瞭解這項計畫，我們必須先知道，納粹佔領波蘭之後到出兵蘇俄之前，波蘭的領土由德國和蘇俄瓜分，德國佔領的地方分為兩部分，其一是波蘭西部，德軍直接併吞為國土，另外是所謂的東區，包括華沙，由德國扶植成立波蘭總督府，此時便由德國管轄。當時尤太人問題的解決方式仍是「強迫移民」，最終目標是讓德國達到「尤太人淨空」，既然如此，那在新吞併領土上的波蘭尤太人，以及德國境內剩餘的尤太人，自然應該要被趕到波蘭總督府，不管如何，這個地區從未被認定是德意志帝國的一部分。1939 年 12 月前，東向驅離的任務已經開始進行，大約有一百萬名尤太人（其中六十萬來自吞併的波蘭領土，四十萬是德國境內的尤太人）陸續抵達波蘭總督府。

如果艾希曼關於這個尼斯科計畫的版本是真的——而且也沒理由不相信他——艾希曼，或更可能是他在布拉格和維也納的上司史塔赫萊克少將，一定早在數月前就知道這個驅離計畫。艾希曼小心翼翼地稱呼他為史塔赫萊克博士，艾希曼認為他是非常優秀的人，受過良好教育、思考非常理性，和「完全沒有任何仇恨或沙文主義的想法」，因為在維也納，他還跟尤太人代表握手。一年半以後，也就是 1941 年的春天，這位有教養的紳士奉命指揮特別行動隊 A 分隊，約一年後，史塔赫萊克（於 1942 年於出使任務時遭殺害）很自豪地向希姆萊報告，該分隊總共槍殺處決二十五萬名尤太人，不過特別行動隊（隸屬警察單位）的領袖是海德里希，他兼掌安全警察與保安服務處。不過這已經是後話，先再回到 1939 年，9 月時德國陸軍還忙著入侵波蘭，艾希曼和和史塔赫萊克博士便開始「私下」籌劃如何讓保安服務處在東部保有影響力，他們需要「在波蘭選一個地區，面積越大越好，建立一個尤太自治的保護國……，這可能就是我們需要的解決方案。」於是他們未經指令就擅自著手進行偵察。他們前往桑河（San River）附近的拉多姆區（Radom），這裡離蘇俄邊境不遠，「看到一片廣大的土地，有村莊、市集、和小城鎮」，「我們對自己說：這就是我們要的，為何不改把波蘭尤太人安置在這裡？反正安置的地方到處都是」，這就是「尤太問題的解決方案」——讓尤太人雙腳踏實地踩在土地上——至少暫時如此。

剛開始一切似乎都很順利，他們去見了海德里希，海德里希同意這個做法，讓他們放手進行。說來也巧——雖然艾希曼在耶路撒冷時，已經完全忘記這回事——他們的計畫完全符合海德里希當時的尤太人整體解決計畫。1939 年 9 月 21 日，海德里希召開國家保安本部與特別行動隊的「部門首長會議」，特別行動隊（當時已開始在波蘭執行屠殺任務）在會中公布數項立即執行的指令：將尤太人集中到尤太區、建立尤太長老委員會、將所有尤太人驅逐到波蘭總督府。這次會議決定要建立尤太移民中心，而艾希曼也有出席，證據是以色列第六分局警察在華盛頓的國家檔案館查出的會議議事錄。因此會後，原先是艾希曼（或史塔赫萊克）自作主張的辦法，成了遵奉海德里希指令的具體做法。成千上萬的尤太人（主要來自奧地利）因而被迫倉促遷離家鄉，前往這個荒涼之地，親衛軍軍官亞科維奇，其後負責荷蘭尤太人驅逐任務）對這些人解釋：「元首承諾要給尤太人一個新的家園，這裡沒有房子可以住，等你蓋好新房子，頭頂才有屋瓦，這裡也沒有水，附近水井裡的水都帶有疾病病毒，包含霍亂、痢疾、傷寒，等你自己挖鑿新井找水，才會有水喝。」大家都可以看到，「一切看起來棒極了」，除了親衛隊把一些尤太人從這個天堂驅離出去，驅逐越過蘇俄邊境，只有少數聰明人堅持個人意志而逃離。但艾希曼接著抱怨：「波蘭總督弗蘭克開始阻礙我們，」因為，雖然這屬於「他的」管轄範圍，但親衛隊根本忘記通知弗蘭克，「弗蘭克在柏林表達不滿，讓大家陷入激烈的拉鋸戰，弗蘭克希望能自己解決尤太問題，不想看到更多的尤太人進入拉多姆區，而且已經抵達的這群人應該馬上消失。」這群尤太人也的確消失了，有的甚至遭到遣返，這可是前所未有、且未再出現過的情況，他們回到維也納後，警方在紀錄裡註記：「從職業訓練營遣返」，這個說法非常奇怪，好像又回到親尤太復國主義者的階段。

艾希曼渴望為「他的」尤太人尋找領土，這與他的職業生涯息息相關。尼斯科計畫「誕生」的時間點，是他迅速升遷的那幾年間，艾希曼很可能是希望自己像弗蘭克一樣，成為未來的波蘭總督，或是像海德里希一樣，在捷克斯洛伐克保護國擔任總督，他想要掌管一個「尤太國」。但是這些計畫變得一踏糊塗，想必讓他開始尋求「私人」做法的可能性。而既然他和史塔赫萊克都是遵照海德里希的指令行事，且海德里希還明確同意這些計畫，那麼這次尤太人的遣返（對警察機關和親衛隊顯然是個暫時的失敗），想必還讓他瞭解到，其部門的權力雖然逐步穩固，但還沒有到無所不能的地步，其他國家部會和黨機關隨時都很樂意加入競爭行列，以求保住日漸衰退的勢力。

艾希曼第二次嘗試「讓尤太人雙腳踏實地踩在土地上」，就是馬達加斯加計畫，預定將四百萬歐洲尤太人撤離到這個非洲東南沿海的法屬島嶼，馬達加斯加島上人口為四百三十七萬，住在 227,678 平方英里的貧瘠土地上。這計畫原是由外交部所提出，後來轉由國家保安本部執行，因為外交部主責尤太人事務的路德認為：「只有警察具備集體撤離尤太人的經驗與技術設備，並確實監督撤離人員。」而這個「尤太國」是由警察機關管理，由納粹親衛隊首領暨警察總長希姆萊統轄。馬達加斯加計畫本身摻雜奇特的歷史因素，艾希曼不斷聲稱自己「像尤太復國支持者赫茨爾[註1]一樣夢想建立尤太國」，他其實把馬達加斯加跟烏干達搞混了，不過其他國家的確也曾有建立尤太國的想法。首先是波蘭政府於 1937 年勞心費神研究如何將本國尤太人驅離波蘭，但發現如果要在不傷害人命的前提下，把三百

註 1：赫茨爾（Theodor Herzl,1860-1904），著有《尤太國》，有現代尤太復國主義之父之稱，1897 年於瑞士召開第一次尤太復國會議，主張於巴勒斯坦建立尤太人的家園，赫茨爾一方面籌措基金購買巴勒斯坦土地，另一方面爭取國際的支持，但卻徒勞無功，於是他轉向英國尋求支持。1903 年，赫茨爾在第六次尤太復國主義會議宣布，英國提出要讓尤太人在東非烏干達建國，遭到強烈反對，反對者認為這會扭曲尤太復國運動的理想，在東非復國無疑是失去了錫安山（所羅門王聖殿所在的山丘）與尤太復國主義的目的，此提議最終在 1905 年第七次尤太復國主義會議中被推翻。

萬名波蘭尤太人遣送到海外，幾乎是不可能完成的任務。後來法國外交部長波奈特（Georges Bonnet）提出的計畫比較保守，將境內約二十萬的外國尤太人驅離到馬達加斯加這個法國殖民地，1938 年波奈特甚至還徵詢敵陣的納粹德國外長里賓特洛甫（Joachim von Ribbentrop）的意見。而 1940 年夏天，艾希曼收到指示，必須擬定一份詳細計畫，規劃如何將四百萬尤太人遣送至馬達加斯加，當時他主責的移民任務已經完全陷入停擺，直到隔年納粹入侵蘇俄之前，艾希曼似乎都忙於規劃此事（對歐洲而言，四百萬人離「尤太人淨空」的目標來說還是太遙遠，而且其中顯然沒有包括三百萬名波蘭尤太人，這些人從開戰第一天起便不斷遭到屠殺。）除了艾希曼和其他一些較無足輕重的黨員，不太可能真的有人把馬達加斯加計畫當一回事，一來是該領土並不合適，更別說這畢竟是法國屬地，而且，這樣就必須在戰爭期間運送四百萬人至海外，但當時大西洋制海權是由英國海軍所掌控。馬達加斯加計畫一直用於掩護西歐尤太人實體滅絕行動的準備工作（但滅絕波蘭尤太人卻不需要任何掩護！），最成功之處在於讓所有訓練有素的反尤隊員（這些人不論如何努力，總是落後元首一步）達成初步共識，瞭解只有將尤太人全面從歐洲撤離才是解決之道，什麼特殊立法、「異化」、設立尤太區的做法都不夠。一年後，納粹宣布「放棄」馬達加斯加計畫，而每個人都作好心理準備要進行下一步，或者說，這也比較符合邏輯：因為已經完全沒有地點能進行「撤離」，唯一的「解決方案」就是滅絕。

艾希曼，這位為下一代揭示真相的人，對這個可怕的解決方案完全一無所知，馬達加斯加計畫之所以化為泡影，是因為缺乏時間執行，因為其他部門不停干擾才浪費寶貴時間。在耶路撒冷法庭，警方和法官一直試著讓他從這種自滿中清醒過來，而當面提出兩份有關前述 1939 年 9 月 21 日「部門首長會議」的文件，其中一份是由海德里希發出的信函，以打字機繕打完成，海德里希在信中對特別行動隊下達幾項指令，這是第一次將「最終目標，需要更多時間」（當時為「最高機密」）以及「達到目標前的階段」區分開來。此時還尚未出現「最終解決方案」這個字眼，信中未對「最終目標」做任何解釋。因此，艾希曼確實可以說，好吧，所謂的「最終目標」就是他的馬達加斯加計畫，當時所有部門都正在討論這件事，要大量撤離尤太人，首先第一「階段」就是必須先將尤太人集中在一起。但艾希曼在仔細閱讀海德里希的信後立刻表示，當時他相信「最終目標」的意思就只是「實體滅絕」，並總結說：「這早已是黨內高層，或是最高層的基本認知。」也許他所言不假，但如此一來，艾希曼就必須承認馬達加斯加計畫只是一場騙局。但實際上呢，他並沒有承認，自始至終艾希曼的馬達加斯加故事都沒有改變過，也許他無力改變，就好像他的腦袋裡不斷以另一卷錄音帶在播放著這個故事，將所有的理智思考、討論、資訊與洞見完全排拒於外。

艾希曼的記憶告訴他，從二次大戰爆發（1939 年 1 月 30 日，希特勒在國會演講中「預言」這次戰爭會讓「歐洲的尤太民族完全滅絕」）到納粹入侵蘇俄之間，對中西歐尤太的反抗行動有稍微緩和。可以肯定的是，雖然當時納粹德國與其新領地的各部會都致力於消滅「頭號敵人尤太人」，但並沒有統一政策，似乎每個部會都有各自的「解決方案」，好像也能順利實行，或是拿來跟其他部會競爭。艾希曼的解決方案是一個警察國家，因此會需要廣大的土地，然而「所有的努力都付諸流水，因為不瞭解彼此的想法」，因為「各部會間不停爭論吵鬧」、因為大家都在「爭權奪位」，而且現在要做任何努力都為時已晚，因為德蘇戰爭「突然爆發，像是一記轟天雷」。他的夢想也隨之幻滅，因為這表示「尋求讓雙方互惠解決方案的階段已經結束」。艾希曼在阿根廷撰寫的回憶錄中提到，這也表示「以特殊法律、法令、法規處理個別尤太人的階段已經結束」。艾希曼還說，不僅如此，他的事業也就此結束。以他目前的「名氣」來說，這句話聽起來相當瘋狂，但無法否認他有點道理。艾希曼的部門原先無論在「強制移民」事務，或納粹領導之尤太國的「夢想」上都握有最終決定權，但現在「就尤太人最終解決方案來說，則退居第二位，因為前納粹親衛隊首領和警察總長下令，這個任務由其他單位執行，而談判工作由另一個本部負責。」他所說的「其他單位」是指經過挑選的殺人部隊，在東歐的德軍後方運作，特殊任務是屠殺當地人民，尤其是尤太人。而負責談判的是親衛隊經濟管理本部，由波赫所領導，運送尤太人之前，艾希曼都必須向波赫提出申請，才知道每批運送的最終目的地，波赫會依據各個屠殺場地的「吸收力」來決定目的地，也會考量奴役需求的人數，當時有許多公司見有利可圖，紛紛在集中營週邊建立分廠，以利用尤太勞力（除了幾家無關緊要的親衛隊相關企業，知名的化工廠法本公司〔I.G. Farben〕、鋼鐵業的克魯普－沃克公司〔Krupp-Werke〕、以及西門子－修克特工程公司〔Siemens-Schuckart〕，都在奧茲維辛和附近的盧布林集中營設立工廠。親衛隊與商界合作密切，奧茲維辛集中營指揮官作證，法本公司代表與親衛隊的關係非常融洽。至於勞工條件，顯然親衛隊是想藉由苦工讓尤太人過勞死，根據史學家希爾伯格的數據，在法本公司工作的尤太人中，至少有兩萬五千人至三萬五千人死亡）。對艾希曼而言，這件事的重點在於撤離和驅逐出境已不再是「解決方案」的最後階段。此時他的部門變得形同虛設，因此得知馬達加斯加計畫要暫時擱置時，艾希曼更有理由「難過失望」，唯一讓他比較欣慰的是，1941 年 10 月他晉升到中校。

在艾希曼記憶中，他最後一次為自身的理想努力是在 1941 年 9 月，也就是納粹入侵蘇俄三個月後。海德里希（當時依然是安全警察與保安服務處總長）此時已成為波希米亞和摩拉維亞保護國總督，為了慶祝就職，他召開媒體會議，承諾在八週內讓保護國達到「尤太人淨空」。會後海德里希找來幾位必要的幫手，包含布拉格安全警察的地區指揮官斯塔赫萊克，還有國務部次長卡爾・弗蘭克（Karl Hermann Frank），他是前蘇台德地區領導，海德里希逝世後他繼任為保護國總督。艾希曼認為弗蘭克屬於「施特萊歇爾那類」，是仇視尤太人的下等貨色，「完全不懂政治解決方案」，「而且讓我說一句，沉醉於權力當中，沒頭沒腦的就自作主張下達命令與指令」。但除此之外，海德里希與這幾位的會面頗為愉快，他第一次展現出「較為人性化的一面」，以及驚人的坦率，承認自己會「說錯話」，「認識海德里希的人並不會覺得驚訝」，海德里希「野心勃勃，性格十分衝動」，常常「一時衝動脫口而出，講完才後悔」。海德里希在會中說：「現在一團亂，我們要怎麼做？」艾希曼說：「如果你的承諾已無法收回，現在只有一種可能，就是挪出足夠的空間，讓保護國內的尤太人可以遷移過去，他們現在散居各處（也就是設立尤太人家園，讓離散尤太人聚集在一起）」。不幸的是，接下來弗蘭克（如同施特萊歇爾那類仇視尤太人的傢伙）提出一個具體建議，就是把尤太人遷移到特瑞辛集中營，而海德里希，或許也沉醉於權力當中，直接下令將特瑞辛本地的捷克人居民撤離當地，以便挪出空間安置尤太人。

艾希曼被派往特瑞辛地區視察，結果大失所望：這個位於埃格爾河畔的波希米亞要塞太小了，最多只能容納保護國中九萬名尤太人的一小部分（特瑞辛集中營確實成為約五萬名捷克尤太人到奧茲威辛前的中繼站，而直達的人數估計有兩萬多人）。我們從比艾希曼的記憶更可靠的消息來源得知，海德里希從一開始就把特瑞辛區定位為特別集中營，提供給少數的特殊族群，主要是德國尤太人，包含尤太人機構代表、高階退伍軍官、殘疾人士、異族通婚中的尤太人、還有超過六十五歲的德國尤太人（因此特瑞辛又稱為老人集中營〔Altersghetto〕）。後來發現，即便對這個少數族群來說，特瑞辛還是太狹小，實在是人滿為患，於是在集中營成立一年後，也就是 1943 年，開始進行「疏散」或者「鬆綁」（Auflockerung）作業，將營中的尤太人運到奧斯威辛。但從一方面來說，艾希曼的記憶並沒有欺騙他，特瑞辛是唯一不受經濟管理本部管轄的集中營，一直到最後都由艾希曼指揮，營中的隊長是艾希曼的部屬，軍階都低於他，這是他唯一還有發號施令權力的集中營，他在此還保有一些耶路撒冷法庭上檢察長所指控的權力。

艾希曼的記憶一下跳過好幾年，警方審訊時他提到特瑞辛集中營一連串的事件——時間提前了兩年——他的記憶顯然不按時間順序安排，但似乎不是毫無章法。他的腦袋像一個倉庫，裝滿讓大家感興趣的悲慘故事。當他回想起布拉格，腦中浮現的是自己出現在偉大的海德里希舉行的會議中，海德里希在會中展現出「較為人性化的一面」。幾次審訊後，艾希曼說自己曾到斯洛伐克的布拉提斯拉發（Bratislava），他人在布拉提斯拉瓦的同時，海德里希在德國被暗殺，而他想起來的是自己受薩諾．

馬赫（Sano Mach）邀請到當地作客，薩諾．馬赫在德國扶植的斯洛伐克傀儡政府中擔任內政部長（在這個強烈反尤太的天主教政府中，馬赫代表德國版本的反尤太主義，他不給予受洗過的尤太人一點例外待遇，是大量驅逐斯洛伐克尤太人的主要指揮者）。艾希曼會記住這件事，因為他不常收到政府的社交邀約，對他來說是一種榮譽。艾希曼說馬赫很大方隨和，邀請他一起打保齡球。但除了跟內政部長打球之外，他在戰爭期間到這裡真的沒有別的任務嗎？沒有，絕對沒有，他對打球時的情況記得很清楚，打球時的細節，還有對飲料上來後，就馬上傳來有人刺殺海德里希的消息時，一清二楚。在耶路撒冷經過四個月的審訊，錄了五十五卷錄音帶之後，大隊長萊斯又問起這件事，艾希曼的回答跟先前幾乎一字不差，補充說那一天「令人難忘」，因為他的「上級已經遭刺殺」，然而，這一次萊斯手中握有的文件指出，他被派往布拉提斯拉瓦，是要討論「目前對斯洛伐克尤太人所採取的撤離行動」，此時艾希曼立刻承認自己說錯：「很清楚，很清楚，那一次是柏林下令派我去的，他們不是叫我去打球。」難道他真的撒了兩次謊，而且講的話還幾乎一模一樣嗎？不太可能。對他來說，撤離並驅逐尤太人已成為日常生活的一部分，打保齡球、受內政部長之邀作客、聽到海德里希遭到暗殺這些事才讓他印象深刻。然而艾希曼完全想不起這難忘的一天、也就是「劊子手」遭到捷克愛國人士射殺的這一天，到底是西元哪一年，這也是艾希曼記憶的一大特點。

如果艾希曼的記憶力稍微好一點，他絕不會說出特瑞辛集中營的事，因為此時「政治解決方案」的階段已經結束，開始施行「實體解決方案」，而且他也已經知道元首下達最終解決方案的命令（另一次在談到其他情況時，艾希曼很爽快地承認此事，毫無猶豫）。海德里承諾波希米亞和摩拉維亞保護國達到「尤太人淨空」時，當時唯一的做法僅是將尤太人集中並驅逐到別處，再從這些地方將尤太人載運到屠殺地點。而特瑞辛區的設立其實是用來對外展示（這是唯一讓國際紅十字會成員進駐的集中營），這是另一回事，艾希曼對此一無所知，且這也並不在他的職權範圍之內。

第六章

最終解決方案

—屠殺—

1941 年 6 月 22 日，希特勒揮兵進攻蘇俄，六至八週後，艾希曼就被傳喚到海德里希在柏林的辦公室。7 月 31 日，海德里希收到帝國元帥戈林的來信，戈林身兼數職，出任空軍總司令、普魯士總理，也是四年計畫的總負責人[註1]，此外，很重要的是，戈林同時也是希特勒在大德意志帝國內（有別於黨內）的副手。戈林寫信委託海德里希「針對德國在歐洲佔有地上的尤太人提出整體解決方案」，並「提出總體建議……以執行所需的尤太人問題最終解決方案」。收到指令時海德里希（如同他在 1941 年 11 月 6 日寫給最高統帥的信中所解釋）表示：「多年來在尤太人問題最終解決方案上，已經受到黨內信任」（賴特林格，《最終解決方案》，1961），而且自德蘇戰爭伊始，便一直負責特別行動隊在東歐的屠殺行動。

海德里希跟艾希曼面談時，以「有關移民的簡短演說」作為開場白（實際上當時已經停止強制移民，但希姆萊一直到數月後才正式發出終止命令，除了特殊情況需要由他親自核准外，其餘尤太人不得移民），其後便說：「元首已下令要實體滅絕尤太人。」講完之後，「很不尋常地，他保持很長一段沉默，好像想知道自己剛剛所說的話發揮了什麼影響。即使到了今天我都

註　1：希特勒掌權後制定四年備戰經濟計畫（1936-1939），由戈林全權負責，此經濟計畫之目的是將德國之經濟、生產體系調整至戰爭狀態，以配合納粹黨對外發動戰爭的戰略進程。

還記得，他話剛講完的那瞬間，我還不懂這些話為何重要，因為他遣詞用字非常小心翼翼，接下來我突然就懂了，但一句話也沒說，已經沒什麼好說的了，因為我想都沒想過這種事，這種暴力解決方案。現在我已經失去工作中所有的喜悅、動力和興趣。我整個人可以說是洩了氣的皮球。然後，他告訴我：『艾希曼，你去見見格洛博奇尼克（Odilo Globocnik，希姆萊在波蘭總督府盧布林區的高級親衛隊和警察領袖之一），親衛隊首領（希姆萊）已經對他下達必要的指令，你去看看這段期間內他完成了哪些事，我想他有使用俄國坦克壕溝來清算尤太人。』我記得很清楚，只要我還活著，面談時最後他說的這些話我永遠不會忘記。」其實，海德里希說的不只這些（艾希曼在阿根廷還記得內容，但在耶路撒冷已經忘記，這對他很不利，因為當中牽涉到他在屠殺任務過程的職權），他對艾希曼說，整個屠殺任務「由親衛隊經濟管理本部主責」——也就是說，不是艾希曼所屬的國家保安本部——此外，海德里希也告訴他，大屠殺的官方代號是「最終解決方案」。

艾希曼絕非希特勒最早通知大屠殺任務的人。我們已經知道海德里希朝這個方向努力了許多年，大概從二次大戰爆發以來就開始，而希姆萊聲稱在 1940 年夏天納粹打敗法國後便立刻收到「解決方案」的通知(並且加以抗議)。納粹黨部幹部維克多．布拉克（Viktor Brack）在紐倫堡審判中作證時，表示 1941 年 3 月時（大約是海德里希與艾希曼面談的半年前），「尤太人滅絕方案在黨內高層已經不是秘密。」但是，艾希曼從來就不是黨內高層的一員（如同他在耶路撒冷竭力解釋的一般，不過辯解完全無效），他所接收到的，僅止於執行某些特定、限定的任務所必須瞭解的訊息。他確實是黨內下層第一個被告知這個「最高機密」的人，後來即使消息傳遍所有的黨內和國家辦事處，包含所有與奴役勞動相關的單位，以及武裝部隊（至少包含）軍官，但這仍屬最高機密。如此保密也有其實際目的，被明確告知元首命令的人，不再只是「命令的承載者」，也是「秘密的承載者」，每個人都要做出特殊宣誓（對艾希曼自 1934 年以來持續效忠的保安服務處來說，其成員則是不管任何狀況，都要宣誓保密）。

除此之外，所有與大屠殺相關的通訊都必須嚴格遵守特定的「語言規則」，除了在特別行動隊所提的報告中，其他地方很難看到「滅絕」、「清算」或「屠殺」等大膽字眼，官方針對屠殺所定的代號是「最終解決方案」、「撤離」（Aussiedlung），和「特殊處理」（Sonderbehandlung），驅逐出境（將特權尤太人送往特瑞辛地區〔老人尤太區〕的任務除外，這種情況稱為「改變住所」）則改稱為「重新安置」（Umsiedlung）和「東陸勞動」（Arbeitseinsatz im Osten），就後面幾個名稱來說，尤太人確實經常被重新安置在尤太區中，且其中有一定的比例從事暫時的勞動工作。如果遇到特殊情況，這些語言規則會微幅調整，舉例來說，外交部一位高層官員曾提議，所有與梵蒂岡往來的信件中，皆以「徹底解決方案」代稱屠殺尤太人。這一招非常巧妙，因為斯洛伐克的天主教傀儡政權受到梵蒂岡的干預，而納粹一直認為斯洛伐克在反尤太事務上做得「不夠徹底」，因為他們犯了將受洗的尤太人排除在外的「基本錯誤」。只有「秘密承載者」彼此之間才能以非代號討論，而他們在執行一般的屠殺任務時不太可能這樣做，更不可能在速記員和其他辦公室人員在場時談論。不管當初設計這些規則的原因為何，在執行此任務與各個單位進行必要合作時，這些語言確實有助維護秩序。此外，其實「語言規則」（Sprachregelung）本身就是一個代號，意思是一般語言中的詞都是謊言。當「秘密承載者」被派去跟外面的圈子接觸時，接收命令時，他收到的不僅是命令，還有「語言規則」，例如艾希曼被派去與國際紅十字會的瑞士代表見面，並帶他們參訪特瑞辛尤太區，這群紳士們也希望造訪貝爾根－貝爾森（Bergen-Belsen）集中營，艾希曼便捏造出一個謊言，說那裡正在流行斑疹傷寒。這個語言系統最大的影響，並不是要讓這些人對於自己所做的事一無所知，而是防止他們將這些事與他們原有的、「一般」認知中所謂的謀殺和謊言相連結。艾希曼對於套話與口頭禪的熟練度，再加上低落的語言能力讓他難以進行一般講話，他自然便成為「語言規則」的絕佳試驗對象。

然而，正如同艾希曼很快便會發現的，這個語言系統的機制並不是將現實隔絕在外這麼簡單。他去盧布林見格洛博奇尼克少將（前維也納地區長）——原因當然不是耶路撒冷檢方所堅稱的「親自轉達實體滅絕尤太人的秘密命令」，因為格洛博奇尼克當然比艾希曼更早知道這件事——見面時，艾希曼說出「最終解決方案」這個詞，以作為識別暗號（耶路撒冷檢方還有另一個類似的主張，足以顯示他們對大德意志帝國官僚系統混淆的程度，其中檢方稱霍斯為奧茲維辛集中營的司令註2，而且他們相信霍斯是從艾希曼口中知悉希特勒的命令，至少辯護律師曾提到這個錯誤：「沒有確鑿的證據。」其實，霍斯自己在接受審判時，表示他是在1941年6月直接從希姆萊那邊獲得消息，希姆萊還告訴他，艾希曼會跟他討論某些「細節」，霍斯在他的回憶錄中聲稱，所謂的細節跟毒氣使用有關，對此艾希曼極力否認。艾希曼可能沒說謊，因為其他的所有消息來源提供的內容，都與霍斯的供詞相牴觸，其他人都說，集中營的滅絕命令，無論

註　2：霍斯（Rudolf Höss）的職稱應為「指揮官」（Commandant），而非「司令」（Commander）。

書面或口頭，都是由親衛隊經濟管理本部的波赫中將、或古魯克少將（Richard Glücks）下達，古魯克是霍斯的直屬上司（關於霍斯可疑的供詞，可參見潘道夫（Robert Pendorf）的著作《兇手與謀殺》〔*Mörder und Ermordete*, 1961〕）。艾希曼跟毒氣使用完全沒有關係，他定期跟霍斯討論的「細節」是關於該集中營可承載的屠殺量，也就是每週能殺死多少批尤太人，或許也包含擴張計畫）。艾希曼抵達盧布林時，格洛博奇尼克對他盛情招待，帶著下屬陪他四處逛，他們穿越森林走到一條路上，右邊有一棟極其普通的房子，供工人居住。一位治安警察隊長前來迎接（也許就是偵緝局局長沃斯〔Christian Wirth〕，他負責在針對德國「無藥可救的患者」執行的毒氣任務中，提供技術支援，此任務由希特勒總理府贊助），帶領他們到一些小型木頭平房附近，用他「粗俗、未受教育的刺耳嗓音」開始解釋「他如何設置完善的絕緣設備，之後有台蘇俄潛艇引擎會送到這裡，而毒氣就會灌入這些屋子中將尤太人毒死。對我來說，這太可怕了，我沒有堅強到可以忍受這種事情，還無動於衷……如果現在有個巨大的傷口在我面前，我會無法直視，我就是這樣，所以常有人跟我說，我沒辦法當醫生。我還記得，當時我想像一下未來執行的畫面，然後突然覺得有點不舒服，好像受到很大的衝擊，每個人都有類似的經驗，而這種經驗會讓人在心裡顫抖。」

其實艾希曼很幸運，因為他只看到特雷布林卡集中營一氧化碳毒氣計畫的準備階段，特雷布林卡是東歐六個死亡集中營之一，數十萬人死於此地。不久之後，同年秋天艾希曼的直屬上司穆勒派他到德國佔領的波蘭西部（稱為瓦爾特高省〔Warthegau〕），視察當地的屠殺中心，這個死亡集中營位於庫爾姆（Kulm，波蘭文為海烏母諾〔Chełmno〕）。1944 年，超過三十萬來自歐洲各地的尤太人先被「安置」在羅茲（Lódz）尤太區中，最後送到此地受死。這時屠殺行動已經全面展開，但還沒開始使用毒氣室，而是行動毒氣車。艾希曼看到：尤太人被集中在一個大房間，有人叫他們全身脫光，然後一輛卡車開進來，直接停在房間前，有人叫全身赤裸的尤太人上車，車門關上後，卡車啟動，「我看不清（有多少尤太人進去），我幾乎不敢看，我看不下去，看不下去，我已經受夠了，尖叫聲還有……我渾身難受，後來向穆勒彙報時也說了我的感受，他從我的報告裡並未得到什麼有用的東西。接下來，我開車經過卡車後方，看到這輩子見過最可怕的景象，卡車對著一條溝渠打開車門，屍體被扔出去，他們的四肢很柔軟，好像還活著一樣，成堆被投擲到溝渠裡，我看到一個平民百姓拿牙鉗挖屍體的牙齒。然後我立刻離開——跳上車，嘴巴緊閉。結束以後，搭車時我有好幾個小時都不跟身旁的司機說話。在那裡我看得夠多了，已經結束了，我只記得，尤太人還在車上時，有個穿白袍的醫生叫我從一個孔往卡車裡面看，我拒絕了，沒辦法，我必須馬上離開現場。」

不久之後，他看到的東西更可怕。穆勒派他到白俄羅斯的明斯克，穆勒說：「在明斯克，他們是用子彈殺死尤太人，回來後跟我報告他們的執行方式。」於是，艾希曼出發了，一開始他好像很幸運，因為抵達時「整個任務已經快結束」，他非常高興，「只看到幾個年輕的槍手對著大溝裡的死人頭骨練習瞄準」，不過，他還是看到不想看的畫面，「對我來說這已經夠了，有個女人的手被朝後綁住，我膝蓋突然一陣發軟，然後就離開了。」開車回程的路上，他想順便到利沃夫（Lwów）一趟，這似乎是個不錯的主意，因為利沃夫（或倫貝爾）一直是奧地利城市。他到達時，「在歷經各式慘狀後，看到第一幅美好的景象」。這個火車站是為了慶祝奧皇弗朗茨．約瑟夫（Franz Josef）統治六十週年而建立，艾希曼一直對這段時期非常「嚮往」，因為從父母親那裡聽到許多對那個年代的讚美，還有他繼母的親戚（根據他的說法，是個尤太人）社會地位很不錯，還賺了不少錢。眼前這個火車站把艾希曼所有可怕的想法都趕走了，他把車站裡每個細節都深深印到腦海裡，包含雕刻的週年紀念日期。但接下來，艾希曼就在這美麗的利沃夫犯下一個大錯。他造訪當地的親衛隊指揮官，對他說：「這附近發生的事好可怕，年輕人被訓練成虐待狂。怎麼下得了手？對女人和小孩掃射？完全不可能的，我們的自己人肯定會發瘋。」問題在於利沃夫跟明斯克的做法其實沒有兩樣，接下來，雖然艾希曼試圖禮貌婉拒，但接待他的軍官很樂意帶他親眼見識一下。因此，他看到另一個「恐怖的畫面，有一個溝渠裡面扔滿屍體，還有，從裡面噴湧而出大量的鮮血，像噴泉一樣。我從來沒看過這種事，我真的受夠了，我的任務已經完成，我得回到柏林向穆勒少將報告。」

這還沒結束。雖然艾希曼已經告訴穆勒他並沒有那麼「堅強」，能夠對這些場面無動於衷，畢竟他從沒當過兵、從沒上過前線、從沒見過軍事行動，還有因為看到這些畫面，他晚上失眠又作惡夢。但九個月後穆勒還是派他回到盧布林地區，此時非常熱情的格洛博奇尼克已完成準備工作，艾希曼說，接下來他看到此生見過最可怕的一幕。艾希曼剛抵達盧布林時，認不出這個地方，還有那幾間木造房屋，所以同樣由那位嗓音很粗野的隊長帶領他來到一個火車站，上方的招牌寫著「特雷布林卡」，看起來就像一個普通的德國車站，建築、招牌、時鐘、設備都一模一樣，是一個完美的複製品。「我一直盡力不要走得太靠近，我沒辦法近看這一切，但我還是看到一列赤裸的尤太人，排隊走入一個大禮堂後被施放毒氣。那裡的人告訴我，他們用的毒氣是氰酸。」

事實上，艾希曼沒看到多少。的確如此，雖然他曾多次造訪奧茲維辛集中營，這是規模最大、最有名的死亡集中營，位於波蘭的上西里西亞地區，佔地十八平方英里，但這裡並不僅是個滅絕營，還容納至多十萬名各式各樣的囚犯，包含非尤太人和奴隸勞工，這些人不會被施放毒氣。所以艾希曼可以很容易避過屠殺設施，而且他跟霍斯的關係非常好，所以霍斯讓他略過最殘忍的場面。其實艾希曼從來沒見過真正的大規模槍決場面，或是親眼見過施放毒氣、挑選勞工（尤太人被送到奧茲維辛前先進行挑選，每批尤太人中約有四分之一會中選，送到勞役營做苦工），他看到的部分僅足以讓他瞭解整個屠殺機制運行的方式：共有槍決與施放毒氣兩種屠殺方式，特別行動隊負責槍擊尤太人，而集中營的人負責毒氣屠殺，在毒氣室或毒氣車進行，營中還有各種巧妙的預防措施，目的是將受害人騙到死亡終站。

我所引用的警方審訊錄音帶，在第十次開庭時，也就是審判的第九天於庭內播放（共計開庭一百二十一次，歷時近九個月）。被告在錄音帶中的聲音十分空洞，可以說具有雙重的空洞效果，因為發出這個聲音的人就在現場，但卻被厚厚的玻璃箱隔離，似乎跟現實脫離，被告和辯護律師對於錄音帶內容完全沒有否認，塞萬提斯博士只提到「輪到辯方發言時，」他也會呈上一些被告提供給警方的證據，但他從頭到尾都沒有這樣做。辯護方似乎隨時都會起身離開這個「歷史大審判」的現場，因為這場刑事訴訟似乎也已經結束，而起訴方似乎也確立案件事實。法庭中對艾希曼的行為事實（雖然不如起訴方所樂見的這麼多）從未有爭議，事實上早在開庭審判前，這些事實早已經確立，而且也一遍又一遍請艾希曼坦承認罪，就如同他自己偶爾說的，以這些犯罪事實來判他絞刑是綽綽有餘（審訊中，當警官試圖把艾希曼從未擁有的權力歸到他身上時，艾希曼反駁：「我的部分問的還不夠嗎？」然而，因為艾希曼是奉命負責尤太人的運送，而非屠殺，所以至少就法律的正式層面來說，還有一個問題待釐清，那就是他到底知不知道自己在做什麼，這又衍生出另一個問題，他是否處於判斷行為嚴重性的位置——是否該因為他事實上神智清醒，而承擔法律責任？現在這兩個問題的回答都是肯定的：因為他去過這些尤太人最終被送達的集中營，他也見過尤太人被處決的慘狀，被嚇得魂不附體。而最後一個問題，也是最令人不安的問題，是法官（尤其是庭長）反覆問艾希曼的：「殺害尤太人對得起你自己的良心嗎？」但這是一個道德問題，無論回答是或不是，可能與法律完全無關。

但是，如果現在犯罪事實已經確立，又會出現兩個法律問題。首先，本次審判所依據的法律《1950年納粹與其共犯（懲罰）法》（The Nazis and Nazi Collaborators [Punishment] Law of 1950）第十條明文規定，如若行為人之做為意在「使自己免受到立即喪命的危險」，得免除刑事責任，艾希曼是否可以根據此條免於承擔其刑事責任？第二，該法第十一條規定，如若行為人已「盡其所能減輕其罪行的影響」或是「避免更嚴重的後果」，他是否能依據該法第十一條提出可「減輕處罰之情節」？顯然，制定該法第十條和十一條時，立法者想到的是那些尤太人「共犯」。當時，各地都有尤太人組成的特殊工作隊

（Sonderkommandos）註3，負責協助實際屠殺過程，他們犯罪的原因在於「使自己免受到立即喪命的危險」，而尤太長老委員會與納粹合作，是因為他們認為這麼做可「避免更嚴重的後果」。就艾希曼的情況來說，他自己的證詞已經回答了上述兩個問題，顯然都是否定的。的確，他曾說如果抗命，當時唯一的選擇會是自殺，但這並非實話，因為我們已經知道，滅絕部隊成員如果想辭去工作，其實出人意料地容易，不會有任何嚴重懲處，但艾希曼也沒有在這部分堅持原先的供詞，他說那些話時，沒有要讓人認真追究的意思。在紐倫堡大審判的文件中可以發現，「沒有任何一位親衛隊成員，因為拒絕執行屠殺任務而遭死刑。」（赫伯特・耶格爾〔Herbert Jäger〕，〈艾希曼審判之省思〉，《犯罪學與刑罰改革》〔*Kriminologie and Strafrechtsreform*, 1962〕）。而在紐倫堡審判中，一位辯方證人塞洛希（von dem Bach-Zelewski）表示：「可以提出轉調申請，以規避任務職責，當然對個人來說，一定會遭受紀律處分，但還不到有生命危險的地步。」艾希曼很清楚他並未身處典型的「困境」：士兵「若不服從命令，會被軍事法庭槍斃，但如果服從命令，則會被法官和陪審團判處絞刑。」（語出《憲法研究》〔*Law of the Constitution*〕，英國法律權威戴雪〔Albert Venn Dicey〕的名著），身為親衛隊成員，即使受審，艾希曼也並非由軍事法庭審理，而是警察和親衛隊特別法庭。在艾希曼向法庭提交的最後聲明中，他承認自己可以找個藉口退出，而且也確實有其他人這樣做。但他一直認為這「讓人無法接受」，即使到現在，他還是覺得這並不「可敬」，就只是調到另一個高薪的職位而已。

註 3：特殊工作隊成員大部分是尤太人，負責將集中營新進者送進毒氣室，拔出死者的金牙，剪下女子的頭髮，分類整理死者的衣物，運送屍體到焚化廠，監督火爐的運作，將骨灰湮滅。加入過特殊部隊的成員通常也會被處理掉以防說出真相，或是因為反抗被鎮壓，接給下一批新的特殊處理部隊成員火化，作為入門儀式。

二次戰後公然抗命的概念在當時簡直是神話：「在那種的情況下根本不可能抗命，沒有人這樣做。」這完全「無法想像」。艾希曼說如果自己被任命為死亡集中營的指揮官（如同他的好友霍斯一樣），他會被逼得自我了結，因為他不會殺人。（順帶一提，霍斯年輕時犯了一宗謀殺案，他刺殺沃爾特．卡度〔Walter Kadow〕，因為這個人出賣施拉格特〔Leo Schlageter〕，向一次大戰後法國在德國的佔領區主管機關告發，德國法院便判處施拉格特五年徒刑註4。施拉格特是德國萊茵區的民族主義恐怖分子，後來被納粹奉為民族英雄。不過，在奧茲維辛，霍斯當然「不需要殺人」。）但艾希曼不太可能被指派為死亡營的指揮官，因為下達命令的人「非常瞭解每個人的極限」。所以，不，艾希曼並未面臨「立即喪命的危險」，此外，因為他總是自豪地說自己非常「盡責」，遵守入黨誓詞，絕對服從所有命令，因此當然一直都盡其所能強化而非減輕「其罪行的影響」。艾希曼所舉出唯一的「減輕處罰之情節」，是他執行任務時「盡量避免不必要的痛苦」，先不談這話是真是假（即使此話屬實，就艾希曼所犯罪行而言），這個主張本身就不成立，因為艾希曼所接受的標準指令中便指示他要「盡量避免不必要的痛苦」。

因此，口供錄音帶於法庭上播放後，判處死刑便已成定決，甚至也於法有據，雖然艾希曼的刑罰確實有減輕的可能，因為他是依據上級指令行事（詳見《1950年納粹與其共犯（懲罰）法》第十一條），但因為其罪行極其重大，減刑的可能性微乎其微。（很重要的是，辯護律師沒說這些行為乃依據上級指令行事，而是稱其為「國家行為」，並要求以此為由判處無罪——塞萬提斯博士在紐倫堡審判中已經使用過這個策略，但沒有成功，他

註 4：施拉格特（1894-1923）是德國士兵，第一次世界大戰後，在萊茵（Rhineland，德國與法國、比利時和盧森堡接壤的領土，曾被宣布為非軍事區）進行破壞活動，於 1923 年遭法國當局處死。

當時為紹克爾（Fritz Saucke）辯護，紹克爾是戈林主持四年計畫時，負責勞動力分配的幹部，他負責滅絕數十萬波蘭尤太工人，於 1946 年被處以絞刑。所謂「國家行為」（德國法理學家使用更生動的名稱：「免於法院審查之公權力行為〔gerichtsfreie Hoheitsakte〕」）是指「主權國家之做為」（詳見韋德教授〔E.C.S. Wade〕的著述，收錄於《英國國際法年報》〔*British Year Book for International Law*, 1934〕），因此不在法律範疇之內，但是命令與指令，至少在理論上仍受法院管轄。如果艾希曼所為屬於國家行為，那麼他的上司，甚至國家元首希特勒都不受法院管轄。這個「國家行為」的論點跟塞萬提斯博士的想法如此契合，現在他再次使用這個策略，應該不會讓人感到意外。真正讓人意外的是，在宣讀判決後到判處刑罰前，他並未再次提出將上級指示列入「減輕處罰之情節」。）此時我們也許該感到高興，因為這不是一般的審判，一般審判中任何與刑事訴訟無關之陳述，法官會認為事屬枝節而予以忽視，而耶路撒冷大審判絕非一般，畢竟，事情並非法律制定者想像的如此簡單。一個普通人得花多長時間，才能克服內心對於犯罪的反感，一旦克服，這個人又會發生什麼事？這個問題可能不具有太多法律意義，但就政治層面來說卻是非常重要，而從阿道夫．艾希曼身上，我們可以找到再清楚精確不過的解答。

艾希曼初次訪視東歐屠殺中心後不久，於 1941 年 9 月第一次經手大規模驅逐行動，依照希特勒的「心願」，驅逐德國和保護國的尤太人，當時希特勒已吩咐希姆萊儘快讓大德意志帝國達到「尤太人淨空」的目標。第一批運輸的人包含兩萬名萊茵區尤太人，以及五千名吉普賽人，但這次行動中發生一件怪事。

艾希曼原先從不自己做決定，他一向極為謹慎，完全遵照命令行事，所有做為皆受命令「掩護」，（所有曾與他共事的人皆作證確認這一點）甚至也不喜歡主動提出建議，一定要求提供「指令」作為依據，但這時他居然「第一次，也是最後一次」未遵行命令行動，他並未依照命令將這些人運送到蘇俄、里加、明斯克，到這些地方他們便會立刻遭特別行動隊槍殺，艾希曼把這批人轉送到羅茲尤太區，當時他知道這個地方還沒有準備展開滅絕行動——原因可能只是，負責該尤太區的地區長官烏赫貝爾（Uebelhör）找到可以從「他的」尤太人身上獲取暴利的方法（事實上，羅茲尤太區是第一個建立、也是最後被清算的尤太區，這裡的囚犯若沒有病死或餓死，都能一直活到1944年夏天）。這個決定給艾希曼帶來很大的麻煩，因為羅茲尤太區人滿為患，烏赫貝爾沒有收容新囚犯的準備，也沒有職權這樣做，烏赫貝爾一怒之下，便跟希姆萊告狀，說艾希曼用「從吉卜賽人那學來的技倆」欺騙他和他的手下，希姆萊和海德里希則包庇艾希曼，所以這件事很快便平息下來，被人遺忘。

艾希曼自己最先遺忘這件事，不管在警方審訊或是回憶錄中，從頭到尾都隻字未提。艾希曼出庭作證時，辯護律師向他展示相關文件並提出問題，艾希曼堅稱當時他有所「選擇」：「這是我第一次，也是最後一次有所選擇……一個是羅茲……如果送到羅茲有困難，那這些人必須被送到東歐。因為我已經見過那裡的（屠殺）準備工作，所以我決定要盡我所能把這些人送到羅茲。」辯護律師試圖要據此事件做出如下結論：只要情況許可，艾希曼隨時都會盡力拯救尤太人——這當然不是真的。其後，檢察官就同一事件審問艾希曼，想要確立艾希曼有權決定每一批尤太人運輸終站的事實，因此導出他能決定滅絕哪一批尤太人的結論——這也不是真的。艾希曼自己解釋，他沒有不服從命令，只是善用其「選擇」，這個說詞也不是真的。因為他自己很清楚，把人送到羅茲會遇到許多困難，也因此命令中明言：最終目的地為明斯克或里加。雖然艾希曼把這件事忘了，但這顯然是他唯一一次試圖拯救尤太人。然而，三個星期後，海德里希在布拉格召開了一次會議，艾希曼在會中表示：「用來拘留（蘇俄）共產黨（特別行動隊負責當場清算的類別之一）的集中營，也可以拿來關尤太人。」他還說自己已經就此與當地指揮官「達成協議」，此外，討論過羅茲尤太區的狀況後，最後決定要將帝國（包括奧地利、波希米亞、摩拉維亞）內的五十萬名尤太人，送到特別行動隊在里加和明斯克的運作中心。因此，我們現在也許可以用蘭道庭長的問題——也是這場審判中每個人最關心的問題——被告是否還有良心？有的，他確實有良心，他的良心原先依照一般期待的方式運作，但僅維持四星期，之後便反其道而行。

即便是在艾希曼良心未泯的那幾週，他的良心運作也有奇特的限制。別忘了，在他得知元首的最終命令的數週或數月之前，他早就知道特別行動隊在東陸的屠殺行為，也知道在前線的後方會進行大規模槍決，殺害所有的蘇俄政委人員（共產黨人）、波蘭專業人士與本地尤太人，此外，就在幾個星期後，同年七月他被叫到海德里希面前之前，一位駐紮在瓦爾特高省（位在德國佔領的波蘭西部）的親衛隊成員寄給他一份備忘錄，表示：「在即將到來的冬天，不再給尤太人東西吃」，並提出一個建議請艾希曼考慮：「以更迅速的方式殺死沒有工作能力的尤太人，不論這些方法是否沒人性，但無論如何，這比讓他們餓死還來的合理。」這位成員在隨後的信中以「親愛的艾希曼同志」開頭，承認:「這些做法聽起來有點異想天開，但完全可行。」由此可以發現，當時這位親衛隊成員還不知道元首更加「異想天開」的滅絕命令，此信也顯示，這個命令已經朝最終方向醞釀成型，艾希曼從未提到這封信，信中內容大概也沒有讓他很震驚，因為這個提議只針對當地尤太人，而不是帝國或所有西方國家的尤太人。艾希曼的良心有所醒覺，原因並不在於屠殺，而是德國尤太人遭到屠殺（「我從不否認我知道特別行動隊奉命屠殺尤太人，但我不知道從帝國被疏散到東陸的尤太人也受到一樣待遇，這我真的不知道。」）。另一位老黨員威廉·克普（Wilhelm Kube）的良心也有相同反應，他是在蘇俄境內的德國佔領區的總局長，他看到德國尤太人被送到明斯克接受「特殊待遇」時，非常地憤怒。庫貝的表達能力比艾希曼好，我們可以從他的話中看到艾希曼內心的掙扎，1941 年 12 月寇普寫信給上級：「我當然是很堅強的人，非常願意幫助解決尤太人問題，但跟我們來自共同文化環境的人，絕對跟當地的原始畜生不一樣。」觸發這種良心醒覺（如果的確稱得上醒覺）的原因在於「跟我們來自共同文化環境的人」，而這樣的想法直到希特勒政權瓦解後還是存在，直到今天，在德國還是存有「錯誤傳言」，認為「只有東歐尤太人（Ostjuden）被屠殺。」

這種將屠殺被害人區分為「原始」與「文化」的思維方式也不是德國人的專利。在法庭中，拜倫教授作證時講述尤太人的文化和精神成就，小說家穆里斯聽到這個供詞時，腦中突然浮現這個問題：「如果尤太人像吉普賽人一樣沒有文化，那大屠殺會變得不這麼邪惡嗎？受審的艾希曼到底是滅絕人類的魔頭，還是破壞文化的劊子手？殺人時如果同時摧殘文化，這個殺人行為更變得更嚴重嗎？」他向以色列的總檢察長提出這些問題，結果「他（霍斯納）認為確實如此，我的看法則是相反」。而我們居然就這樣忽視這個問題，把麻煩一併埋葬到過去，最近一部電影《奇愛博士》（*Dr. Strangelove*）又重新凸顯這個問題，片中主角——而且還是前納粹黨員——熱愛炸彈，這位奇愛博士向美國總統建言選出數十萬人帶到地底下重建社會，誰才能中選而生存下來呢？高智商的人！

良心問題在耶路撒冷審判中讓人大傷腦筋，而納粹政權也絕沒有忽略。1944年7月德國發生密謀刺殺希特勒未遂的事件，參與密謀的人在彼此往來的信件，或是準備在刺殺成功後宣布的聲明中，都極少提到東陸的尤太人屠殺情況，由此看來，我們也許可以說納粹過於高估這個問題的重要性。在此我們可以先忽略德國反對希特勒的早期狀況，因為當時仍只是反法西斯的左派運動，就原則說來，對道德問題的討論毫無重要性，與尤太人迫害更無相關，這個運動僅是當時激烈階級鬥爭的「插曲」（對左派來說階級鬥爭就是政治的核心），此外，這股反納粹力量因為納粹衝鋒隊以及蓋世太保的恐怖鎮壓而逐漸消失，又正逢希特勒重整軍備帶來充分就業的榮景，再加上共產黨積極實行「特洛伊木馬」策略，鼓勵黨員加入納粹黨，讓反希特勒的力量更受打擊。一直到二次大戰開始前，反對分子剩下一些工會領袖，以及「毫無所依的左派」中的知識分子，但後來透過密謀刺殺計畫又日益壯大，最終促成1944年7月20日的刺殺事件（要透過計算集中營居留人數來衡量反抗納粹的力量，當然是不可行。戰爭爆發前，犯人分屬眾多類別，其中很多人跟反抗根本沾不上邊：包含尤太人等完全「無辜」的犯人，還有罪犯和同性戀者等「反社會分子」，此外，還有被判有罪的納粹黨員，而在戰爭期間，集中營裡則充滿來自德國各個歐洲佔領地的反抗鬥士）。

7月刺殺事件的參與者，大多數是前納粹成員，或是曾在大德意志帝國位居要津的高官，他們反抗希特勒的動機其實不是尤太人問題，而是反對希特勒發動戰爭，還有內心無止盡的良心掙扎，原因在於此舉會讓他們背負叛國罪名，又同時違背效忠希特勒的誓言，這些人落入兩難的困境，而且確實沒有解決辦法：希特勒到達成功巔峰時，這些人認為毫無反抗的辦法，因為其他人不會理解；而在德國敗戰頻仍的那幾年，他們又害怕此時起義只是「暗箭傷人」之舉，到最後，他們最擔心的是如何防止混亂局面、避免引發內戰。解決方式便是同盟國必須「講道理」，暫時「停戰」，直到秩序恢復，當然，德國陸軍抵抗希特勒的力量也會隨之恢復。這些反抗分子最清楚東陸發生什麼事，但在當時的情況下他們沒有任何人膽敢想到，對德國來說最好的方法就是公開反叛和內戰。德國內積極的反納粹力量主要來自右派，但有鑑於德國社會民主黨人過去的紀錄，如果謀叛分子中多數是左派分子，右派是否能發揮更大的力量還是令人存疑，但這個問題僅止於學術理論層面，因為如同德國歷史學家里特爾（Gerhard Ritter）所指出的：德國在戰時完全沒有任何「有組織的社會主義反抗力量」。

事實很簡單，當時的情況對反納粹陣營而言毫無希望，絕大多數的德國人都相信希特勒——即使是希特勒宣布進攻蘇俄後（大家一直擔心的兩面戰爭終於成真）、即使美國參戰之後，甚至是史達林格勒戰役德國慘敗後、義大利倒戈之後、諾曼第戰役之後，大多數德國人還是對他深信不疑。與立場堅定的多數人對抗的，是孤立又搖擺不定的少數人，他們對國家出現的道德災難完全瞭若指掌，這群人也許偶爾能彼此瞭解信任、建立友誼並交換意見，但就是沒有計畫或意圖要反抗。後來終於出現所謂的謀叛陣營，但他們從來沒能達成任何共識，甚至對是否謀反本身，也常意見不合，這群謀叛人士的領導是前萊比錫市長格德勒（Carl Goerdeler），他曾在納粹政府中擔任三年的價格控制員，但早在1936年便已辭職，他主張建立君主立憲制國家，而左派代表雷歇納爾（Wilhelm Leuschner）向格德勒保證會予以「大量支援」，雷歇納爾是前社民黨工會領導人；由毛奇伯爵（Count Helmut von Moltke）組織的反納粹運動組織凱邵（Kreisau circle）中，偶爾有人抱怨法制已經「遭人踐踏」，但這個組織最主要關心的，是讓兩個基督教教派註5達成和解以完成「世俗國家的神聖使命」，此外他們大力支持建立聯邦政府（喬治・羅莫森〔George K. Romoser〕以1933年以來整體反納粹運動的政治淪喪為題，撰寫了一篇舉證豐富、立場公正的博士論文）。

隨著戰爭繼續延燒，反納粹運動頹勢日漸顯著，此時應該先把政治分歧擺一邊，儘快採取迫切的政治行動，但史學家里特爾說：「沒有參謀長史陶芬堡（Count Klaus von Stauffenberg）的決心，這個反納粹運動根本就一事無成。」他似乎也說對了，「這些人之所以團結在一起，是因為他們都認為希特勒是『騙子』、『半吊子』，說他『無視專家顧問團的建議，以致犧牲整個軍隊』，說他是『瘋子』、『魔鬼』，是『所有邪惡的化身』，當他們這麼稱呼稱希特勒時，對德國人來說，其實不只是『罪犯與笨蛋』。此時二戰已經快接近尾聲，反對希特勒的人『還包含親衛隊、納粹黨成員或是擔任政府公職的人』」（引自納粹記者弗來茲・赫賽〔Fritz Hesse〕），換言之，這個謀叛

註 5：指天主教與新教派。

分子的圈子已經包含許多與納粹罪行牽涉甚深的人，賀爾多夫（Wolf-Heinrich Graf von Helldorf）便是個實例，他是柏林的警察局長，（根據領導格德勒所擬定的人事清單）如果政變成功，將出任德國警察總長。此外，還有國家保安本部的那貝（Arthur Nebe），東陸行動殺人部隊的前指揮官！ 1943 年夏天，希姆萊指揮的滅絕計畫已經達到巔峰時，這個圈子還考慮將希姆萊和戈培爾列為潛在的盟友，「因為這兩個人已意識到他們跟著希特勒一起迷失了」（希姆萊後來確實成為「潛在盟友」，但戈培爾沒有，希姆萊還充分掌握這些謀叛人士的計畫，一直到反納粹行動失敗後，他才與這些人對立），這一句話引自於格德勒寫給陸軍元帥克盧格（Günther von Kluge）的信件草稿。但這不尋常的聯盟關係無法以陸軍指揮官必要的「策略考量」來解釋，因為就是克盧格和隆美爾（Erwin Rommel）下達特殊命令要「清算這兩隻禽獸（希姆萊和戈林）」，更別說格德勒的傳記作家里特爾堅信上述引用的信件內容，是「他對希特勒政權仇恨，表達最強烈的一次。」

無論是否為時已晚，這些反對希特勒的人到最後都賠上性命，死於殘酷極刑，其中許多人的勇氣令人相當欽佩，但他們的英勇不是來自道德的啟發，或因為憐憫受難的他人而憤慨起義，而幾乎都是因為害怕未來德國會面臨慘敗與毀滅。這並不是要否認，其中一些人在聽到「1938 年 11 月駭人聽聞的尤太人迫害行動」時的政治反對姿態，瓦爾登堡伯爵（Peter York von Wartenburg）便是一例（里特爾前引書），但也就在同一月中，尤太人教堂遭縱火，尤太民族陷入無限恐懼：神的殿堂被一把火燒了，無論是尤太信徒或迷信的人都害怕上帝的復仇。可以肯定的是，1941 年 5 月，當納粹高階軍官得知希特勒的「政委命令」（Commissar Order）註6，心裡是有些不安，他們知道接下來所有的蘇俄政委人員，當然還有尤太人都會被格殺勿論。在反納粹的圈子裡，當然還有一些顧慮，如同格德勒所說：「佔領區內在對尤太人執行清算，實行宗教迫害……這將永遠是我國歷史上一個沉重的負擔。」但這些人似乎沒想過，這件事所代表的意義不僅如此，不只是「使我們（與盟軍進行和平條約談判時）的形勢變得非常困難」，不只是「在德國的美名上留下污點」而因此破壞軍隊的士氣。格德勒聽到一位親衛隊員滿不在乎地說：「用機關槍掃射溝渠裡成千上萬的尤太人，然後再挖土覆蓋那些還在抽搐的屍體，這的確並不是什麼美妙的事。」他大喊：「他們到底把（1814 年普魯士軍隊打敗拿破崙）解放戰爭和（1870 年普法戰爭）普王威廉一世的那群英勇雄兵怎麼了？」這些反納粹的人也沒想過，這些暴行後來會導致盟軍要求德國無條件投降，還都覺得很有理由批評這個要求是「民族主義」作祟、且完全「不合理」，是盲目仇恨所致。1943 年，此時德國幾乎肯定會戰敗，然而這些人仍然相信德國有權利與敵人進行「平等」、「公正和平」的談判，即使他們完全知道希特勒當初就是以不公平、毫無理由的方式發動二次大戰。更令人吃驚的是他們對於「公正和平」的標準，格德勒在許多備忘錄中一再重複：「回復 1914 年舊有的德國領土範圍（即阿爾薩斯—洛林區），再加上奧地利和蘇台德地區。」此外還有：「讓德國在歐洲大陸享有領先地位。」最好還能收復南提洛爾省！註7

這群反納粹人士擬定準備公諸於世的聲明，如路德維希．貝克將軍（Ludwig Beck，原訂政變成功後出任聯邦大總統）遞予德國陸軍的宣告草稿中，花了很長的篇幅在談希特勒政權有

註　6：1941 年 5 月，希特勒下令將所有被俘的蘇俄政委人員，全部無條件處決。

註　7：南提洛爾省（South Tyrol），原是奧地利國土，1918 年第一次世界大戰結束才割讓給義大利，因此一直留有濃厚的奧地利文化氣息。

多麼「頑固不化」、「無能且不知節制」、又「傲慢和虛榮」，其中最重要的一點在於，希特勒政權「最肆無忌憚的行為」是居然要「領導軍隊的將士」為即將來臨的戰敗結局負責，貝克在此又補充，納粹已經犯下的罪行，「讓德意志民族的榮譽遭到褻瀆，讓德國在國際間美好的聲譽留下污點」。那他們計畫清算希特勒之後，下一步為何？德國軍隊將繼續奮戰，直到戰爭劃下像樣的句點——亦即阿爾薩斯－洛林地區、奧地利、蘇台德區又重歸德國領土。此刻，我們的確有充分的理由同意德國作家弗裏德里希．帕西瓦爾．雷克馬爾克（Friedrich Percyval Reck-Malleczewen）對這群人的評論。雷克馬爾克於德國戰敗前夕在集中營遭到處決，他並沒有參與反希特勒的陰謀，他知道刺殺希特勒的行動失敗後，當然感到非常遺憾，便在其乏人問津的著作《一個人在絕境中的日記》（*Tagebuch eines Verzweifelten*, 1947）中寫道：「有點太遲了，各位先生，是你們造就這位德國頭號毀滅者，只要事情沒什麼不對勁，你們都願意追隨他……是你們毫不猶豫就對著每份誓言宣誓，是你們把自己變成面目可憎的奴才，甘心為殺人萬千的罪人賣命，他背負全世界的詛咒，無盡哀歌在他身後繚繞，而現在你們已經背叛了他……現在，破產既然已無法再掩飾，這些人為了幫自己找一個政治台階，便紛紛出走背叛——這群人早已背叛自己發達掌權時所堅持的一切。」

目前並無證據顯示艾希曼曾經與 7 月 20 日刺殺謀畫者有私人接觸，他也不可能如此做，我們知道，即使在阿根廷逃亡期間，艾希曼仍然將這群人視為叛國賊和流氓。但如果他有機會瞭解格德勒對尤太人問題的「原創」想法，他可能會同意格德勒的某些論點。我們知道，格德勒曾提議「要賠償德國尤太人蒙受的損失和不當對待」——當時已是1942年，尤太人的問題不僅限於「德國」尤太人，而且他們也不只是遭到搶劫或不當對待，而是遭到毒氣處決。但除了這些技術細節，格德勒還有更具建設性的想法，即「永久解決方案」，能「讓他們（所有歐洲尤太人）不用繼續在歐洲當不受歡迎的「過客民族」（以艾希曼的話來說，就是「讓尤太人雙腳踏實地踩在土地上」）。為達此目標，格德勒便倡議「在殖民地建立獨立國家」——這裡指的是加拿大或南美洲——就像是艾希曼的馬達加斯加計畫，差別在於格德勒確實聽說過這兩個地方。然而，格德勒也有所妥協，他的移出計畫並不適用所有的尤太人。跟納粹早期的尤太人政策類似，具有特權的尤太人大量外移，當時，他決定「若尤太人符合下列條件，便不會拒絕核准德國國籍：能提出曾為德國做出特殊軍事犧牲的證據，或是能證明其家族具有悠久傳統。」好，不管格德勒所提的「永久解決方案」為何，總之稱不上他的傳記作家里特爾所說的「原創」，里特爾一直到1954年為止，都還對他心中的英雄格德勒敬佩不已。就這個解決計畫而言，格德勒在納粹黨內、甚至親衛隊中，可以找到許多「潛在盟友」。

上述格德勒寫給陸軍元帥克盧格的信中，格德勒呼籲克魯格要讓「良心發聲」，但是他的意思只是，即使身為將軍也必須明白「繼續打一場沒有勝算的戰爭簡直跟犯罪沒兩樣」，越來越多的證據指出，具備這樣良心的人在德國顯然所剩無幾，到了幾乎完全遭到遺忘的地步，而德國人還很驚訝他們「新的德國價值觀」並未受其他國家認同。不過這肯定並非全部的真相，在德國，有些人打從納粹一上台就加以反對，而且自始至終都堅持反對希特勒的立場，但沒人知道到底有多少人這樣做，也許是十萬、也許更多、也許更少，因為我們從未聽過他們的聲音。

這些反希特勒的人士無所不在，存於社會各階層中，不僅有一般民眾，也有受過高等教育的知識分子，也許甚至還有納粹黨員，但很少人像雷克馬爾克或哲學家雅士培（Karl Jaspers）一樣公開表達立場。其中有些人是真正忠於原則，例如我認識一位工匠，就寧願放棄自主權，甘願到工廠做工，也不願完成幾道「方便手續」而加入納粹黨。還有一些人則堅守誓言，寧願放棄學術生涯，也不願效忠希特勒，更有許多工人（尤其是柏林工人）以及社會主義知識分子，試圖幫助他們認識的尤太人，還有，兩名農村子弟在戰爭末期被召入親衛隊，但他們拒絕簽字，最後被判處死刑，處決當天在寫給家人的訣別信中寫道：「我們兩人寧死也不願背負這麼可怕的良心負擔，我們知道加入親衛隊要做什麼。」維森伯恩（Günther Weisenborn）的《無聲的叛亂》（*Der lautlose Aufstand*, 1953）便是在描寫這兩個人的故事。這些人其實說穿了什麼也沒做，但他們的立場跟那些謀反分子不同，他們明辨是非，從來沒有任何「良心危機」。當然在謀反分子中也許也有這樣的成員，但比例少的多。這些明辨是非的人既非英雄亦非聖人，他們完全保持沉默，只有一次在完全絕望的狀況下，這個沉默的少數族群終於公開發聲：在慕尼黑念大學的蕭爾兄妹（Hans & Sophie Scholl）註8，受到老師庫特·胡伯的啟發，在發放的傳單中揭露希特勒的真面目——「大屠殺兇手」。

註 8：二戰後期，在慕尼黑大學就讀醫學院的漢斯·蕭爾（Hans Scholl）成立國際知名反納粹組織「白玫瑰」（Die Weisse Rose），成員約有十位。1943 年，德軍第六軍團在史達林格勒遭俄軍圍殲，漢斯利用此一時機鼓吹人民挺身反納粹，並以油漆在牆上漆上「自由」、「打倒希特勒」等字樣，漢斯與其胞妹蘇菲並大量印製反納粹傳單，摸黑將印刷品放置在轉角、街口、信箱，並且以白玫瑰組織之名積極聯絡德國各地反納粹組織。同年2月18日，兩人遭工友密報，秘密警察立刻將校園封鎖、回收傳單，並逮捕兩兄妹，最後以叛國罪處以死刑，並即刻行刑。

謀反人士原預訂於7月20日刺殺行動成功後組成「新德國」政府，然而，從預先準備好的文件中可以發現，這群人跟世界其他國家間存有巨大的鴻溝，否則該如何解釋，格德勒居然在戰爭結束前夕還異想天開，認為德國雖戰敗卻仍有資格與同盟國談判？而希姆萊和德國外長里賓特洛甫更是實際嘗試這麼做。也許里賓特洛甫的腦袋本來就不管用，但無論怎麼說，希姆萊可完全不是傻蛋。

希姆萊是納粹黨中最擅長解決良心問題的人，他創造許多口號，比如他截取1931年希特勒對親衛隊演講的內容，創出著名的親衛隊格言——「我的榮譽叫作忠誠」，這類艾希曼稱之為「發人深省」、而法官稱之為「空話」的口號，艾希曼記得這句話是在「某年年底」宣布的，想必跟聖誕節獎金發放時間相同，他只完整記得其中一句，而且在審訊中不斷重複：「我們的後代子孫不會再有機會參加這場戰爭。」這裡的「戰爭」指的是對婦女、兒童、老人和其他「無用之人」的攻擊。此外，希姆萊對特別行動隊指揮官、親衛隊高階軍官與警察隊領導的演講中，還說了其他琅琅上口的詞句：「除了少數出自人性弱點的例外，我們絕不鬆懈、堅持榮譽，所以才能如此堅強，這是我們創造的歷史中最光榮的一頁，不但空前，而且絕後。」「解決尤太人問題的命令，是每個單位收到最可怕的命令。」「我們知道我們期待你成為『超人』，也就是『超乎常人的冷酷絕情』。」我們只能說，他們的期待確實沒有落空。然而，值得注意的是，希姆萊幾乎從未訴諸意識型態，如果這樣做，顯然沒人會記得他說什麼，讓這些成為殺人兇手的士兵深深印在腦中的，就是他們能參與歷史上偉大、特別的一刻（「兩千年才出現一次的偉大任務」），任務既然如此宏大，難度當然也是非常人所能忍受，這一點非常重要，因為這些兇手都不是天生的虐待狂或殺手。特別行動隊成員是從武裝親衛隊中遴選，這個部隊的犯罪紀錄跟德國陸軍轄下的其他一般單位差別不大，而指揮官是由海德里希親自從親衛隊高學歷精英中挑選，因此，最大的問題是要如何克服這些人的良心，或者更精確地說，對動物的憐憫心，也就是一般人看到肉體受折磨會出現的正常反應，希姆萊自己顯然也頗受這些本能反應困擾，他的解決辦法很簡單，而且可能也極為有效，就是將這些本能的憐憫心轉向自我，所以這些殺人兇手不會說：「看看我對這些人做了什麼可怕的事！」而是說：「為了完成使命而必須忍受的景象有多麼可怕！壓在我肩膀的重擔有多麼沉重！」

艾希曼腦中關於希姆萊巧妙口號的記憶，可能指出還有其他更有效的良心問題解決方式，其中最重要的是希特勒早已預見的大戰。艾希曼一再強調對死亡有「不同的個人態度」，因為當時「四處都是屍體」，而且每個人都期待自己會死，毫不在意：「我們不在乎是今天死還是明天死，有時一早醒來發現自己還活著，還會大罵。」在這種充滿暴力死亡的氛圍中，解決良心問題特別有效的方式是，最終解決方案的後期階段並不採用槍殺（即暴力），而是使用毒氣。毒氣的使用自始至終都與希特勒的「安樂死計畫」緊密結合，他在大戰爆發後數週下令，對德國精神病患執行安樂死，一直到德國入侵蘇俄為止。1941 年秋天實行的滅絕計畫可以分成兩個部分，一個是毒氣室運作，一個是特別行動隊。特別行動隊在軍隊後方是以黨派之戰為名運作，尤其在蘇俄，其受害者絕不只尤太人，除了真正的黨員，他們也負責掃蕩蘇俄政委人員、吉普賽人、反社會分子、精神異常人士，和尤太人，尤太人被列為「潛在的敵人」，蘇俄尤太人到執行屠殺的前幾個月才發現這一點，但已來不及逃走（當地老一輩的人會想起第一次世界大戰時，他們把德國軍隊當成救星一般，不管男女老少，沒人聽說任何關於「尤太人在德國或華沙遭到何等對待」，德國駐白俄羅斯的情報人員向國內報告，當地人「消息非常不靈通」（希爾伯格前引書），更驚人的是，有些德國尤太人被送到這些地區時，還以為自己是大德意志帝國的「拓荒先驅」）。行動殺人部隊共有四個單位，每個單位的規模相當於一個營，總人數低於三千人，他們需要軍隊的協助，也與其密切合作，雙方關係通常「極融洽」，有時還非常「密切」。陸軍將官對尤太人展現出「出奇的絕佳態度」，不但將尤太人送往特別行動隊，還常出借兵力協助執行大屠殺，依據史學家希爾伯格估計，在這裡受害的尤太人總數逼近一百五十萬，但這還是元首下令滅絕尤太人之前的事，1941 年 3 月，希特勒便命令希姆萊為親衛隊與警察做準備，「以在俄羅斯執行特殊任務」，這個準備工作的成果，便是一百五十萬條人命。

後來，元首下令滅絕所有尤太人，不只是蘇俄和波蘭尤太人，這個命令雖然較晚發布，但卻可以追溯到許久之前。源頭既不是國家保安本部，也不是海德里希或希姆萊轄下的任何單位，而是希特勒的總理府，也就是他私人辦公府邸，滅絕的命令與戰爭無關，也從未使用軍事需要當藉口，而是如英國史學家賴特林格在其著作《最終解決方案》所證明的，東歐毒氣營是由希特勒的安樂死計畫發展而來（這是該書最重要的貢獻之一，書中針對此點提供確切的書面證據）。可悲的是，艾希曼的審判號稱關注「歷史的真相」，居然沒注意到此事實與該案之間的關聯。隸屬國家保安本部的艾希曼是否涉及毒氣滅絕工作，在耶路撒冷法庭中備受爭議，前述事實便可提供線索，顯示艾希曼不太可能參與其中，雖然他的下屬君特可能非常有意願要參與。以艾希曼曾造訪過的格洛博奇尼克少將為例，他在盧布林區裝設毒氣裝置需要增加人手時，格洛博奇尼克並未向希姆萊或警察機關人士、親衛隊高層反應，而是寫信給總理府的安樂死計畫負責人維克多．布拉克，而由布拉克再將需求告知希姆萊。

1939 年 9 月，希特勒頒布一道書面命令，大規模殺害德國境內病患，並建成首間毒氣室，該法令明言：「應讓無藥可治的病患安然死去（大概就是這個有關毒氣「醫療」使用的法令，讓塞萬提斯博士有所啟發，堅持必須將毒氣的使用視為一種「醫療方式」）。」使用毒氣的想法可回溯到許久之前，早在 1935 年，希特勒便曾對帝國衛生部門負責人瓦格納（Gerhard Wagner）提到此事，「他說如果戰爭爆發，他就會實施『安樂死』計畫，因為這個計畫在戰爭期間更容易執行。」該命令頒布後，立即施行於德國精神病患，從 1939 年 12 月到 1941 年 8 月之間，約有五萬名德國人在醫院遭到一氧化碳毒斃，而且跟奧茲維辛集中營一模一樣，毒氣室被偽裝成淋浴間和浴室。這個計畫頗為失敗，因為附近的德國百姓不可能完全被蒙在鼓裡，於是抗議聲四起，這些抗議人士想必尚未對醫療任務與醫生職責建立起「客觀」見解。東歐的毒氣任務——或以納粹的話來說，就是「人性化」的死亡方式，「讓人能安然死去」——展開的時間，幾乎跟德國終止毒氣使用的時間點相契合，參與德國安樂死計畫的工作人員，則被派送到東陸建立新的毒氣裝置，以達成消滅整個民族的目標，這些工作人員，原先都隸屬於希特勒總理府或帝國衛生局，直到此時才歸希姆萊管轄。

納粹精心設計「語言規則」，以達成欺騙和偽裝的目的，其中對於殺人兇手最有效的語言規則運用例子便出現在希特勒頒布的法令中，法令中將「謀殺」改稱為「讓人安然而死」。審訊時警官詢問艾希曼，上級指令中提到，執行任務時「盡量避免不必要的痛苦」，這句話是不是有點諷刺，因為實際上這些人最終的確必死無疑。但艾希曼甚至沒明白問話人的意思，這些指令已經深深烙在他的腦中，對他來說，無法饒恕的是違反指令造成「不必要的痛苦」，而非殺人。在法庭中受審時，聽到證人述說親衛隊的種種暴行，他展現出真誠的憤慨——雖然法庭人員和多數的觀眾並未注意到這些跡象，因為艾希曼竭力維持自制，讓這些人誤會他根本是「麻木不仁」、冷漠無感——讓他激動不已的，還不是聽到自己被指控將上百萬人送到集中營受死，而只是一名證人說他曾毆打一名尤太男孩致死（該指控後遭法院駁回）。艾希曼確實派人到特別行動隊活動的地區，特別行動隊不是採用「讓人能安然死去」的處決方式，而是槍決。但後期毒氣室數量越來越多後，他可能也鬆了口氣，因為已經不需要槍決，想必他還覺得新的處決方式顯示納粹德國對尤太人的態度出現大幅改善，因為毒氣計畫甫施行時，政府明確表示安樂死只會保留給真正的德國人。隨著戰爭越演越烈，四處也充滿暴力景象和悽慘死狀，無論在蘇俄前線、在非洲沙漠中、義大利、法國的海灘上、在德國城市的廢墟中皆然——奧茲維辛和海烏姆諾、馬伊達內克（Majdanek）、貝爾澤克（Belzek）、特雷布林卡、索比布爾（Sobibor）死亡營的毒氣中心當時想必展現出安樂死專家所稱「醫療照護慈善基金會」的樣子。此外，從1942年1月開始，安樂死團隊便開始在東歐運作，以「幫助在冰雪中受傷的患者」，雖然這個殺害傷兵的舉動也被視為「最高機密」，但其實知情的人不少，至少執行最終解決方案的人一定知道。

越來越多研究指出，當時對德國精神病患施放毒氣的計畫之所以中輟，是因為附近居民以及幾位勇敢的基督教會人事公開提出抗議，而當毒氣計畫轉為針對尤太人時，類似的抗議行動便銷聲匿跡，雖然有些殺人營就位於當時的德國領土中，周圍也一定住有德國居民。而前述抗議活動是發生在戰爭初期，先不談「安樂死教育」的影響，大家對「毒氣無痛死亡」的態度很可能在戰爭過程中出現改變，不過這一點很難證明，沒有任何文件可以支持這個論點，因為整個計畫非常保密，從沒有任何受審戰犯提過態度轉變的事，甚至在紐倫堡大審判中那場「醫生審判」的被告也隻字未提，這些人可是不斷引用各式關於安樂死的國際文獻。也許他們忘記自己從事殺人行為時輿論對安樂死的看法，也許他們根本不在意，因為他們認為自己「客觀、科學」的觀點比一般民眾更為進步。然而，有些戰爭日記留存許多寶貴的故事，紀錄一整個國家的道德崩潰，這些寫日記的人值得信賴，他們完全知道鄰居對當時所發生的事並不像自己一樣地震驚。

其中之一便是先前我所說的作家雷克馬爾克，他提到 1944 年夏天有位女性「領導」來到巴伐利亞，準備給農民講一番鼓舞士氣的話，她似乎並沒有浪費太多時間在講「神奇武器」和打勝仗，而是坦承德國可能會戰敗，但品行良好的德國人不用擔心，因為「偉大而慈悲的元首已做好準備，如果戰爭結果不如人意，便會使用毒氣讓所有的德國人都走得很安祥」。雷克馬爾克說：「哦，不，這不是我憑空想像出來的，這位可愛的女性不是幻影，我親眼看見她，黃皮膚、年紀將近四十歲、眼神無比瘋狂……

接下來呢？這些巴伐利亞農民是否至少把她扔到湖裡，稍微冷卻她對死亡的熱情？沒有，他們什麼也沒做，只是搖搖頭便各自回家了。」

我下面要說的故事可能更切中要點，因為這個故事中的主角不是「領導」甚至不是納粹黨員。這件事發生在東普魯士的柯尼斯堡（Königsberg），是另一個完全不同的德國地區，蘭朵夫伯爵（Count Hans von Lehnsdorf）在他的《東普魯士日記》（*Ostpreussisches Tagebuch*, 1961）中提到，1945年1月，在蘇俄摧毀、佔領、吞併柯尼斯堡的前幾天，他身為醫生——原先一直留在城中照顧無法被撤離的傷兵——被緊急召喚到一個位於郊區的大型難民中心，該中心當時已經被蘇俄紅軍佔領。有名婦女給他看自己身上一大塊靜脈曲張的肌肉，她希望醫生能幫忙治療，因為此時她有時間接受治療。「我試著跟她解釋，對她而言，更重要的是趕快逃離柯尼斯堡，否則後果不堪設想。我問她想到哪去？她說不知道，但她知道所有人都會被帶到帝國裡面，接下來她道出驚人之語：『俄國人永遠抓不到我們，因為元首不會允許他們這樣做，很快他就會讓我們用毒氣。』我悄悄環顧四周，但似乎沒有人覺得這話有什麼不對。」聽到這裡，你會覺得結局似乎還沒結束，我們對最真實的故事的反應往往如此，此時應該有人補上一句，最好還是名女性，大大嘆了口氣後說：「這麼好，這麼昂貴的毒氣全都浪費在尤太人身上了！」

第七章

萬湖會議

—本丟・彼拉多—

截至目前為止，本書有關艾希曼良心的討論都是依據他本人所遺忘的證據，在他所呈現的事件上，良心的轉折點並非出現於前一章提到的四個星期後，而是在四個月後的次長會議（Staatssekretäre）期間。1942 年 1 月，海德里希召開當時納粹黨所稱的次長會議，也就是現在一般通稱的萬湖會議，因為開會地點是位於柏林郊區萬湖畔的宅邸。從「次長會議」這個名稱可知，該會議召開的原因，是因為如果要在全歐洲實行最終解決方案，顯然需要所有部門的積極配合，並動員全部的政府機關，不僅是默默接受一切的帝國國家機器而已。截至此時，希特勒已掌權九年，這些與會官員早已成為資深黨員——那些在希特勒掌權初期只參與「協調」的人，都神不知鬼不絕地被撤換了。但是與會官員中，大多數人還是沒有完全受到信任，原因是其中只有少數人是因為納粹掌權而平步青雲，如同海德里希和希姆萊一樣，而納粹外交部長里賓特洛甫從前是香檳推銷員，後來完全憑藉納粹崛起而發跡，這類人的影響力則可能並不大。對於政府高官而言，這個問題更加尖銳，次長的職位僅次於部長，每一位都是政府管理的骨幹，難以任意更換，因此除非這些人犯了滔天大錯，希特勒多少得對他們容忍，如同西德總理艾德諾一樣。所以，各部會的次長、法律專家和其他專業人士常常不一定是黨員，難怪海德里希會擔心這次會議無法獲得在場官員的積極協助，以執行最終解決方案。艾希曼說海德里希「預期會遇到重重困難」。其實，他可錯得離譜。

本次會議目的是協調最終解決方案的分工方式。一開始討論重點放在「複雜的法律問題」，比方對於具有一半和四分之一尤太血統的人該如何處置？處死還是絕育？接下來與會者便開誠布公討論「各種可能的解決方案」，也就是各種殺人的方式，而與會者「欣然一致同意」，最終解決方案提出後，在場官員報以「超乎尋常的熱情」，尤其是內政部次長斯圖卡特（Wilhelm Stuckart）。有人說他對納粹黨的「激進」舉措持保守、猶豫態度，根據總理秘書葛羅波克在紐倫堡的證詞，斯圖卡特堅決支持紐倫堡法律。然而會議出現一些瓶頸，波蘭保護國副總督約瑟夫．布勒（Josef Bühler），聽到尤太人將從西歐撤離到東歐，感到十分不快，因為這表示波蘭會有更多的尤太人，他建議延後撤離行動，並「開始在保護國內施行最終解決方案，因為保護國內沒有運輸問題。」外交部人員則在會中詳盡闡述其備忘錄，表達「外交部對於歐洲尤太人問題的整體解決方案的熱切渴盼」，只是沒有多少人注意在聽。很重要的是，就如同艾希曼正確指出的，會議中各部會官員不僅僅只是表達意見，而且還提出具體建議。會議僅持續一小時到一個半小時，之後便開始上飲料，全體與會者共進午餐——是個「很舒適的小型社交聚會」，旨在促進各官員間必要的個人交流。對於艾希曼而言，這個場合非常重要，因為他以前從未與這麼多「權貴」打交道，在場人員中他的官職與社會地位最低。艾希曼負責發出邀請函，並為海德里希的開場演說準備統計資料（其中充滿誇張的錯誤）——將有一千一百萬尤太人會被殺害，規模極為龐大——會後他並負責撰寫議事錄。簡言之，艾希曼是此次會議的秘書，因此各個政要離開後，他被允許與上級穆勒和海德里希一起坐在壁爐邊，他說：「這是我第一次看到海德里希抽煙喝酒，他們沒有『談工作的事，只是在漫長會議後享受片刻休息』。」兩人對會議都非常滿意，尤其海德里希特別亢奮。

此外，還有另一個理由，讓艾希曼對這天感到十分難忘。雖然他一直盡力協助最終解決方案，但內心對「這麼暴力的解決方案」始終抱持疑問，但這些疑慮在會議當天一掃而空，「此時此地，就在這次會議裡，聚集這麼多高層人士，他們就像是帝國的教皇，」現在他親眼所見、親耳所聽，不只是希特勒、不只是海德里希、不只是謎樣的穆勒、不只是親衛隊或納粹黨，而是所有政府機關的精英分子都競相爭取在這個「血腥」任務中擔任先鋒。他說：「在那一刻，我覺得自己像是本丟・彼拉多[註1]，好像所有的罪惡感都消失了。」他說：他有什麼資格判斷？以為自己是誰？居然想對這件事發表想法？好吧，艾希曼不是第一個，也不是最後一個被這種謙虛美德摧毀的人。

艾希曼記得，會議結束後，所議定的任務就此展開，進行得也大致順利，甚至可說成為例行事務，他很快就變成「強迫撤離」的專家，就像他以前被稱為「強迫移民」的專家一樣。各個國家逐一施行撤離，尤太人必須到指定地進行登記、別上黃色徽章以便識別、整隊、並驅逐出境，接著一批批尤太人被運送到各個東歐滅絕營，運送地點取決於各營區的容納人數，尤太人抵達營區後，會先進行挑選工作，年輕力壯的會送去當奴役，通常是負責操作滅絕設備，而剩下的人則立即處決，過程

註 1：本丟・彼拉多（Pontius Pilatus），是羅馬帝國尤太行省的執政官（西元 26 年～ 36 年）。根據新約聖經所述，曾多度審問耶穌，雖不認為耶穌犯了什麼罪，但周遭仇視耶穌的尤太宗教領袖施加龐大壓力，最後尤太人的聲音壓過他良心的判斷，他判處耶穌釘死在十字架上。彼拉多的名字在馬列主義經典著作中已成為偽善和殘酷的代名詞。

中偶爾會遇到阻礙，但都並不棘手。有關各部會的協作，納粹外交部對其佔領國或結盟國施壓，敦促各國將境內的尤太人驅逐出境，或者，應該說，是要避免各國無視營區容納人數，就不照順序將尤太人驅離到東歐，而造成一片混亂（這是艾希曼所記得的狀況，但事實並非如此簡單）。而納粹的法律專家則制定必要的法律規章，以讓尤太人成為無國籍，這點之所以重要的原因有二：首先，這樣一來其他國家便無法過問尤太人的生活情況，其次，這些尤太人居住國家的政府便能沒收其財產。而納粹財政部和德國國家銀行都已準備好，接收來自歐洲各地大量的掠奪戰利品，連手錶和金牙都不放過，所有的財物都在國家銀行中進行分類，然後送至普魯士國家造幣廠。此外，納粹交通部則負責安排運送尤太人所需的列車，通常是貨物運送車，即使鐵路列車嚴重不足時，他們還是能安排得宜，並確保尤太人運輸列車與其他火車的時間表不會相衝突。艾希曼或其下屬會通知尤太長老委員會每批次火車需運載的人數，由該理事會擬出驅逐名單。尤太人到各地進行登記，填寫無數的表單，並回答一頁頁關於持有財產的問卷，以便進行沒收財產程序，最後所有尤太人在集合地點整隊出發，搭上火車前往各集中營。少數人試圖藏匿或逃跑，都遭到特殊的尤太警察部隊圍捕。就艾希曼所見，沒有人抗議，也沒有人拒絕合作。1943 年，柏林一位尤太人評論當時的情況：「日復一日，這群人從這裡出發，朝自己的葬禮前進。」

這個行動很快就會擴展到所有納粹佔領國與結盟國，規模之龐大，運作起來並不容易，僅僅讓執行人員聽命行事並不足以克服重重困難，或者，也難以克服其良心的障礙，畢竟這些人自小便深受聖經誡律訓誨：「不可殺人！」，也知道聖經文句：「你已殺人並加以繼承。」耶路撒冷法庭的判決書中援引這兩句經文，十分恰當。後來，德國在史達林格勒戰役遭逢慘敗，各個城市飽受轟炸，希特勒以此為藉口殺害平民、展開大屠殺。自此德國便陷入艾希曼口中的「死亡漩渦」中，慘烈景象與耶路撒冷法庭內訴說的暴行雖不同，但有過之而無不及，這次戰敗可能有助於削弱德國社會的良心，或者更確切地說，應該是消滅良心，如果當時還有良心可言的話，然而證據顯示，恐怕已經蕩然無存。早在可怕的戰爭襲擊德國前，滅絕機制已經規劃妥當，所有細節也安排就緒，無論在大戰初期德國納粹橫掃千軍之時，或是已預見戰敗的前夕，納粹複雜的官僚系統都以一貫的精確度運作著。納粹掌權初期（當時社會良心可能一息尚存），黨內統治精英階級很少出現反叛情況，尤其高級親衛隊成員中更是鮮少有任何悖黨行為，只有在德國敗局底定時，這些人才開始發出不一樣的聲音，然而，這股反納粹情緒從未強大到足以影響滅絕機器運作的腳步，他們之所以想反抗，不是源於憐憫，而是因為腐敗，不是因為良心未泯，而是想從中牟利或拉關係為自己鋪路，以免在未來的苦日子沒了後路。希姆萊於 1944 年秋天下令，中止滅絕行動並拆除死亡營中的設施，因為他認為同盟國會以行動表達對此敦厚之舉的肯定，這個想法荒謬無比，但希姆萊卻深信不疑，他還告訴半信半疑的艾希曼，如此一來，他可以透過談判，達到《胡貝圖斯堡和約》（Peace of Hubertusburg）註 2 的效果，當時雖然普魯士打敗仗，但在 1763 年簽訂的和約中仍保有西里西亞（Silesia）。

註 2：1756 年，普魯士與奧地利爆發七年戰爭（又稱第三次西里西亞戰爭），戰至 1759 年普軍不敵奧地利與俄國的聯軍，俄奧更約定瓜分普魯士，但 1762 年局勢轉變，俄國與瑞典分別簽訂條約，將佔領土地歸還給普魯士，恢復戰前狀況，奧地利頓失盟友，便於 1763 年與普魯士簽訂《胡貝圖斯堡和約》（Peace of Hubertusburg），主要約定是普魯士保有西里西亞，薩克森尼恢復戰前狀態。

依照艾希曼的說法，讓他不再感到有愧良心的最重要原因，其實很簡單，因為那時他沒看到任何人真正反對最終解決方案，完全沒有。不過艾希曼也曾遇過一個例外，審訊時他多次提到這件事，想必印象相當深刻，當時艾希曼在匈牙利與尤太人代表卡斯特納進行協商，討論希姆萊所提的交易（以一萬輛卡車交換一百萬名尤太人），眼看情勢有所轉圜，卡斯特納便壯著膽子請求艾希曼中止「奧茲維辛死亡工廠的運作」，艾希曼也說他會「非常樂意」照辦，但是，可惜，這超出他的職權之外，甚至也超出他上司的職權之外，事實的確如此。當然，艾希曼並未期望這些尤太代表看到自己民族走向滅亡時，還跟其他人一樣歡欣鼓舞，但他期望這些人不只是順從，而是能進一步協同合作，結果他們的合作程度確實高的驚人，當然這便為艾希曼所做的一切「奠定基礎」，也正是他在維也納任務的基石。如果沒有尤太人協助處理行政工作、沒有尤太警察維持治安——如前所述，最後在柏林圍捕尤太人的就是尤太警察部隊——情況肯定會陷入一片混亂，或是納粹人力可能會出現嚴重短缺（潘道夫在其著作《兇手與謀殺》中提到：「毫無疑問，如果沒有受害者的合作，單憑納粹幾千個人力，是很難完成數十萬、數百萬尤太人的清算工作，而且其中多數人都是負責辦公室事務……波蘭尤太人在走向死亡的路途中，應該看不到幾個德國人。」這些話對於那些被送到波蘭受死的尤太人而言，更是貼切）。因此，德國在佔領地上建立的傀儡政府，必定會設立尤太人的中央委員會，從後文可發現，在納粹無法建立傀儡政府的地方，通常也無法獲得尤太人的合作。此外，如同傀儡政府成員通常來自反對黨一般，各地尤太委員會成員也幾乎清一色都是當地公認的尤太領袖人物，而納粹當局賦予他們極大權力——直到這些人自己也遭到驅逐為止，若來自中歐或西歐，便會被送到特瑞辛尤太區或貝爾根—貝爾森集中營，若是東歐人，則會被送到奧茲維辛集中營。

身為尤太人，這些尤太領袖在自身民族大滅絕中所扮演的角色，顯然是尤太人黑暗史中最黑暗的一章，這雖早已為人所知，然而史學家希爾伯格在其巨著《歐洲尤太人的毀滅》中首度揭露所有相關細節，鉅細靡遺道出其中既可悲又卑劣的事跡，不管是來自中歐和西歐高度同化的尤太社區，或是東歐以意第緒語為母語的尤太族群，這些領袖都齊心全力與納粹合作，無論在阿姆斯特丹或華沙、柏林或布達佩斯，尤太領袖負責提供社區內尤太人的名單與財產清單，並確保受害尤太人都留下足夠款項，以支付驅逐和滅絕的費用，此外，也負責追蹤空置公寓，提供警力協助圍捕尤太人，並把被逮捕的同胞送上火車，這些尤太警察會分發黃色六芒星臂章，華沙等地甚至「有人做起出售臂章的生意，不但有普通的布製臂章，還有亮眼、防水的塑膠臂章。」尤太領袖也負責發布聲明，並非奉納粹之命，但卻是受到納粹啟發而撰寫，從聲明中我們仍然可以感受到這些人多麼享受甫獲得的權力——布達佩斯尤太委員會首度發出的公告中寫著：「中央尤太委員會已獲得授命，對於所有尤太人的精神與物質財產以及人力具有絕對處置權。」我們還知道，這些尤太領袖面對自己成為殺人工具的感受——他們覺得自己像船長，「眼見船就要下沉，及時拋棄船上絕大多數的值錢貨物後，成功讓船靠岸」；像救星，「犧牲一百個受害者，以挽救一千條性命，犧牲一千個受害者，挽救一萬條性命」，實際情況更可怕，例如匈牙利的卡斯特納，為了拯救一千六百八十四人，而犧牲四十七萬六千名受害者。為了不讓生存人選落入「盲目命運」

手中，需要「真正的神聖原則」，以「引導負責擬定名單的那雙顫巍巍的手，寫下陌生的姓名，決定這些人的生死」。依此「神聖原則」誰才能雀屏中選？卡斯特納在報告中說：「畢生為尤太社區奉獻的人」——也就是尤太代表——「還有最位高權重的人物」。

沒有人要求尤太領袖誓言保密，他們自願當「秘密的承載者」，原因可能是要避免驚動其他人，或是如同卡斯特納一樣；不想引起恐慌，或是出於「人性化」的考量，如同柏林的前首席拉比拜克（Leo Baeck）所言：「活在被毒氣殺死的恐懼中，比什麼都慘」。耶路撒冷審判中，一名證人指出這種「人性化」考量的可怕後果——許多人自願被驅逐到特瑞辛尤太區或奧茲維辛集中營，並將試圖告訴他們真相的人斥為「失去理智」。我們都知道納粹時期有哪些尤太領袖，像是羅茲集中營尤太首長倫高斯基（Chaim Rumkowski），他發行的紙幣上註有其簽名，郵票上還有他的肖像，平時駕著一台破舊的馬車四處巡視。還有拜克一類的領袖，他富有學養，溫文儒雅，認為尤太警察會對尤太人「更溫和，更有幫助」，能「減輕痛苦」（事實上，尤太警察對待同胞更殘酷，而且他們不易收買，因為他們自己也深陷危機當中）。最後，還有跟捷尼亞科夫（Adam Czerniakow）一樣選擇自殺的尤太領袖，捷尼亞科夫是華沙的尤太委員會主席，他的身分不是拉比，而是無神論的波蘭工程師，不過他肯定記得拉比語錄中的一句話：「讓他們殺了你，但千萬不可踰矩。」

耶路撒冷法庭的檢方既然竭力不讓西德政府難堪，那顯然應該避免將這章關於尤太領袖的故事公諸於世（但是，以色列教科書中則以極為公開坦率的態度談論這些議題，整合研究可參見馬克．庫格（Mark M. Krug）所撰〈境外以色列和尤太青年——歷史教科書研究〉("*Young Israelis and Jews Abroad - A Study of Selected History Textbooks*", *Comparative Education Review*, 1963/10),但此處不可遺漏這個章節,因為它能填補本案資料中一些令人費解的空白,整體說來,耶路撒冷審判中的呈堂資料堪稱過量,但在某些部分卻付之闕如,例如法官提到資料中未見阿德勒(H.G. Adler)的著作《特瑞辛 1941-1945 年》(*Theresienstadt 1941-1945*, 1955),檢察官頗為困窘地承認此書內容「真實無誤,有憑有據」。這本書被遺漏的原因很明顯,因為書中詳細介紹特瑞辛尤太委員會如何擬定可怕的「運送名單」,先由親衛隊下達一般指令,規定運輸人數、年齡、性別、職業、國籍,再由尤太委員會決定名單。如果檢方被迫於庭上承認這些死亡名單的人選都是由尤太委員會所決定——只有少數例外——如此不免會弱化原告的立場,助理檢察官雅各夫巴若(Ya'akov Baror)從席間回答:「我要提出的是跟被告有關、但不影響整體事實的內容。」如果提出的資料中包含阿德勒的書,確實會大大影響整體事實,因為書中內容跟特瑞辛尤太區主要證人的證詞相矛盾,該證人聲稱名單人選是由艾希曼所決定,此外,更重要的是,檢方一直苦心營造被害人與加害人界限分明的印象,此書會破壞這種非黑即白的整體畫面。取得證據以反駁檢方論述,通常是辯護律師的職責所在,然而塞萬提斯博士雖能發現證詞中些微不一致,卻並未取得這份唾手可得又廣為人知的資料,實在令人費解。他其實可以在法庭中提出一項事實,艾希曼從移民專家搖身一變為「撤離專家」後,立刻任命曾共事過的尤太人擔任特瑞辛尤太區的「尤太長老」,協助進行撤離任務,其中愛普斯頓博士先前負責柏林的移民工作,而尤太拉比摩梅斯坦(Benjamin Murmelstein)則曾負責維也納的移民工作。相較於那些忠誠至上、絕對服從才是美德等等惹人反感的言論，這件事更能清楚展現艾希曼執行任務當時的整體情勢。

前面引述特瑞辛尤太區主要證人——蘇茲貝克（Charlotte Salzberger）的證詞，我們可從中一窺檢方不斷強調的「整體畫面」裡被忽略的那部分。主審法官對這個詞並無好感，好幾次對檢察長說：「我們並沒有在畫畫」，「在法院中的是起訴書，而該起訴書就是本次審判的框架」，法院「在本次審判中自有其見解，以起訴書為根據的見解」，並表示「起訴方必須依照法院程序行事」。告誡得對極了，這才是正確的刑事法律程序，但沒有人認真聽進去，更糟的是，檢方根本拒絕給予證人任何引導——有時法官態度極為強硬，檢方便會問幾個隨意的問題，交差了事——而結果就是，證人好像以為自己是在會議上發言，而檢察長擔任主持人，向觀眾介紹各個證人，接著證人便在會中輪番發表，幾乎毫無時間限制，可以暢所欲言，也很少有人對他們提出特別針對審判的問題。

這種氣氛不像是審判秀，而是群眾大會，一個個講者輪流上台，竭力挑起觀眾情緒，最明顯的是檢察官傳喚許多證人，控訴興建波蘭華沙尤太區、維爾納（Vilna）、科夫諾（Kovno）集中營的事宜——這與被告的罪行完全無關。這些證人如果能說出尤太委員會的所做所為，對審判還能有所貢獻，尤太委員會在當時扮演極重要的角色，釀成無數災禍，還自認為是義勇之舉。當然，有少數證人提及此事，有些證人提到「親衛隊的人和他們的幫手」，他們認為「尤太區警察是納粹殺人魔的工具」，跟「尤太委員會」一樣，但這些人倒是樂得就此打住，不再進一步「詳述」這件事，而將焦點轉移到真正的叛徒身上，為數不多的「無名叛徒，尤太民眾對他們所知甚少」，反納粹地下組織深受其害（這時觀眾席又換了一批人，是來自以色列人民公社的居民〔Kibbuzniks〕，此時發言的證人亦是公社成員。）證人當中發言最清楚明確的是朱克曼女士（Zivia Lubetkin-Zuckerman），她年紀約四十，面容姣好，講述事實有條有理，緊扣主旨，不帶一絲濫情，情緒也十分自制。其實這些人的證詞於法無關——檢察長霍斯納在答辯書中完全沒有提及這些證詞——但該證詞證實當時尤太武裝鬥士與波蘭、俄羅斯的地下反抗組織間有密切聯繫，這不僅與其他證詞相矛盾（「所有人都與我們相敵對」），可能還對辯護律師有利，因為這提供納粹一個大規模屠殺平民的理由，比艾希曼一再重複宣稱的理由「因為魏茲曼[註3]在 1939 年對德國宣戰」要來的有力多了（這是無稽之談。魏茲曼在二戰前最後一次尤太復國主義代表大會中，說的是：「西方民主國家的戰爭，就是我們的戰爭，他們的抗爭就是我們的抗爭。」正如同霍斯納所說，悲慘的是納粹並非把尤太人當成交戰對手，若是如此，尤太人還能在戰俘營或平民集中營中倖存下來）。但若辯護律師指出尤太鬥士與波俄地下反抗組織的關係，檢方便會被迫承認，這些反抗組織的規模其實小的可憐，基本上完全無濟於事——還有，支持反抗組織的尤太人不但極少，甚至，還曾以武力對付這些組織。

這些證詞的陳述過程可說曠日費時，雖然誰都看得出這些內容於法無關，不過以色列政府之所以在法庭上呈現這些內容，其政治意圖也不難猜測。檢察長霍斯納（或以色列總理本古里安）可能是想證明，無論那種抵抗活動，都是由尤太復國主義

註 3：魏茲曼（Chaim Weizmann, 1874-1952）是名尤太科學家，亦是尤太復國主義組織的重要領導人，他四處奔走遊說，促成 1917 年 11 月 2 日的〈巴爾福宣言〉（The Balfour Declaration），英國承諾在巴勒斯坦促進建立一個尤太民族的家園，後來魏茲曼成為以色列第一任總統。

支持者發起，好像只有這些人懂得朱克曼（Itzhak Zuckerman）所謂士可殺不可辱之精神，好像只有他們才瞭解，這種情況下最糟的做法就是「守規矩」，朱克曼女士的證詞清楚展現這個觀點。但是該「政治」意圖實際上卻達到反效果，秉實直言的證人告訴法官，尤太機構和政黨均參與反抗活動，因此真正的差別並非在是否為尤太復國主義者，而在於是否為有組織的群眾，還有，更重要的差別存在於年輕人和中年人間。可以肯定的是，只有少數尤太人抵制納粹，極少數，但如同一位證人所說的，在當時情況下，還有這一小群人挺身而出，已經是「奇蹟」。

除去法律問題不談，這群尤太義士現身於證人席後，頗受觀眾歡迎，原先現場充斥對尤太人與納粹合作的猜忌，而最終解決方案的詭譎氣氛四處瀰漫，直到這些人出現才打破沉悶。其實眾所周知，在滅絕中心實際執行殺人任務的通常是尤太人，起訴方證人已針對此點提供詳實公正的證詞——尤太人在毒氣室和火葬場的工作狀況、他們如何對著同胞屍體拔金牙、剪頭髮、怎麼挖墳、後來又如何重新挖出屍體以消除大規模屠殺的證據，還有尤太技師如何協助建造特瑞辛尤太區的毒氣室，在特瑞辛尤太區，所謂尤太人的「自治」便是指連劊子手都是尤太人。這聽起來很驚悚可怕，但並未牽涉道德問題，因為負責挑選、分類集中營勞工的是親衛隊成員，這些人特別偏好具有罪犯特質的人，所以不管怎麼說，他們挑選出的都是最糟糕的人（尤其在波蘭，納粹屠殺的尤太人中，知識分子所佔比例非常高，同時他們也殺害許多波蘭知識分子與專業人士——順帶一提，這跟他們對西歐國家的政策形成一大對比，納粹往往以傑出尤太人為質，換取當地的德國平民或戰俘，貝爾根—貝爾森集中營原先即為「交換尤太人」所設置。）真正的道德問題在於艾希曼對於尤太人合作的敘述是否屬實，這些人甚至在最終解決方案與納粹合作：「特瑞辛尤太區委員會的組織結構和業務安排，除了主席的任命外，都是由委員會自己決定，主席人選當然是由我們決定，但是，不完全沒有商量餘地，與我們有密切接觸的尤太代表——嗯，我們得對他們溫和一點，我們並沒有命令他們做這做那，原因很簡單，因為用「你必須」、「你一定」等命令口氣指使這些行政人員，其實一點幫助也沒有。如果這些人不喜歡、不認同自己的工作，整個任務都會被拖垮……因此我們盡全力讓他們覺得心甘情願。」毫無疑問，他們確實做得很成功，問題在於到底是怎麼辦到的。

因此，所謂「整體畫面」最大的疏漏，就是對於納粹統治者和尤太當局之間合作關係的佐證，在此引出一個問題：「為什麼你要協助毀滅同胞？而最終毀掉你自己？」證人中唯一曾在尤太委員會擔任要職的是弗羅丁格（Pinchas Freudiger），他來自布達佩斯，原先具有男爵身分，他出庭作證時，觀眾席陷入一陣混亂喧騰，許多人用匈牙利語和意第緒語對他尖叫，讓法官不得不打斷議程，弗羅丁格這位高尚的正統尤太人不禁動搖：「在場有人說沒有人叫他們要逃命，但那些逃命的人裡，有一半都被逮捕槍斃。」——而沒有逃命的人裡，百分之九十九都死了。弗羅丁格說：「他們可以躲到哪？可以逃到哪？」——但他自己卻逃到羅馬尼亞，因為他夠有錢，還有納粹成黨員威斯里舍尼（Dieter Wisliceny）的幫忙，他說：「我們能怎麼辦？我們能怎麼辦？」唯一的回應來自主審庭長：「我不認為這有回答到問題」，這個問題來自於旁聽席，而不是來自法官註4。

註 4：弗羅丁格曾是布達佩斯的尤太人領袖和當地尤太委員會的成員，他出席作證時，聽眾席中有人站起來，用匈牙利語和意第緒語對他叫喊：「你們哄騙我們，叫我們不要逃跑，但你們自己卻幫家人逃命。」

瑞沃法官曾經兩次提及合作的問題，抵抗組織的成員出庭作證時，承認「尤太區警察」是「納粹殺人魔的工具」，並說「尤太委員會有對納粹合作的政策」，而瑞沃法官就此發言進行詢問。哈勒維法官審問艾希曼時，便已發現納粹將尤太人的合作視為納粹尤太政策的基石，但檢察長詢問每個證人（抵抗義士除外）的問題是：「為什麼你不造反？」對本案背景毫不知情的人來說，這個問題實在再自然不過，而這句話也巧妙掩飾了那個沒有被問出口的問題，結果出席證人針對檢察長這個無法回答的問題提出的回應，其實離「真相，所有的真相，除真相之外別無其他」註5 還相差甚遠。的確，整體尤太人並無組織，也沒有領土、國家或軍隊，在最需要援手的時刻，更是缺乏一個能在同盟國會議中擔任尤太人代表的流亡政府（魏茲曼領導的尤太人辦事處〔Jewish Agency for Palestine〕充其量只是個無用的替代品），而且尤太人手中毫無武器，青年人也沒受過軍事訓練，但是，尤太人確實具有社區級或國際層級的尤太社區組織、政黨和社會福利機構，這是鐵一般的事實。各地的尤太人皆有其領袖，而這些領袖幾乎毫無例外都以某種方式、出於某種原因與納粹合作。所有的真相就是，如果當時尤太人沒有組織也沒有領導，情況會變得很混亂，但被害者的數目不至於會達到四百五十萬至六百萬人之譜。（根據弗羅丁格的說法，如果沒有遵從尤太委員會的指示，有一半的人可以活命，當然，這完全是估計值，然而奇特的是，這個數值跟荷蘭戰爭文獻協會的可靠估算數字頗為相符，該機構由德容博士〔Louis de Jong〕主持。二戰期間，荷蘭的尤太委員會跟各國委員會一樣，很快便成為

註　5：法庭中證人的訟前宣誓：「我謹向全能的上帝發誓，我的證詞將是真相，所有的真相，除真相之外別無其他（I swear by almighty God that the evidence I shall give will be the truth, the whole truth, and nothing but the truth.）。」

「納粹的工具」，十萬三千名尤太人被驅逐到死亡集中營，其中約五千人被送至特瑞辛尤太區，同樣的，這些任務都是透過尤太委員會的合作才能完成，最後只有五百一十九名尤太人活著走出死亡集中營。而選擇逃亡、四處躲藏的兩萬至兩萬五千名尤太人當中，最後有一萬人躲過納粹——還有尤太委員會——的魔爪，存活比例大約是四成到五成，形成強烈對比。而被送往特瑞辛的尤太人大部分都安然返回荷蘭。）

耶路撒冷大審判並未將這部分的真實面公諸於世，而我不斷思考大屠殺中的這段故事，因為從中可以清楚發現，納粹德國在高尚的歐洲社會引發一場集體道德淪喪——淪喪的不僅是德國，而幾乎是所有的國家，不僅是加害者，而且還有受害者。與納粹運動中的其他元素相比，艾希曼一直對「上等社會」十分敬畏，他對講德語的尤太代表十分有禮貌，很重要的原因在於他覺得這些人的社會地位高於自己。艾希曼完全不是像一位證人口中形容的「傭兵」，那種想逃亡到不受十誡拘束、可以自由自在的地方，艾希曼始終滿心相信人一定要成功，他認為這才符合「上等社會」的標準，從他對希特勒最後的評論中可見一斑（他和其同袍薩森都同意將希特勒從訪談內容中「剔除」），艾希曼說：「希特勒的所做所為可能都是錯誤的，但有一點卻不容置疑：他確實從下士一路爬升到元首之位，引領近八千萬人……他的成功證明，我應該要追隨這個人。」當艾希曼發現每個「上等社會」的人對於滅絕計畫都極為熱切，想法跟自己不謀而合，此時他的良心就完全噤聲了，他根本不需要如同判決書中所說：「掩住耳朵阻擋良心的聲音。」並非因為他沒有良心，而是他的良心是以「可敬的聲音」說話，也就是來自周圍上等社會的聲音。

艾希曼在法庭中辯駁，當時沒有任何外在的聲音能喚醒他的良知，而控訴方的任務就是證明這並非事實，證明其實曾有這樣的聲音，還有，證明艾希曼執行任務的熱情遠超出奉命行事。後來證實的確如此，然而有些奇怪的是，那些嘗試克制他的語言曖昧含糊，其實與他對屠殺的熱衷不無關連。這裡需要提到德國那群自稱為「內在移民」的人，包含許多在大德意志帝國擔任高官的人，他們在戰後對自己和全世界宣稱，其實他們一直「暗自反對」納粹政權，問題並不在於這些說法是否屬實，而是在希特勒政權那個充滿神秘氣氛的時代中，沒有任何秘密比這種「暗自反對」的態度更保密到家。在納粹恐怖統治下，保密一定要做到滴水不露，一位知名的「內部移民」告訴我，為了要守住這個秘密，他們必須於「外在」展現對納粹的支持，甚至比一般的納粹更納粹，他當然覺得自己這番話是真心誠意（順帶一提，這一點也許可以解釋為何公開反對滅絕計畫的人多半並非陸軍指揮官，而是資深黨員）。因此，如同德國政治學家奧托．基希海默（Otto Kirchheimer）最近在其著作《政治正義》（*Political Justice*, 1961）所說，在大德意志帝國中，如果不想表現得跟納粹一樣又想保命的話，唯一的辦法就是隱身於後，「大幅減少出席公共場合的機會」便成為衡量個人罪惡感的唯一標準。「內在移民」一詞唯一合理的定義，是如同加赫瑞希教授（Hermann Jahrreiss）在紐倫堡審判前發表的〈致全體辯護律師之聲明〉中所稱：「被自家人所排斥，體現萬人皆醉我獨醒的精神。」確實，有些德國人在希特勒掌權的十二年中都活在「寒冷的外圍」，但人數實在太少，甚至就反抗組織人數來說，也是微不足道。近年來，這個「內在移民」的口號（這個詞極為模棱兩可，既可以指某人的靈魂向內心移入，也可以指某人在內心把自己當成移民）已經淪為笑話，特別行動隊成員布萊費罪大惡極，曾殺了一萬五千名尤太人，但在德國法院中表示他一直「暗自反對」自己的所做所為，也許他需要一萬五千條人命，替自己向「真正的納粹」提供不在場證明（在波蘭的法院中，納粹時期的前波蘭瓦爾特高省省長格里斯〔Gauleiter Arthur Greiser〕進一步闡述此論點，但成效遠遜於布萊費，格里斯表示：犯罪的是他的「官方靈魂」，而他的「個人靈魂」則一直都反對這些做為，格里斯因其罪行於 1946 年被處以絞刑。）

雖然艾希曼可能從未遇過這些「內在移民」，他一定認識許多現在堅稱堅守崗位都是為了要「減輕痛苦」、防止「真正的納粹」搶佔其職位的政府官員。前面提過有名的葛羅波克，他於 1953 年至 1963 年間，在西德總理府擔任人事局局長，因為他是在審訊過程中唯一被提及的此類政府官員，在此也許值得一探葛羅波克為緩解而做出的努力。希特勒崛起前，葛羅波克在普魯士內政部擔任要職，並展現對尤太問題的興趣，首條要求「雅利安人血統證明」的法令便是由他所制定，規定申請改名的人必須提出該證明，這項法令於 1932 年 12 月公告——當時希特勒還不確定能掌握大權，但可能性非常高——奇特的是，該法令似乎預示未來的「最高機密法令」，這是典型的極權統治法律手段，刻意隱瞞公眾，等希特勒掌權許久後，才發布這個「最高機密法令」，還對收受者說：「這些指令禁止對外公布。」如前所述，葛羅波克博士對姓名一直很有興趣，他於 1935 年編製針對《紐倫堡種族法案》的官方法律評論，因為他在評論中的批判態度，比先前由內政部尤太事務專家盧森納（Bernhard Lösener，納粹老黨員）做出的尤太人褻瀆言論要嚴厲許多，因此我們可以說葛羅波克所做所為的後果比「真正的納粹」更糟。

就算我們相信他意圖良善，也很難看當時情況會因此有任何轉機。近日，德國某報社公布費心蒐集的資料，終於解開這個令人費解的難題，他們發現一份由葛羅波克博士簽署的法令文件，文中規定與德國士兵結婚的捷克籍女性，必須提供其泳裝照才能領取結婚證，葛羅波克博士解釋：「這個秘密法令讓一個持續三年的醜事有所改善。」該法令公布前，前述捷克女性必須提供全裸照片。

葛羅波克博士在紐倫堡審判中解釋，自己很幸運，因為他的上司也是抱持盡量「減輕痛苦」的態度，即內政部次長斯圖卡特，萬湖會議中熱情急切的成員之一。他的做法是把重點放在具有一半尤太人血統的人身上，並提議要讓這些人絕育（紐倫堡審判的法官持有萬湖會議的紀錄，可能不會相信斯圖卡特對滅絕計畫一無所知，但決定判刑長短時，還是將葛羅波克身體虛弱的因素列入考量，而另一個推動去納粹化[註6]的特別法庭，雖然必定起碼知道斯圖卡特是納粹黨「資深護衛」，而且很早便以榮譽成員身分加入親衛隊，但僅判他罰款五百美元，並宣布斯圖卡特是「名義上的納粹黨員」——也就是隨從〔Mitläufer〕）。所以很顯然，我們可以把希特勒政府官員所謂「減輕痛苦」的說法，當成戰後的童話，而可能喚醒艾希曼良心的，就是這些聲音。

但在耶路撒冷法庭上，新教牧師格魯伯（Heinrich Grüber）出庭時，這些良心之聲便成為一個嚴肅問題，他是此次審判中唯一的德國籍原告證人（順帶一提，他也是在場除了美國人法官瑪斯曼諾〔Michael Musmanno〕以外唯一的非尤太人）（德國籍辯方證人從一開始便被排除在外，因為依據審判艾希曼的法律，

註 6：二戰期間，同盟國思考如何徹底解決德國人的好戰因子，1945 年波茨坦會議後，決定在戰後實施 4D 政策：去納粹化（Denazification）、去中央集權化（Decentralization）、去軍事化（Demilitarization）和民主化（Democratization），其中執行得最徹底的就是「去納粹化」。

他們在以色列會被逮捕和起訴）。格魯伯隸屬一個原則上反希特勒的團體，該團體人數稀少，完全不具政治影響力，他們反對的原因並非出於民族主義考量，而他們對尤太人問題的立場非常堅定。格魯伯承諾自己會當一位稱職的證人，因為在納粹時期他曾與艾希曼進行多次協商，光是格魯伯的現身便在法庭引起一陣轟動。不幸的是，他提供的證詞頗為模糊，過了這麼多年，他不記得與艾希曼商談的時間，更重要的是，連內容都忘了。格魯伯還能清楚回想起來的是，他曾經要求運送無酵餅到匈牙利，為逾越節[註7]做準備，還有他曾在戰時前往瑞士，通知他的基督教朋友匈牙利的情況有多麼危急，敦促對方協助提供更多的移民機會（格魯伯與艾希曼協商的時間點必定是在最終解決方案實施之前，當時希姆萊頒布禁止移民的法令，推測協商的時間很可能是在德國入侵蘇俄之前），後來他如願獲得無酵餅，也從瑞士安然返回。一直到開始執行驅逐行動後，他才開始遇到麻煩，格魯伯跟所屬的新教團體首先是「代表於一次大戰中傷者、獲頒高級軍功勳章者、以及親屬死於一次大戰的老年人與寡婦」進行干預行動，原先是納粹規定這些類別的人都應獲得豁免，而當時納粹當局告知格魯伯其行為「違反政府政策」，但這尚未帶來嚴重後果。不久後，格魯伯做出一項非凡之舉：他想辦法搭上運送德國尤太人的車輛，一起到達法國南部的葛斯集中營（Gurs），也就是納粹傀儡政權維希法國[註8]（Vichy

---

註 7：逾越節，正月 14 日，又稱無酵節、除酵節、巴斯卦節，是尤太教的三大節期之一，逾越節那天黃昏時，要宰殺逾越節的羊羔，用火烤了、與無酵餅和苦菜同吃。無酵餅造法簡單，只用麵粉和水而成，且很快烤好。逾越節筵席含義豐富：羊羔的血代表罪得潔淨、苦菜代表在埃及為奴的苦況、無酵餅代表純潔。

註 8：維希法國（Vichy France, 1940/7-1944/9），正式名稱為 French State，是第二次世界大戰法國被納粹德國擊敗後的法蘭西政權。法德停戰協定（1940 年 6 月）把法國分成兩個地區，一個地區由德國軍事占領，另一個地區由法國人擁有完全的主權（包括法國東南部 2/5 領土）。維希政府與德國密切合作，尤其在 1942 年德國占領法國全境後，逐漸成為德國政策的工具。巴黎解放後維希政權也被廢除。

France）所在地，共計有七千五百名來自德國巴登（Baden）和薩爾普法爾茨（Saarpfalz）的尤太人，艾希曼於1940年秋天偷偷將這些人運渡過德法邊境。根據格魯伯的說法，比起驅逐至波蘭的尤太人，這群人的處境更糟糕。後來格魯伯因此被逮捕並送至集中營——先是在薩克森豪森（Sachsenhausen），接著送至達豪集中營（柏林聖黑德維希大教堂的天主教牧師李斯頓伯〔Bernard Lichtenberg〕也遭遇同樣的命運，他大膽公開為所有的尤太人祈禱，無論這些人是否接受過洗禮皆一視同仁，這個做法比針對「特殊個案」進行干預要危險的多，此外他還要求跟尤太人一起搭運輸車到東歐，最後在途中死亡。）

格魯伯除了證明「另一個德國」的存在，他對於這場審判的法律或歷史意義並沒有做出太大的貢獻，他形容艾希曼是「冰塊」、「石頭」、「傭兵」、「騎自行車的人（bicycle-rider，在德語的用法中，暗指討好上級卻對下級頤指氣使的人）」，這些評語顯示他對心理學並不在行，其中「騎自行車的人」這個評價跟其他證據相矛盾，有證據顯示艾希曼其實相當體恤下屬。無論如何，格魯伯所做的詮釋和結論，通常應只收錄於法庭紀錄中——但在耶路撒冷審判中，這些話最後居然出現在判決書裡。除去這些詮釋和結論不談，格魯伯的證詞可能對被告有利，因為兩人協商時艾希曼從未直接給予格魯伯答覆，每次都說他要請示上級後再做答覆。更重要的是，辯護律師塞萬提斯有次主動詢問證人一個非常切要的問題：「你是否曾試圖影響他？你身為牧師，是否試著喚醒他的良心？對他傳福音，並告訴他這些行為有違道德？」當然，勇氣十足的格魯伯並未這麼做，他的回答讓人十分困窘：「行動勝於空談」、「言語並無法發揮作用」，格魯伯口中的老生常談跟現實情況完全無關，在當時，「言語」

才是真正的行動，而勇敢說出這些「無用的話」，也許便是牧師的職責。

而艾希曼所說的話，甚至比辯護律師的問話更重要，他一再表示：「當時沒有任何人責備我的行為，我為履行職責所作的一切，沒有人告訴我有何不對，甚至格魯伯牧師也沒說他曾勸告我。」艾希曼接著說：「格魯伯來找我，是希望能『減少受苦』，但並未對我的所做所為表示反對。」從格魯伯的證詞中可發現，與其說他希望能「減少受苦」，不如說他希望能依照前述由納粹認可的類別受到豁免。德國尤太人從一開始便無異議接受這項特權類別規定，享有特權的人包含德國尤太人（相對於波蘭尤太人）、退伍軍人與受功勳的尤太人（相對於普通尤太人）、祖先出生於德國的家族（相對於最近才入籍的德國公民）等，接受這些規定，也就是高尚尤太人社會中道德崩潰的開端（現在大家對這類事情的態度，似乎只要大難當前，便可以棄尊嚴於不顧，幾乎可算是一條人類自然生存法則，此時不妨回顧一下法國尤太人中的一戰退伍軍人，面對法國政府提供的特權，他們回答：「我們在此鄭重聲明放棄任何源於退伍軍人身分的特權。」（《美國尤太年鑑》，1945 年）。不用說也知道，納粹從來沒有認真看到這些區別，對他們而言，尤太人就是尤太人，但後來這些特權類別的存在稍加緩和德國人的不安，因為只有波蘭尤太人、逃兵的人等被驅逐出境，那些不想睜隻眼閉隻眼的人，一定從剛開始便清楚知道：「容許一些例外，目的只是為了要讓整體秩序更容易維護」（語出德容博士所撰〈納粹佔領的荷蘭下的尤太人和非尤太人〉〔*Jews and Non-Jews in Nazi-Occupied Holland*〕）。

接受特權這件事背後最可怕的道德災難在於，所有要求獲得「例外」待遇的尤太人，其實等於默許這個規定，但這些爭先恐後想讓自己成為「特殊個案」、獲得特權待遇的「優秀人民」，無論是尤太人或非尤太人，大概並不明白這一點。從所謂的《卡斯特納報告》（*Der Kastner-Bericht über Eichmanns Menschenhandel in Ungarn*，以德文寫成，1961年出版）中可以發現，就算是身為受害者的尤太人，對於最終解決方案標準的接受程度還是非常驚人。卡斯特納還是對自己拯救「傑出尤太人」（於1942年由納粹正式公布特權類別）的義舉感到十分自豪——即使在第二次大戰結束後仍然如此，他似乎認為傑出尤太人比平庸的同胞更有權利活下來，他說要肩負如此「重責大任」（也就是幫助納粹從龐大的人群中挑選出「享有盛名」的尤太人），「需要的勇氣比面對死亡更多。」然而，就算這些爭取特殊待遇的尤太人和非尤太人不知道自己其實已經成為非自願的共謀，他們對此項規定的默認（沒有特權就必定難逃一死），一定讓負責殺人的納粹視為認同，納粹官員受理來自各方的例外待遇要求，偶爾批准幾個人享有特權，而且申請人還會大為感激，想必這些官員認為他們已經藉此說服尤太人這些行為完全合法。

此外，格魯伯和耶路撒冷法庭都誤以為一開始是由納粹政權的敵人提出豁免的要求，正好相反，如同海德里希在萬湖會議中明確指出的，成立特瑞辛尤太區以收容享有特權的尤太人，這個提議是由各方人馬所提出，特瑞辛尤太區後來成為對外展示的集中營，專供外賓參觀以矇騙外界，但這並非其最初成立的原因。這個「人間天堂」就像艾希曼所說，「跟其他集中營大為不同，差別有如黑夜與白晝」，特瑞辛尤太區必須定期進行可怕的減員工作，因為空間不足以容納所有具有特權的尤太人，國家保安本部的部長卡爾滕布倫納發布的指令中提到：「具有特殊關係或與外界權貴交好的尤太人享有特殊待遇，不會受到驅逐。」換句話說，就是因為那些傑出的東歐尤太人若消失可能會引起鄰國質疑，所以沒那麼「傑出」的尤太人便不斷遭到犧牲。所謂「外界權貴」並不一定生活在德國境外，根據希姆萊的說法，「八千萬優秀的德國人都有些像樣的尤太人朋友，很明顯，其他尤太人都是豬，而這些特殊族群則是一流的尤太人」（希爾伯格）。據說希特勒本人曾結識三百四十位「一流的尤太人」，而這些人若非完全同化為德國人，便是已獲得半尤太人的特權。具有一半尤太人血統的人中，有成千上萬人都已獲得豁免，這或許可以解釋在海德里希為何能當上親衛隊領袖，而艾哈德·米爾希（Erhard Milch）為何能在空軍元帥戈林麾下擔任要職，因眾所皆知，他們兩人都具有一半的尤太人血統（二次大戰的主要戰犯中，只有兩人面臨死亡時做出懺悔，一位是海德里希，他遭捷克愛國志士所傷，拖了整整九天才死亡，另一位是波蘭總督弗蘭克，被關在紐倫堡死囚房中，臨終前開始懺悔。但我們很難不去懷疑海德里希並非為了謀殺尤太人做出懺悔，而是為了背叛自己人而感到懊悔）。如果由「傑出」人士代表「傑出」尤太人出面干預，往往能成功達到目的。赫定（Sven Hedin）是希特勒最狂熱的崇拜者之一，他替波恩一位著名的地理學家菲力森教授（Philippsohn）出面說話，菲力森「在特瑞辛的生活條件非常差」，赫定便寫信給希特勒，威脅說「他對德國的態度將取決於菲力森教授的命運」，結果菲力森先生立刻被換到條件較好的房間（參見阿德勒關於特瑞辛尤太區的著作）。

時至今日，「傑出」尤太人的想法在德國還是存在，大家已鮮少提到退伍軍人等其他特權類別，但講到「享有盛名」的尤太人遭逢悲慘命運，大家還是十分痛惜，完全忽略其他默默無名的尤太人，有不少人（尤其是文化精英）仍然會公開感嘆德國將愛因斯坦逐出國門，他們完全沒有意識到，其實在街角殺死小漢斯・科恩（Hans Cohn）是更嚴重的罪行，即使這個孩子不是天才。

第八章

守法公民的職責

由前文可知，艾希曼常有機會覺得自己像是本丟．彼拉多一般，罪惡感消失得無影無蹤，而且隨著歲月的流逝，他不再覺得自己需要有任何感受，反正現況便是如此，一切都根據元首命令執行的新規定行事。無論做什麼，他都認為自己是在履行職務，盡力當一個守法的公民。他一再告訴負責審訊的警察以及法官：他不但遵從命令，也恪守法律規定，此處艾希曼暗指兩者具有顯著差別，但無論辯護律師或法官都未曾要求他就此做進一步解釋。紐倫堡審判中頻繁反覆出現「上級命令」與「國家行為」等陳腐的說詞，原因就在於，被告可藉此創造一種錯覺，即該審判既是史無前例，便無法依據過往的先例和標準做出判決。而艾希曼的性情如此節制，絕不可能在法庭中做出這種挑戰並提出個人見解，就是因為他除了善盡守法公民的職責，也服從命令——艾希曼一向極為謹慎，完全遵照命令行事，所有做為皆受命令「掩護」——因此最後才陷入一片混亂，反覆強調盲從（或他所稱的「有如屍體般」絕對服從）的善與惡。

艾希曼的做為不僅只是像士兵執行明顯具有犯罪性質的命令，其中有更複雜而混亂的元素，在接受警方審訊時，他第一次展現這個混亂的概念，審訊時他突然鄭重強調，自己這一輩子都是根據康德的道德戒律過活，尤其是康德關於責任義務的定義。從表面上看來，這種說法極其荒謬，也難以理解，因為康德的道德哲學學說與個人判斷緊密結合，與盲從完全背道而馳。審訊的警官並未就此進一步詢問，但耶路撒冷的瑞沃法官（Yitzhak Raveh）則決定就此詢問被告，原因也許是好奇，或是出於憤慨，惱怒艾希曼竟然將康德與其罪行扯在一起。但出乎大家意料之外的是，艾希曼闡述定然律令（categorical imperative）註1定義時，其實大致正確：「我提到康德，想說的是我的意志必須能永遠作為一種普遍定律」（但盜竊或謀殺的情況則非如此，因為小偷或兇手無法期待一個允許搶劫謀殺的法律制度）。經進一步詢問，艾希曼表示曾讀過康德的《純粹理性批判》（*Critique of Practical Reason*），接著繼續解釋，自從他因執行最終解決方案而遭起訴開始，他便不再根據就其所知的康德原則生活，還安慰自己不再是「行為的主人」，而且「無法改變任何事」。艾希曼沒有告訴法官，在他口中那段「國家將犯罪行為合法化」的期間，他並未直接屏棄康德的哲學，而是將其扭曲解讀為：行為原則只要與立法機構或國內法律的原則相符即可——或者，以漢斯．弗蘭克的例子來說，則是「依據大德意志帝國的定然律令」，也就是如同艾希曼也許已經知道的：「如果元首知道你的所做所為，會予以贊成，便是正確的行為」（*Die Technik des Staates*, 1942, pp. 15-16）。可以肯定的是，康德從來沒有說過這種話，恰好相反，他認為採取行動的當下，每個人都是自己的立法者：運用自己的「純粹理性」，人可以為自己建立行為準則，而這些準則可以也應當成為法律原則。艾希曼在無意識

註 1：定然律令（categorical imperative）是康德在 1785 年提出的哲學概念。他認為，道德完全先天地存在於人的理性之中。只有因基於道德的義務感而做出的行為，方存在道德價值。因心地善良而做出的義舉，或是因義務而做出的德行，都不能算作真正有德的行為。道德應當，而且只應當從規律概念中引申演繹而來。儘管自然界中的一切事物都遵循某種規律，但只有理性生物（人）才具有按照規律的理念而行動的能力（自由意志）。

中扭曲康德學說，而扭曲後的版本確實與他稱為「家家戶戶的小人物」的康德學說版本相符，在此版本中，唯一殘存的康德學說精神就是：人應該超越守法層次，不僅是服從，而必須找出個人意志以及律法背後的原理，也就是律法的源頭。康德認為這個源頭就是人的純粹理性，而在艾希曼的版本中則是指元首的意志。最終的解決方案中執行的徹底程度極為可怕，而任務也困難重重——這種徹底的精神是典型的德國特質，或說是完美官僚的特徵——能達到這種程度，原因大概跟「超越服從層次」有關，這種概念在德國確實很常見，德國人認為所謂守法不只是服從法律，而是把自己當成該法的制定者一般，因此才會建立超越職責要求的信念。

無論康德在這種德國「小人物」心態的塑造中扮演什麼角色，毫無疑問的是，就某方面來說，艾希曼確實嚴遵康德的道德規則：「法律就是法律，法律不容許有例外。」在耶路撒冷的法庭上，他只承認出現兩次例外，當時「八千萬名德國人都有些像樣的尤太人朋友」：他曾幫助一位具有一半尤太血統的堂親，還有他叔叔在維也納請他營救一對尤太夫婦，艾希曼也確實照辦了。這個違背原則的舉動仍然讓他感到不安，接受交叉詰問被詢問到此事時，他毫無保留地展現滿腔的歉意：對上級「承認自己犯錯」。在法官眼裡，艾希曼對於其殺戮職責展現堅定不移的態度，這一點應該受到最嚴厲的譴責，我們可以理解法官的想法，但在艾希曼的眼中，恰恰是這種態度讓他的行為變得正當化，因為這種態度讓他能昧著僅存的良心行事。毫無例外——這證明他一直都違背其「性格意念」來行事，無論出於個人情緒或利益的意念——艾希曼確實「盡忠職守」。

然而到最後，盡責卻讓他與上級的命令出現公開衝突。在二戰的最後一年，也就是萬湖會議後經過兩年多的時間，他遭遇最後一次良心危機。當時德國已註定要戰敗，他發現越來越多同僚開始大力爭取破例的機會，以中止最終解決方案的任務。此刻他一改往常的小心翼翼，再度主動採取行動——例如，盟軍轟炸德國交通系統後，他組成一個尤太人步行隊，從布達佩斯出發走到奧地利邊境。時值 1944 年秋天，艾希曼知道希姆萊下令拆除奧茲維辛的滅絕措施，已經沒戲唱了。大約在此時，希姆萊再度找艾希曼面談，據稱討論過程中希姆萊曾衝著他大罵：「如果今天以前你都在忙著清算尤太人，那從現在起你就要好好照顧他們，當他們的保姆，因為這是我的命令。我要提醒你，是我——不是穆勒中將更不是你——在 1933 年創立國家保安本部，在這裡我說了算！」唯一的見證人是頗為可疑的親衛隊上校貝赫（Kurt Becher），艾希曼否認希姆萊對自己吼叫，但他並未否認確實有那次面談。當然這肯定不是希姆萊的原話，因為他一定知道國家保安本部成立時間是 1939 年，而非 1933 年，而且創始人也不只他自己，還有海德里希。不過，當時一定有類似的命令，因為接下來希姆萊便四處下令要善待尤太人——他把尤太人視為「最棒的投資」——而這個急轉彎想必讓艾希曼倍感崩潰。

前面提到艾希曼最後一次的良心危機，就發生於 1944 年 3 月，當時他奉命前往匈牙利，同一時間，蘇俄紅軍正越過喀爾巴阡山脈，也朝匈牙利邊境挺進。匈牙利於 1941 年參戰，加入希特勒陣營，原因是想獲得鄰國斯洛伐克、羅馬尼亞、南斯拉夫的領土，而其實在此之前，匈牙利政府便一直公開反尤太人，加入希特勒陣營後，便開始驅逐新佔領土內所有無國籍的尤太人（幾乎在所有國家的反尤行動中，無國籍人士都首當其衝），這離最終解決方案當然還很遠，事實上，匈牙利這個做法還有違納粹精心策劃的準備工作，因為他們計畫讓最終解決方案在歐洲「由西方橫掃到東方」，因此匈牙利的優先順序其實頗低。匈牙利警察將無國籍的尤太人驅趕到鄰近的蘇俄地區，而當地的德國佔領辦事處則對此表示抗議，後來匈牙利警方便選出一些身強力壯的尤太人帶回去，其他尤太人，則在德國警察部隊的指導下，由匈牙利軍隊槍斃處決。但是匈牙利的法西斯統治者霍爾蒂上將（Miklos Horthy）希望到此為止——可能是受到墨索里尼和義大利法西斯主義的約束——而且在這幾年內，匈牙利跟義大利一樣，成為尤太人的避風港，甚至有時波蘭和斯洛伐克的尤太難民還能逃脫，吞併鄰國領土後，難民逐漸移入，因此匈牙利的尤太人的數量在戰前僅有五十萬人，到 1944 年則增加至八十萬人，而艾希曼便是在那一年遷至匈牙利。

現在我們知道，新移入的三十萬尤太人之所以安然無恙，原因是德國人不願意為了有限的人數額外採取行動，並非匈牙利積極為他們提供庇護。1942 年，在德國外交部的施壓下（德國外交部一直不厭其煩地提醒盟國，其誠信的試金石並不是贏得戰爭，而是協助「解決尤太人問題」），匈牙利交出所有的尤太難民。外交部樂見其成，認為這是正確的一步，但艾希曼反對：反對原因出於技術層面，他認為「最好將此行動延後，直到匈牙利政府做好接收匈牙利尤太人的準備」，如果只為了一個類別「全面啟動撤離機制」，代價未免太高，因此「匈牙利的尤太人問題解決方案不會有任何進展」。而此時到了 1944 年，匈牙利已經「準備好了」，因為 3 月 19 日兩個德國部隊已經佔領匈牙利註 2，新的納粹德國駐匈牙利的帝國部長也隨之前來，即親

註 2：隨戰局失利，匈牙利統治者霍爾蒂上將暗中與同盟國談判。得知此事的德國發動馬格雷特 I 號作戰（Operation Margarethe I）軟禁霍爾蒂，取得匈牙利統治權。

衛隊上校埃德蒙博士（Edmund Veesenmayer），他是希姆萊在外交部的代理人，另一位官員是溫克爾曼（Otto Winkelmann），他隸屬高級親衛隊和警察領袖，因此直接聽命於希姆萊。第三位到達匈牙利的親衛隊官員就是撤離與驅逐的專家艾希曼，聽命於國家保安本部的穆勒和卡爾滕布倫納。希特勒很清楚這三人出現的原因，在佔領匈牙利前他與霍爾蒂進行一次著名的會談，希特勒說：「匈牙利還沒採取必要的步驟以解決尤太人問題」，並指控霍爾蒂「並未准許尤太人受滅絕」（希爾伯格前引書）。

艾希曼的任務十分明確，他的辦公室移轉到布達佩斯（這在他的職涯中是「走下坡」），以便監督所有的「必要步驟」。他並無法預見未來的狀況，最擔心的就是因為缺乏人力，自己又不熟悉當地情況，如果匈牙利人有所反抗，他會無法應付。事實證明這些擔心完全是多餘的，匈牙利憲兵極為渴望採取這些必要措施，而新上任的內政部（尤太）政治事務國務秘書恩德雷，則對「尤太人事務十分嫻熟」，並且跟艾希曼成為親密的朋友，艾希曼常與他共同度過許多閒暇時光。每當回憶起這個時期，艾希曼便會一直重複說：「就像作夢一樣。」每件事都極為順利。當然有時難免遇到困難，艾希曼的命令不盡然能讓他的新朋友如願，比方說，可能是因為東方有蘇俄紅軍的緣故，他下達的命令中規定，解決方案在匈牙利境內是「由東方橫掃到西方」，這表示頭幾週或頭幾個月中，不會輪到中部的布達佩斯尤太人進行撤離——這對匈牙利人來說真是莫大的打擊，因為他們非常希望首都能夠首先達到「尤太人淨空」。（艾希曼的「夢想」對尤太人而言是可怕的夢魘：能在這麼短的時間內，驅逐和滅絕這麼多人，真是前所未見。短短兩個月中，一百四十七列火車載著四十三萬四千三百五十一名尤太人離開匈牙利，一節密封貨車廂就塞了一百人，人數多到奧茲維辛集中營的毒氣室幾乎難以負荷的程度。）

他們遇到的困難，是來自另一端的納粹當局，因為不只一個人下達尤太人問題「解決方案」的命令，而是三個人，這三人隸屬不同單位與指揮系統，從技術面來說，溫克爾曼是艾希曼的上級，但高級親衛隊和警察領袖並不受艾希曼所屬的國家保安本部指揮，而埃德蒙博士則隸屬於外交部，獨立於這兩個單位之外，且不管怎麼說，艾希曼拒絕聽命於這些人，甚至憎恨他們的存在。但最大的麻煩來自第四個人，即親衛隊的貝赫中校（後來升至上校），希姆萊委任他在匈牙利執行「特殊任務」，因為匈牙利境內不僅尤太人為數眾多，而且都具有重要經濟地位，是歐洲唯一僅見的例子（匈牙利共計有十一萬間商店和工廠，據稱其中四萬間由尤太人所擁有）。

貝赫是艾希曼的老冤家，他現在居住在德國不萊梅，經營生意頗為成功，奇怪的是，這場審判中他被傳喚為辯方證人。很明顯，貝赫無法前來耶路撒冷，因此在家鄉德國的法院中受訊，但由於他已提前知道宣誓後訊問中的問題，所以證詞遭到撤銷。很可惜法官無法讓貝赫和艾希曼當庭對質，如果能這樣做，即使就法律層面來說，還是具有相當的重要性，能揭露「整體畫面」的另一部分。根據貝赫的說法，他之所以加入親衛隊的原因是：「從 1932 年至今，他一直積極參與騎馬活動。」三十年前，騎馬是歐洲上層社會專屬的休閒活動，1934 年，貝赫的教練說服他進入親衛隊騎兵團，當時，如果想參與「納粹運動」又同時要顧及社會地位，便是加入這個騎兵團（騎馬這件事未見於貝赫證詞中，可能的原因是：紐倫堡法庭並未將「親衛隊騎兵團」〔Reiter SS Corp〕列入戰爭的犯罪組織名單）。二戰時，貝赫以武裝親衛隊成員（而非國防軍）的身分在前線服役，擔任國防軍指揮官的聯絡官。不久之後他便離開前線，到親衛隊人事部門擔任採購馬匹的主要負責人，這個職位讓他幾乎獲得所有的軍勳獎章。

貝赫聲稱，當時他被派遣至匈牙利，目的是要為親衛隊採購兩萬匹馬，這個說法不可能屬實，因為他抵達匈牙利後，立即與數名重要的尤太商務人士展開多次極為成功的談判。貝赫跟希姆萊交情匪淺，可以隨時晉見希姆萊。而貝赫的「特殊任務」非常明顯，目的就是要背著匈牙利政府獲得尤太企業的掌控權，並讓合作的業主有權自由離境，同時給予大量外幣以作為利益交換。貝赫最重要的交易對象是曼弗雷德．魏斯（Manfred Weiss）鋼鐵聯合企業，該集團規模龐大，僱用三十萬名工人，生產眾多商品，從飛機、卡車、自行車，到罐頭食品、別針、縫針等一應俱全。談判結果就是，魏斯先生家族中四十五位成員得以移民葡萄牙，而其企業改由貝赫所擁有。艾希曼聽到這件荒謬之事時大發雷霆，因為這影響他與匈牙利的友好關係，匈牙利人理所當然認為他們能接管在自己土地上被沒收的尤太人財產。艾希曼的憤怒頗有其道理，因為這些交易違反正規的納粹政策，而這些政策的規定其實相當慷慨，對於接受納粹協助以解決尤太人問題的國家，德國並不會要求他們繳納尤太人財產，只收取驅逐和滅絕的成本費用，費用因國而異，且差異頗大——每處理一名尤太人，斯洛伐克需支付三百至五百美元、克羅埃西亞只需要付三十美元、法國則是七百美元、而比利時為二百五十美元（其中似乎只有克羅埃西亞確實支付該費用）。時值戰爭尾聲，德國要求匈牙利以物償付費用——將食物運送到德國，數量則以驅逐的尤太人所需為準。

魏斯家族事件僅是個開端，從艾希曼的觀點來說，情況變得越來越糟。貝赫是個天生的商人，當艾希曼只看到龐大的組織和管理工作時，他眼中看到的則是大好的獲利機會，唯一會擋他財路的，就是像艾希曼這種眼界狹隘、認真看待工作的下屬。很快地，貝赫中校的計畫讓他跟尤太代表卡斯特納密切合作，卡斯特納當時正試圖救援尤太人（紐倫堡審判時，貝赫最後之所以能被釋放，都是多虧卡斯特納的證詞。卡斯特納是個資深尤太復國主義支持者，戰後移居到以色列，並擔任要職，一直到某個記者在報導中揭發他與親衛隊的合作，後來卡斯特納控告該記者誹謗。他在紐倫堡的證詞對他非常不利，而在耶路撒冷法庭上，三位主審之一的哈勒維法官，則說卡斯特納是「出賣靈魂的魔鬼」。1957 年 3 月，卡斯特納遭到謀殺，不久之後他的案子上訴到以色列最高法院，而兇手似乎並非來自匈牙利。之後在聽證會中，下級法院的判決最後遭到撤銷，而卡斯特納則獲得復職）。相較於商業巨擘間的複雜協商，貝赫與卡斯特納之間所做的交易簡單得多，只要協商出拯救每名尤太人的價格，過程經歷一番激烈的討價還價，現在看來，艾希曼似乎也參與過一些初步的討論。當時艾希曼出的價格只有兩百美元，想當然，是最低的——當然，不是因為他希望拯救更多尤太人，純粹是因為他格局比較狹小。最終協商的價格是一千美元，一批共計一千六百八十四名尤太人的隊伍後來確實離開匈牙利，其中包括卡斯特納的家族，先到達貝爾根—貝爾森集中營，最後輾轉抵達瑞士。其後貝赫與希姆萊也跟美國尤太聯合分配委員會（American Jewish Joint Distribution）達成類似協議，希姆萊可望獲得兩千萬瑞士法郎以購買各式物資，一直到蘇俄解放匈牙利前，雙方都為此事奔波，但到最後則是無疾而終。

貝赫的行動無疑已獲得希姆萊充分的批准，但他的做為與傳統納粹的「激進」命令完全背道而馳，而艾希曼仍會從穆勒少將和卡爾滕布倫納部長接收到這種「激進」的命令，這兩位都是他在國家保安本部的頂頭上司。在艾希曼的眼中，貝赫這一類的人極為貪腐，但這還不足以引發他的良心危機，因為他顯然不容易受到貪腐誘惑，當時，貪腐狀況已行之有年，他想必早已司空見慣。很難想像他竟然不知道，自己的下屬兼朋友迪特爾上尉（Dieter Wisliceny）早在 1942 年便曾接受尤太人救濟委員會五萬元的賄賂，該委員會來自斯洛伐克首都布拉迪斯拉發，請求迪特爾延後斯洛伐克的尤太人驅逐行動，但艾希曼也不是完全不可能對此一無所知。不過他一定知道，希姆萊曾於 1942 年秋天試圖對斯洛伐克尤太人銷售出境許可證，以換取足夠外匯支付親衛隊新部門的招聘費用。然而，此時已是 1944 年，在匈牙利的情況有所轉變，原因並非希姆萊把尤太人問題當成「生意」看待，而是這已經成為官方政策的一部分，不能視為貪腐。

一開始，艾希曼試著依照新的遊戲規則參與其中，正是在此時，他進行一項「人命換物資」的談判——以一萬輛卡車換取一百萬名尤太人，以協助搖搖欲墜的德國軍隊，這個談判當然不是由艾希曼所發起。艾希曼在耶路撒冷法庭中解釋自己在此談判中所扮演的角色，所說的話清楚顯示他曾將此行為合理化：這是軍事上的必要措施，能為他在移民業務的新職位帶來重要益處。然而艾希曼可能永遠不會承認，當時遭遇重重困難，除非他能在四周上演的爭權戰中取得一席之地，否則他失去飯碗的可能性會日益增加（而幾個月後他的確也丟了工作）。等到這項換人的交易註定要走向失敗時，大家都已經知道希姆萊決定要終止最終解決方案（雖然他經常搖擺不定，主要原因是他對希特勒的恐懼敬畏）——希姆萊放任所有生意、也不顧軍事所需做出這個決定，原因就在於他幻想著自己未來能為德國帶來和平。在此同時，「溫和派」親衛隊便應運而生，其中包括那些蠢到相信如果能證明自己曾經有機會殺更多人卻並未如此做，便能為自己脫罪的傢伙，還有那些聰明到預見未來會回復「正常情況」的人，在此正常情況中，金錢賄賂和友好關係會再次變得非常重要。

艾希曼從來沒有加入「溫和派」，不過即使他想加入，是否能被接納還是個問題，不僅是因為他太容易妥協，而且因為他與尤太代表聯繫極為密切、太為人所知，對於裡面這些受過良好教育的中上階級「紳士」而言，艾希曼太過粗鄙，而艾希曼直到最後一刻都對這群人深懷反感。他完全有能力將數百萬人送上死亡之路，但沒了「語言規則」他就無法以適當的方式談論這件事。在耶路撒冷，沒有任何語言規則，他百無禁忌地暢談「殺害」、「謀殺」、「國家將犯罪行為合法化」等，完全是有話直說，跟辯護律師的作風大相逕庭。辯護律師明顯認為自己的社會階級高於艾希曼（塞萬提斯博士的助理韋赫特伯夫〔Dieter Wechtenbruch〕——師從德國政治思想家史密特〔Carl Schmitt〕，參與耶路撒冷首週審判，接下來便至德國質詢辯方證人，並於八月審判結束前的最後一週出席耶路撒冷法庭——在庭外隨時接受記者採訪時，比起艾希曼犯下的罪行，他似乎對艾希曼品味低下與缺乏教育更感到震驚，他說：「就是個小混混，我們必須努力幫助他通過重重難關。」甚至在審訊前，塞萬提斯本人便曾說過，他的當事人的個性「跟普通的郵差」沒兩樣）。

當希姆萊變成「溫和派」後，艾希曼便開始不照其命令行事，只要艾希曼覺得自己受到直屬上級的「掩護」，就會大膽違背希姆萊的命令。卡斯特納曾問迪特爾上尉：「艾希曼怎麼敢違背希姆萊的命令？」當時是 1944 年的秋天，艾希曼終止步行隊，迪特爾的回答是：「他也許能拿出什麼上級電報當藉口，一定有穆勒和卡爾滕布倫納的命令做掩護。」艾希曼很可能在蘇俄紅軍到達之前，曾有過清算特瑞辛的混亂計畫，雖然我們只能透過迪特爾可疑的證詞這一點（迪特爾在結束前幾個月、也許前幾年，就開始認真策劃以艾希曼當活靶為自己開脫，後來他以控方證人身分出席紐倫堡法庭，這並沒有替他帶來好處，因為他被引渡到捷克斯洛伐克，在當地受到起訴、並於布拉格處死，他在那裡人生地不熟，就算賄賂也無法挽回大勢）。另一位證人則說，這個清算計畫是由艾希曼的下屬君特所策劃的，而且艾希曼還下達書面命令，禁止破壞該集中營，這與迪特爾的說法恰恰相反。不管怎麼說，到了 1945 年 4 月，此時幾乎每個人都變得相當「溫和」，艾希曼還趁瑞士紅十字會的登那（Paul Dunand）訪問特瑞辛期間，找機會說其實他並不認同希姆萊對尤太人的新做法。

因此，艾希曼隨時都為最終解決方案努力到底，這一點毫無疑問，問題只在於這是否便是他反尤狂熱、憎尤情結的證據？而艾希曼在法庭對警察和法官說他一直都服從命令時，是否在說謊？法官找不出其他可能的解釋，主審法官努力嘗試要瞭解被告的心態，而且對待艾希曼既真誠又體貼，充滿人性，在此之前艾希曼可能一輩子都沒受過這樣的待遇（韋赫特伯夫告訴記者，艾希曼對蘭道法官「信心十足」，好像以為蘭道法官會幫他解決所有的事情，而韋赫特伯夫認為這是因為艾希曼需要權威引導。無論這份信心來自於何方，艾希曼在整個審判過程中確實信心滿滿，因此可以解釋為何艾希曼聽到最終判決時極為

「失望」，他大概把人性化跟溫和搞混了）。三位法官從來沒有真正瞭解艾希曼，或許這就是他們具備「善良」本性與來自其職業的傳統道德之證據。因為讓人悲傷且頗為不快的真相是，就是艾希曼的良知促使他在戰爭最後一年採取毫無妥協的態度，而非反尤狂熱，而同樣的良知，在此三年前則讓艾希曼有所覺醒，但時間極為短暫。艾希曼知道希姆萊的命令完全違背元首的命令，對於這一點，他不需要知道更多細節，但這件事細節也許對他有利：檢方在最高法院進行訴訟時，表示當卡爾滕布倫納向希特勒轉述以卡車換尤太人的交易時，「希特勒認為希姆萊的立場完全是一種破壞」。而在希姆萊停止奧茲維辛的滅絕行動前幾個星期，希特勒（顯然不知道希姆萊的最新命令）對匈牙利領袖霍爾蒂上將發出最後通牒，說：「他所預期要對布達佩斯尤太人施行的措施，匈牙利政府必須立刻進行，不得有誤。」根據埃德蒙博士發出的一份電報，當希姆萊終止匈牙利尤太人撤離行動的命令抵達布達佩斯時，艾希曼威脅要「請元首重新決定」，而法官判決時，這封電報對艾希曼的殺傷力比上百個證人的證詞還要強烈。

艾希曼最後還是輸給以希姆萊為首的「溫和派」，第一個失敗的跡象發生於 1945 年 1 月，貝赫中校晉升為上校，這是艾希曼在戰爭期間一直夢想的官職（他說自己所屬單位無法晉升到更高的軍階，這個說法只有一半是真的，他其實可以不只是第四分部 B 組第四小隊隊長，也有可能升到第四分部 B 組組長，之後再自動晉級。實際情況大概是，像艾希曼這種行伍出身的人，除非在前線服務，否則軍階無法超過中校）。同月，匈牙利解放，艾希曼被召回柏林，而希姆萊任命他的冤家貝赫主責所有集中營，而艾希曼則是從「尤太事務」部門被調到不受重視的「反教會」部門，不僅如此，他對該部門的事務其實一無所知。他的職涯在戰爭結束前的最後幾個月內迅速走下坡，是親衛隊沉淪最有力的證據，某種程度上，希特勒對此的判斷正確，1945 年 4 月，希特勒在柏林基地宣稱親衛隊不再可靠。

在耶路撒冷法庭中，面對許多證明他高度效忠希特勒與其命令的文件，艾希曼多次試圖解釋，大德意志帝國內「元首的話具有法律效力」，換句話說，如果是直接來自於希特勒的命令，便不需要以書面呈現，他解釋這就是為什麼收到希特勒的命令時，自己從來沒有要求見到書面命令（最終的解決方案中並沒有出現這類文件，可能自始至終都不存在），但會要求收到希姆萊的書面命令。可以肯定的是，當時德國的狀態十分驚人，檔案庫收入「豐富」的法律評論，在在顯示元首的話、他的口頭聲明，就是這片土地的基本法。在這個「法律架構」內，只要與希特勒的言語及精神相違背，便是違法。因此，在艾希曼這個位置，跟經常被引用的士兵例子很像，在正常的法律架構中，士兵若收到違背自己對於合法的認知及經驗、從而認定為違法的命令，會拒不執行該命令，有關這個問題的大量文獻，通常會以模棱兩可的「法」字來解釋，在此文脈中，指的是這塊土地上的法律——實證法——而「法」有時是指每個人心中舉世皆然的良心之聲。然而，就實際面來說，若要不服從命令，這個命令必須「明顯違法」，如同判決書中所言，好像「有一個黑色的標誌插在上面，標誌上寫：『嚴禁！』」，然而在犯罪的政權中，恰好相反，這個「黑色」的「警告標誌」通常會「明顯」插在「合法命令」之上——這類命令如：不能因為他們是尤太人，就濫殺無辜。若要回去談明確的良心之聲——或者甚至是語言法學家含糊的「普遍人類情感」（《奧本海國際法》〔*Oppenheim-*

Lauterpacht in International Law, 1952〕）——不僅是論證該題之舉，更表示要刻意忽略我們時代中的中心道德、法律和政治現象。

艾希曼認為希姆萊下達一個「違法」的命令，可以肯定不僅是這個想法決定他的行為，但其中牽涉的個人因素則跟狂熱無關，而是他「對希特勒無邊無際、過度的仰慕之情」（引自一位辯方證人），因為希特勒能「從下士一路爬升到元首之位」。在艾希曼心中，到底是對希特勒的欽佩比較強烈，還是在如同廢墟的大德意志帝國堅持當守法公民的決心較強烈，若要去揣摩這個問題，恐怕也找不到答案，戰爭即將結束前，艾希曼心中這兩種信念同時存在，當時他在柏林，看到周圍每個人都爭相趕在蘇俄或美國軍隊到來之前偽造一些文件，而幾個星期後，艾希曼也開始以化名行動，但那時希特勒已經自殺，「國法」已不復存在，而他說自己也已經不受親衛隊誓言的約束，因為親衛隊成員的宣誓跟一般軍隊不同，親衛隊宣誓的對象是希特勒，而不是德國。

無可否認，阿道夫．艾希曼的良心問題確實非常複雜，但並非特例，跟德國將軍們比起來是小巫見大巫。在紐倫堡審判中，一位德國將軍被問到：「你們這群光榮的將軍怎麼可能對殺人魔保持絕對忠誠？」他的回答是：「評斷最高領袖不是一個士兵的責任，這是歷史，或者神的任務。」（因此約德爾將軍〔Alfred Jodl〕在紐倫堡被判絞刑。）艾希曼的聰明才智遠不如這些人，也沒受過高等教育，但至少他隱約意識到，並非是某項命令，而是國家的法律讓他們全部都變成罪犯。命令和元首話語之間的區別在於，後者的效力不受時空限制，前者則相反。這也解釋了為什麼元首下達最終解決方案的命令後，緊接著便制定大量法規和指令，負責擬定的人還不是行政人員，而是各個律師專家和法律顧問，相對於一般命令，這個命令被視為法律，毫無疑問，所有擬定的相關法律有效地為最終解決方案提供一個合法的外觀，毫無過度縝密的德國學究氣息。

在文明國家中，即使知道人可能帶有嗜血的自然本性，法律還是假設良心之聲會告訴大家「不可殺人」，同樣的道理，即使納粹大屠殺的主使者完全瞭解殺人行為違背多數人的意願與本性，但在希特勒土地上的法律，還是要求良心之聲告訴大家：「必須殺人」。邪惡在大德意志帝國已經失去誘惑的特色，而這是大多數人辨認邪惡的要件——誘惑。許多，或者說絕大部分的納粹成員和德國人，肯定都曾受到「不」殺人、「不」搶劫、「不」讓鄰居送命的誘惑（即使其中許多人可能不知道滅絕行動可怕的細節，但當然，每個人都知道尤太人會送命），和不可因獲益而成為幫兇的誘惑，但是，上帝知道，這些人早已學會如何抵禦誘惑。

第九章

大德意志帝國的驅逐行動

—德國、奧地利和保護國—

1942年1月萬湖會議時，艾希曼感覺自己就像本丟・彼拉多，覺得罪惡的雙手已經洗淨，到了1944年的夏秋之際，希姆萊背著希特勒下令終止大屠殺，好像整個滅絕計畫只是個令人遺憾的錯誤，在這兩個事件期間，其實艾希曼沒有受到良心問題的困擾，他腦中所想的都是棘手的組織與管理工作，不僅要苦惱如何在戰時執行任務，而且對他而言更重要的是，如何面對周遭各個忙著「處理尤太人問題」的納粹黨機構與國家單位間的無數陰謀和鬥爭，其中艾希曼主要的競爭對手是高級親衛隊和警察領袖成員，這些人直接受希姆萊指揮，可以隨時與希姆萊聯繫，而且軍階永遠高於艾希曼，其次，外交部在新的國務次長路德（外交部長里賓特洛甫的門生）領導下，非常積極參與尤太事務（1943年路德精心設計一場陰謀，試圖趕走里賓特洛甫，後來宣告失敗，他被送進集中營，繼任者塔登〔Eberhard von Thadden〕主掌尤太人事務，後來在耶路撒冷法庭中擔任辯方證人），偶爾外交部會對外發布驅逐命令，由國外的代表執行，而這些代表往往偏好由高級親衛隊和警察領袖協助驅逐任務，因為他們較具威信。除此之外，還有東歐佔領土地的陸軍指揮官，這些人則是喜歡「當場」解決問題，也就是直接槍決斃命，而在西歐國家的士兵則不太情願合作，吝於提供部隊協助進行圍捕尤太人的工作。最後，還有各地行政首長，他們每個人都希望所轄地能成為第一個宣布達到「尤太人淨空」的地區，偶爾還會自作主張地進行驅逐任務。

艾希曼必須居中協調這些人的「努力」，他稱之為在「一片混亂」中尋求秩序，因為此時「每個人都各自發布命令」、「恣意行事」。而實際上，艾希曼也確實取得整個驅逐任務中的關鍵職位（雖然他從未具有真正關鍵的地位），原因是他隸屬於主責運輸的部門。紐倫堡審判中的原告證人米德那（Rudolf Mildner，當時是波蘭上西里西亞地區〔亦是奧茲維辛集中營所在地〕的蓋世太保隊長，後來當上丹麥警察局長）表示，希姆萊會將書面的驅逐命令交給國家保安本部部長卡爾滕布倫納，卡爾滕布倫納再轉告蓋世太保（國家保安本部第四分部）的領導穆勒，再由穆勒對第四分部 B 組第四小隊——也就是艾希曼——傳達口頭命令，而希姆萊也會同時對各地高級親衛隊和警察領袖下令，並知會卡爾滕布倫納，而像滅絕人數多寡、誰能免除苦勞等細節也都是由希姆萊所決定，這些相關的命令也都會傳達至波赫中將領導的親衛隊經濟管理本部，再轉告集中營暨滅絕營總督察古魯克少將，最後由古魯克將這些命令傳達給各個集中營的指揮官。耶路撒冷的檢方忽略紐倫堡審判中的這些文件，因為檢方預設艾希曼握有極大的職權，但這些文件的內容與其假設相違悖，辯護律師曾提到米德那的宣誓書，但並未切中要點，而艾希曼在「詢問波利亞科夫（Léon Poliakov）與英國史學家賴特林格」後，提出十七張彩色的圖表，不過這對於瞭解複雜的大德意志帝國官僚機器毫無幫助，但他的概述「一切都持續不斷地進行，川流不息」，對研究極權主義的學生來說倒是似乎頗合理，他們知道這種政府最大的特色就是非常謎樣。艾希曼還依稀記得，所有被德國佔領和半獨立國家中主責尤太人問題的顧問會向他回報：「某某行動確實可行」，接下來他便會開始「準備報告，呈上後長官會加以批准或拒絕」，然後穆勒負責下達指令。「在實際過程中，這可能就表示，巴黎和海牙的建議送至德國，兩個星期後，這個建議以受國家保安本部批准的指令形式送回巴黎和海牙。」艾希曼的職位非常重要，像是整個過程的傳輸帶，因為他與下屬負責評估何地可以或應當運輸幾名尤太人，運送最終目的地也是由該部門告知，但目的地的選擇並非由艾希曼所決定。過程中，如何讓出發與到達的隊伍不相衝突、跟鐵路部門和交通運輸部調度車輛曾發生過的無止盡的爭吵、如何擬定時間表、如何將火車轉開往具有足夠「容納能力」的集中營、如何確保在適當的時間集合足夠的尤太人，以避免「浪費」火車位置、如何爭取佔領國或結盟國家當局的幫助，以展開抓捕尤太人行動、如何遵守與尤太人的類別相關的規則和指令？這些指令因國而異，且時有變化——這一切最後都成為例行公事，但艾希曼來到耶路撒冷之前，早就悉數遺忘其中細節了。

對於一手策劃最終解決方案的希特勒來說，解決尤太人問題就是戰爭最主要的目標，不管經濟和軍事考量為何，絕對放在首位；而對於艾希曼而言，這就是工作，是每天的例行公事，有時進行得頗順利，有時會遇到難題；然而對尤太人而言，則是世界末日。無論對錯，數百年來，尤太人一直都認為自己的歷史就是一個充滿苦難的長篇故事，如同檢察長在開庭演說中所形容的，但一直以來，這種態度背後則存有「以色列常存永在！」（Am Yisrael Chai）的信念，個別的尤太人、整個尤太人家族、整個社區可能遭到屠殺，但尤太人民最終都會生存下去，他們未曾面臨種族滅絕，而這句古老的慰藉之語似乎再也不管用了，至少在西歐已經派不上用場。從古羅馬時代開始（也就是歐洲歷史的開端），無論好壞、或苦難或輝煌，尤太人便一直屬於歐洲的國際大家庭，在過去一百五十年間，這一點主要為尤太人帶來輝煌與繁榮，尤其在中西歐更是如此。因此，這種尤太人最終都會生存下來的信念，在多數尤太社區都不再具有重要意義，他們無法想像歐洲文明框架之外的生活，更別說要活在達到「尤太人淨空」的歐洲。

這個世界末日雖然僅是一個由單一國家所下達的命令，但卻在各個歐洲國家以各式各樣不同的方式進行，熟悉歐洲國家發展和崛起史、以及民族國家體系的歷史學家，對此不會感到驚訝，但納粹可是大為震驚，他們打從骨子裡相信反尤太主義應該成為團結歐洲的力量，這是個代價十分高昂的謬誤。納粹很快便發現，在實際執行面中（雖然理論層面上可能狀況有所不同），不同國家的反尤太主義者做法差異極大，更令人惱怒的是（儘管這很容易便能預測到），只有東歐人——烏克蘭人、愛沙尼亞人、拉托維亞人、立陶宛人、還有某些羅馬尼亞人——認同德國的「激進」做法，在納粹眼中，這些東歐人都是「非人」的野蠻游牧民族，尤其北歐國家對尤太人更是缺乏適當的仇視（挪威作家哈姆孫〔Knut Hamsun〕、瑞典作家斯文赫定〔Sven Hedin〕例外），然而納粹可是把北歐人視為德國人的血緣同胞。

世界末日，當然，先從大德意志帝國開始，當時大德意志帝國不僅包含德國，還有奧地利、摩拉維亞和波希米亞、捷克保護國和還有附屬的波蘭西部，也就是瓦爾特高省，戰爭開始後的第一次重大移民計畫中，尤太人與波蘭人一起被驅逐往東方——耶路撒冷法官稱之為「各國間有組織的遊蕩行動」——而具有德國血統的波蘭人（Volksdeutsche）則被往西送「回歸大德意志帝國」。希姆萊身為「加強德國民族精神委員會」的委員，任命海德里希進行這次「移民和撤退」的任務，而1940年1月，國家保安本部便成立第四分部D組第四小隊，即艾希曼隸屬的第一個官方部門，雖然後來證明這個職位是未來職涯的墊腳石，但艾希曼在此部門的職務內容跟實習生沒兩樣，是先前承辦移民工作、與未來負責驅逐任務間的過渡期。他的第一個驅逐任務並非最終解決方案之一，當時希特勒尚未下達最終解決方案的命令，從後見之明的角度來說，艾希曼的首次任務可以被視為一場測試行動，這次災難實驗發生在1940年2月13日，艾希曼負責於夜間將一千三百名來自斯賽新（Stettin）的尤太人驅逐出境，這是納粹第一次驅逐德國尤太人，負責下令的海德里希以此為藉口：「出於戰時經濟的原因，我們急需他們居住的公寓。」這些人在異常惡劣的條件下被帶到波蘭的盧布林（Lublin）地區。同年的秋天開始進行第二次驅逐任務，如同前幾章所提到的，奧地利的巴登和薩爾普法爾茨的七千五百名尤太人，其中包含男子、婦女、小孩，都被運送到法國未被佔領的地區，這個舉動十分狡詐，因為法德停戰協定中並未規定可以將尤太人運送至法國維希政權所在地。為了說服法國邊境的火車站長這屬於德國的「軍事運輸」行動，艾希曼還登上列車隨行。

這兩次任務完全缺乏納粹後期精心謀畫的「法律」準備工作，當時尚未通過剝奪尤太人國籍的法律，後來尤太人必須填寫無數的表格以安排財產沒收事宜，但斯賽新的尤太人只簽了一張承諾放棄所有財產的棄權書。顯然，這次任務測試的對象不是行政機構，而似乎是當時的政治情況——是否能在沒有事前通知的情況下，而且在半夜，逼迫尤太人提著小小的手提箱，一步步走向滅絕？不知情的鄰居隔天醒來發先公寓空蕩蕩，會有什麼反應？還有，突然見到成千上萬的尤太「難民」，外國政府會作何反應？顯然納粹對測試成果相當滿意，在德國出現針對「特殊個案」的干預行動——例如詩人莫姆伯特（Alfred Mombert），他屬於德國格奧爾格的文學圈（Stefan George circle），應被允許前往瑞士——此外，其他大部分的德國人則完全置身事外（很可能是這次經驗讓海德里希瞭解，必須將有權貴關係的尤太人和無名的平民百姓分開，並且經希特勒同意後，決定建立特瑞辛和貝爾根－貝爾森集中營）。在法國甚至發生更棒的事：維希政府把來自貝登的七千五百名尤太人，都送到在惡名昭彰的葛斯集中營，此集中營位於庇里牛斯山腳下，最早是為了西班牙共和軍建立，自從 1940 年 5 月起，便用於所謂「來自德國的難民」，當然，其中絕大多數都是尤太人（實施最終解決方案時，法國將葛斯集中營的犯人都運到奧茲維辛。）喜歡以概括論述解釋一切的納粹，還以為他們已經證明，尤太人到處都「不受歡迎」，而且只要不是尤太人，都是實質或潛在的反尤太主義者。既然已經用「徹底」方式解決所有的問題，為什麼還是有人感到不滿？艾希曼深受這種概括論述的影響，在耶路撒冷法庭中一再抱怨，沒有任何國家做好接受尤太人的準備，而這一點，這唯一的一點，替他們帶來巨大的災難（他似乎覺得，如果那些組織嚴密的歐洲民族國家遇到其他國家的這種難民——身無分文、沒有護照、完全無法說該國語言！——反應就會不一樣）。然而，讓納粹再度感到震驚的是，即使是被說服採取反尤主義的國家，也不願意與納粹行動「一致」，甚至迴避「徹底」措施，大多數國家都抱持類似想法，而最敢直言不諱的應屬一位西班牙駐柏林大使館的成員——他說「只要能確定他們不會被清算」，他指的是已獲得西班牙護照的六百名西班牙裔尤太人（雖然這些人從未去過西班牙），西班牙的佛朗哥政府非常想把這些人轉送到德國境內。

這些初期試驗結束後，接下來便暫時沒有驅逐任務需要執行，我們已經知道艾希曼便是利用這段空檔進行馬達加斯加計畫。但到了 1941 年 3 月，德國正在準備對蘇作戰，艾希曼突然被通知要轉調到另一個單位，或者更確切地說，艾希曼的單位的名字從「移民與撤離」改為「尤太人的事務：撤離」，從那時起，雖然尚未獲悉最終解決方案，艾希曼應該不僅知道強迫移民已經結束，也應該知道現在起要改採驅逐的解決方式，但艾希曼不擅於舉一反三，因為沒有人告訴他要改變做法，他還是滿腦子只想著移民。因此，1940 年 10 月他與外交部開會時，有人建議取消境外德國尤太人的公民權，艾希曼便提出強烈抗議：「這樣一來，那些願意接受尤太人、願意給予入境許可的國家會受到影響。」他的思考極為狹隘，只限於當時有效的法律和法令範圍內。希特勒下達最終解決方案的命令後，大量的反尤法律與命令只會告知給實際的執行人員，納粹當局同時決定，德國應最優先執行這個解決方案，在最短的時間內達到「尤太人淨空」。令人吃驚的是，實際上還是花了大約兩年時間達成此目標，法律籌備工作包含：第一，配發黃色徽章（1941 年 9 月 1 日），第二，修改國籍法，居住於帝國境外的尤太人不能被視為德國人（因此，當然就會被驅逐出境），第三，頒布一項新法令，大德意志帝國可以沒收無國籍德國尤太人的財產（1941 年 11 月 25 日），後來其他所有的國家也遵照這個模式。接著司法部長提拉克（Otto Thierack）還與希姆萊達成一項協議，司法部放棄「蘇俄人、尤太人、吉卜賽人」的管轄權，轉讓予親衛隊，因為「司法部只能對尤太人的滅絕（原文：extermination）做出少許貢獻（引自一封司法部致納粹黨秘書長馬丁．鮑曼〔Martin Bormann〕的信，信中日期為 1942 年 10 月，用字十分直接，頗值得注意）。」對於驅逐到特瑞辛尤太區的人，指令會稍有不同，因為特瑞辛還是位於帝國境內，送至該區的尤太人並不會自動失去國籍，對於這些「特權類別」該如何解決？ 1933 年頒布的一項舊法允許政府沒收所有用於「與國家相敵對」之活動的財產，通常用在集中營的政治犯身上，雖然尤太人不屬於這個類別——1942 年的秋天，德國和奧地利的集中營已經達到「尤太人淨空」——但只要再訂定一條法律便能解決問題，1942 年 3 月納粹制定新法，明言所有遭驅逐出境的尤太人都「與國家相敵對」。納粹對自己立的法相當重視，雖然他們嘴上會說特瑞辛尤太區、老人尤太區，但其實特瑞辛尤太區已正式列為集中營，只有被關在裡面的人不知道這一點——其他人不想傷他們的心，因為這是保留給「特殊個案」的特區。為了避免特瑞辛區的尤太人生疑，柏林的尤太協會（Reichsvereinigung）被指示要與每個被驅逐的人簽訂協議，以直接「獲得其所居房屋」，即將前往特瑞辛的尤太人將所有的財產轉移給尤太協會，而協會為其住房、糧食、衣物、醫療提供永久保證，最終，等尤太協會最後一名官員也被送到特瑞辛之後，大德意志帝國便可以順理成章沒收該協會保管的大量金錢。

所有由西往東的驅逐任務都是由國家保安本部第四分部 B 組第四小隊統籌規劃，意即由艾希曼和同事經手——在審訊過程中，這一點從未有所爭議。但要把尤太人送上火車，艾希曼還需要一般警察單位的幫助。在德國，秩序警察負責看守火車與押送尤太人，而在東陸，治安警察（不同於跟希姆萊的親衛隊國家保安服務處）則會在列車目的地等候，並將他們的囚犯交給屠殺中心指揮官。耶路撒冷法庭遵循紐倫堡審判的對犯罪組織的定義，換句話說，雖然秩序警察或治安警察積極參與最終解決方案，這點已經證據確鑿，但是耶路撒冷法庭並不會提及這兩個單位，事實上，即使這些單位也列入犯罪組織，列入原先僅有四個機構的名單——納粹黨的領導階級、蓋世太保、保安服務處、親衛隊——跟大德意志帝國的實際狀況仍有出入。因為事實上，德國當時沒有任何一個組織或國家機構（至少在戰爭期間）完全沒參與犯罪行動和執行。

以建立特瑞辛的方式解決個人干預問題後，對於「徹底」和「最終」的解決方案還剩兩個難題：其一是半尤太人，「激進派」納粹希望將所有尤太人一律驅逐出境，「溫和派」則認為對於具一半尤太血統的人應採取絕育方式——如同內政部次長斯圖卡特在萬湖會議中所言：「如果准許半尤太人被殺害，就表示放棄他們另一半的德國血統」（其實，對於與異族通婚的尤太人，納粹到最後並未採取任何措施，艾希曼說：「有重重障礙」包圍並保護這些人——包含他們的非尤太親戚，此外，令人極為失望的是，雖然納粹醫生團隊承諾再三，但從未研發出能快速進行大規模絕育的方法）。第二個問題，是德國境內數千名外國籍尤太人，德國人無法以剝奪國籍的方式將他們驅逐出境，其中有數百名美國和英國的尤太人因交換目的而遭到拘留，而納粹處理來自中立或與德國結盟國家的尤太人的方式，頗值得在此紀錄，尤其這與審判不無相關。在審判中，艾希曼被指控費盡心思要防止尤太人逃脫，指的就是這些外國尤太人。英國史學家賴特林格說，艾希曼的想法跟「外交部的專業官僚如出一轍，這些人最感沉痛的是，竟然有尤太人能免於酷刑和緩慢死亡」，艾希曼一遇到這些案例，便會諮詢外交部，對他而言最簡單、最合乎邏輯的解決方式，就是全面驅逐所有的尤太人，無論其國籍為何，希特勒鼎盛時期召開的萬湖會議中，已給予指示，最終解決方案適用歐洲所有尤太人，人數估計達一千一百萬名，其中根本沒提到國籍或盟國及中立國家公民的權利，但德國即使在戰爭中最無往不利時，還是深深仰賴各地善意與無處不在的合作，因此不能輕視必要的禮節。資深外交官的任務就是找到方法解決這種特殊的「重重困難」，其中最巧妙的方式，便是利用德國境內的外國尤太人測試其國家的態度，所用的方法雖然簡單，卻很微妙，也絕對遠超艾希曼的聰明才智和對政治的理解（該方法有書面證據可茲證明，即艾希曼所屬部門針對外國尤太人問題寫給外交部的信，而簽署人為卡爾滕布倫納或穆勒）。外交部寫信給其他國家政府，表示德國正進行「尤太人淨空」任務，因此，如果德國境內的外國尤太人不希望受反尤措施影響，就必須被召回原國家。這個最後通牒不只是表面上看起來的那麼普通，依照規定，這些外國尤太人中一部分屬於各國公民，另一部分其實不具國籍，只是透過特殊管道取得護照，他們能受護照保護，前提必須待在國外。尤其拉美國家尤太人有許多類似例子，他們的駐外領事公開出售護照給尤太人，持有護照的幸運兒擁有各種權利，包括領事保護權，但他們無權進入自己的「家園」。因此，外交部最後通牒的目的，是讓外國政府同意至少讓名義上屬於該國國民的尤太人，也能適用最後解決方案。這些外國政府既然連提供數百或數千名尤太人庇護措施都不願意，而且這群尤太人無論如何都無法取得該國永久居住權，在他們面臨驅逐和滅絕的危急時刻，政府便不太可能有太多反對意見，這不是相當合乎邏輯嗎？也許確實合乎邏輯，但卻不合理，後文會再加以論述。

1943 年 6 月 30 日（比希特勒的期待要晚得多），大德意志帝國——德國、奧地利和保護國——終於宣布達到「尤太人淨空」，到底有多少尤太人被驅逐出境，並無確切的數字，但我們知道，根據德國的統計數據，截至 1942 年 1 月為止，遭到驅逐或符合驅逐資格的尤太人共有二十六萬五千人，其中鮮少有人逃脫，也許有數百、數千人成功躲起來並存活到戰後。要讓這些尤太人的鄰居昧著良心行事有多容易，從 1942 年秋天官方針對驅逐行動所作的解釋函便清晰可見：「這些問題本質上十分困難，為了人民的利益，只有冷酷強硬（rücksichtsloser Härte）才能解決問題，才能保障國家的長治久安。」

第十章

西歐的驅逐行動

—義大利、比利時、荷蘭、丹麥—

大德意志帝國最推崇的「冷酷強硬」特質，充分體現於戰後的德國，二次大戰後德國以極其巧妙的方式婉轉稱其納粹歷史為「ungut」（不善良），似乎那些「冷酷強硬」的人其實沒犯什麼大錯，只不過未達到基督教慈善精神的最高標準。所有受艾希曼所屬單位指派到其他國家擔任「尤太事務顧問」的人——之所以被選中擔當此任，都是因為他們絕對「冷酷強硬」。尤太事務顧問執行命令時，可能以外交任務名義進行，或附屬於軍事單位或當地安全警察。一開始，1941 年至 1942 年間的秋冬，尤太事務顧問的主要工作似乎是與各派駐國家的德國官員打好關係，特別是那些獨立國家的德國大使館，以及佔領區上的德國行政單位，這些單位因尤太事務管轄權而不斷發生衝突。

1942 年 6 月，艾希曼召回在法國、比利時、荷蘭的尤太顧問，以商擬這些國家的驅逐計畫。希姆萊下令，「由西方橫掃到東方」的執行順序中，以法國最優先，原因在於法國一直是個泱泱大國，而且維希法國政府對尤太人問題展現驚人的「理解」，還主動制定許多反尤法律，甚至成立尤太人事務部門，首先由瓦力恩特（Xavier Valiant）主掌，後來德沛拉波（Darquier de Pellepoix）繼任，兩者都是出名的反尤人士。法國反尤主義與法國人民心中沙文主義式的仇外心理密切相關，為了配合這種情況，納粹選擇外國尤太人為首要驅離對象，此外，因為自1942年以來，法國境內的外國尤太人中，有一半以上都是無國籍的難民和移民，他們來自俄羅斯、德國、奧地利、波蘭、羅馬尼亞、匈牙利（都是受德國統治，或在二戰爆發前便通過反尤法律的國家），所以便先拿這些人開刀，將約十萬名無國籍的尤太人驅逐出境（目前法國境內的總尤太人口超過三十萬，在1940年春天比利時與荷蘭難民大批湧入法國之前，也就是1939年，大約有二十七萬尤太人居於法國，其中至少有十七萬都是外國人或於外國出生）。德國佔領區和維希法國領土中，各要全速撤離五萬名尤太人，這個任務相當龐大，不僅需取得維希政府的同意，還需要法國警方全力協助，擔任德國安全警察的角色。剛開始，驅離任務非常順利，因為總理賴伐爾（Pierre Laval，聽命於貝當元帥〔Marshal Pétain〕）指出，「這些外國尤太人在法國一直是個問題，」所以，「法國十分樂見德國對這些人的態度有所轉變，讓法國政府有機會能將他們驅逐出境。」這裡必須補充的是，賴伐爾和貝當將軍雖知道這些尤太人即將被帶到東陸安置，但他們還不知道「重新安置」真正的含意為何。

耶路撒冷法庭特別注意到兩起事件，均發生在1942年夏天。撤離任務展開幾個星期後，第一班火車預定於7月15日出發，將尤太人載離波爾多（Bordeaux），但該列車被迫取消，因為在波爾多只搜查到一百五十名無國籍的尤太人，未達列車承載人數，而艾希曼可是費盡千辛萬苦才調度到這班列車。此刻還不知道艾希曼是否已經發現，接下來任務不會如同各方想像的那麼順利，但他的反應非常激動，告訴屬下這是「威信」問題——法國並不認為如此，這是德國交通運輸部的觀點，該部門對所屬單位的效率的看法可能有誤——還說「如果再次發生這種事，他會認真考慮是否要將中止法國的驅離任務」。耶路撒冷法庭十分重視此事，視其為艾希曼掌握實權的證據，換言之，艾希曼可以任意「中止在法國的任務」。其實，艾希曼只是誇口吹牛，只能證明權力對他的「驅動力」，但「恐怕無法證明……艾希曼在其下屬眼中的地位」，除了艾希曼常威脅下屬可能會失去非常輕鬆的戰時職位。不過，如果波爾多事件只是場鬧劇，第二次事件則是耶路撒冷法庭上最可怕、最令人髮指的故事，這是關於四千名孩童的慘劇，當時他們的父母已經被送往奧茲維辛，而這些孩子們則被留在法國的集合地點，也就是法國的德朗西（Drancy）集中營，1942 年 7 月 10 日，德國駐法國的代表丹內克中尉（Theodor Dannecker）致電艾希曼，詢問這些孩童的處置方式，十天後，艾希曼才回電，告訴丹內克：「只要前往（波蘭）保護國的交通運輸系統恢復，便可以著手運送這些孩童。」塞萬提斯律師指出，這起事件顯示「被害的對象既不是由被告所決定，也並非由其單位的任何人所決定。」但不幸的是，沒有人提到丹內克通知艾希曼，法國總理賴伐爾曾提出建議，將十六歲以下的兒童納入驅離任務中，換言之，這起可怕的事件甚至並非源自「上級命令」，而是德法兩國最高統治階層之間商議的結果。

1942 年夏秋兩季，共有兩萬七千名無國籍的尤太人被驅逐到奧茲維辛集中營，其中一萬八千人來自巴黎，九千人來自法國維希政權。接下來，當七萬名無國籍的尤太人即將離開法國時，德國犯下第一個錯誤，他們信心十足，以為法國人已經把驅逐尤太人任務視作稀鬆平常，便詢問是否能將法國籍尤太人納入驅逐名單——只是一個行政程序，但這帶來重大轉折。法國堅拒交出法國籍尤太人。希姆萊獲悉情況後——並非由艾希曼或其下屬告知，而是由高級親衛隊和警察領袖所告知——便立即讓步，答應將法國尤太人排除於外。但為時已晚，關於「重新安置」的謠言已經在法國境內流傳，而法國人民無論是否反對尤太人，都希望外國籍尤太人能被帶到別處安置，連反尤主義者都不想淪為大屠殺的幫兇。

因此，雖然法國不久前還認真考慮將1927年（或1933年以後）後入籍的尤太人撤銷國籍，現在法國政府則拒絕執行，因為這會讓五萬多名尤太人符合驅逐出境的資格。而法國當局也開始阻礙無國籍與其他外國尤太人的驅離任務，因此所有關於驅離法國尤太人的遠大計畫都真的被迫「中止」。成千上萬名無國籍尤太人躲藏起來，而數千人逃往蔚藍海岸（Côte d'Azur），即法國的義大利佔領區，在這裡，所有國籍的尤太人都很安全。1943年的夏天，當德國宣布達到「尤太人淨空」，而盟軍甫於西西里島登陸時，遭驅離的尤太人數低於五萬兩千人，肯定低於總數的兩成，其中具法國國籍者不到六千人，甚至連法國軍隊設置的德國集中營的尤太戰俘，都未受到「特殊待遇」。1944年4月，即盟軍在法國登陸兩個月前，法國境內還有二十五萬名尤太人，且都能在戰爭中倖存。由此可見，當納粹碰到堅決反對的狀況時，其實既沒有人力也毫無意願維持「強硬」立場。從後文中可發現，事實上，連蓋世太保和親衛隊成員的「冷酷」都摻了幾分「柔軟」。

1942年6月在柏林舉行的會議中，針對比利時和荷蘭設定的即刻驅逐人數非常低，原因可能是為法國設定的目標很高。會中決定約一萬名來自比利時的尤太人與一萬五千名來自荷蘭的尤太人即將遭到驅逐，後來兩國的驅離人數大為增加，原因可能是納粹在法國的驅離任務遭到重重困難。比利時的情況比較特殊，當時該國完全由德國軍方控制，由比利時政府提交給耶路撒冷法院的報告指出，「其警察機構對於德國所屬單位並不具備對其他單位的重大影響力。」（比利時軍事首長法肯豪森將軍〔Alexander von Falkenhausen〕後來涉嫌參與 1944 年 7 月的反希特勒陰謀。）當地合作人士的重要性只體現在佛蘭德地區，由政治家德蓋爾（Degrelle）領導、於講法語的瓦隆人（Walloons）間展開的法西斯運動則不具影響力，比利時警方並未與德國合作，而納粹甚至不讓比利時鐵路工人單獨待在驅逐出境的列車上，他們會故意打開門鎖，或發動突擊以讓尤太人逃脫。最奇特的是比利時的尤太人口結構，戰爭爆發之前，比利時有九萬名尤太人，其中約三萬名是德國尤太難民，另外五萬則來自歐洲其他國家，1940 年底，近四萬尤太人已逃離比利時，還留在國內的五萬名尤太人中，不到五千人是出生於比利時的公民。此外，那些成功逃離的人中，有許多重要的尤太領導者，大多數都是外國人，因此尤太委員會對於當地尤太人並不具有發號施令的權力，各方都對彼此「缺乏認識」，這種情況下，只有極少數的比利時尤太人被驅逐出境，也就不足為奇。但近期歸化比利時以及無國籍的尤太人——原先來自捷克、波蘭、俄羅斯、或德國——則很容易辨認，難以在這個完全工業化的小國隱藏起來。到了 1942 年底，已有一萬五千人被運到奧茲維辛集中營，等到 1944 年的秋天盟軍解放比利時，共有兩萬五千名尤太人遭處死。艾希曼在比利時同樣設有「顧問」，但該顧問似乎在驅離任務中並不活躍，最後是由軍方執行驅離行動，因為來自德國外交部的壓力日漸增加。

跟多數國家相同，荷蘭的驅逐任務也是從無國籍尤太人開始著手，荷蘭的無國籍尤太人幾乎完全是德國難民，而荷蘭政府於戰前已正式宣布「不歡迎」這些人，荷蘭境內十四萬名尤太人中，大約有三萬五千名外國尤太人，跟比利時的軍事政府不同，荷蘭的統治機關為民事當局。跟法國不同的是，荷蘭沒有自己的政府，因為內閣與王室成員當時都已逃到倫敦。這個小國幾乎完全受德國和親衛隊的掌控，而艾希曼在荷蘭的「顧問」是左帕夫（已在德國被捕，而更有效率的法國顧問丹內克則仍然在逃），但他能做的顯然很有限，最多只是讓柏林當局掌握最新消息。所有驅逐相關事務都是由亞科維奇律師經手，他是艾希曼先前在維也納和布拉格的法律顧問，後來由艾希曼引薦進入親衛隊，1941 年 4 月海德里希派他前往荷蘭，亞科維奇並非受命於柏林的國家保安本部，而是直接聽命於海牙保安服務處的首領哈士登（Wilhelm Harsten），哈士登又受高級親衛隊和警察領袖成員勞特中校（Hans Rauter）及其尤太事務助理伏騰（Ferdinand aus der Fünten）的指揮（此二人在荷蘭法庭中皆被判處死刑，勞特遭處死，而伏騰的判決據稱受到阿登納干預，後來被改判為終身監禁。哈士登也在荷蘭受審，被判處十二年監禁，並於 1957 年出獄後，進入德國巴伐利亞邦政府服務，而荷蘭當局正在考慮起訴亞科維奇，外傳他目前居於瑞士或義大利。以上細節皆於去年得知，消息來自荷蘭出版的文件以及瑞士記者雅各〔E. Jacob〕的報導，該記者服務於瑞士《巴塞爾全國報》〔*Basler Nationalzeitung*〕）。耶路撒冷法庭的控訴方聲稱這些人都聽命於艾希曼，一來是因為檢方希望不計一切代價增強艾希曼的權力，一來則是因為他們確實不瞭解德國複雜的官僚體系。但高級親衛隊和警察領袖只受希姆萊指揮，而當時亞科維奇不太可能還聽命於艾希曼，尤其考慮到將在荷蘭發生的事情。法官並未就此展開爭論，而是默默地在判決書上糾正檢方的大量錯誤——雖然可能並非悉數糾正——呈現國家保安本部、高級親衛隊和警察領袖、及其他納粹單位之間不斷上演的爭奪戰，艾希曼稱之為「互不相讓、無窮無盡的談判」。艾希曼對在荷蘭的驅離任務安排感到特別惱怒，顯然是希姆萊限縮他的職權，而派駐當地的人員對任務干預得太過火，大大影響艾希曼的運輸時程，而且大家都在嘲諷柏林的「調度中心」。因此，從一開始，自荷蘭境內被驅逐的尤太人總數為兩萬人，而非柏林會議決定的一萬五千人，艾希曼的顧問左帕夫的軍階與地位遠低於其他人，因此被迫在 1943 年加快驅逐速度。各方對於尤太人事務上的管轄權衝突一直讓艾希曼困擾不已，艾希曼對少數願意聽他解釋的人說：「如果此時有其他部門要跳出來處理尤太人問題，便是違背親衛隊全國領袖（即希姆萊）的命令，而且這樣做也不合邏輯。」但終究是徒費口舌。1944 年荷蘭發生最後一場衝突，這次甚至連卡爾滕布倫納都為了統一原則而企圖干預，在荷蘭的西班牙尤太人（Sephardic Jewish）可獲得豁免，雖然有些西班牙尤太人從希臘的薩洛尼卡（Salonika）被送到奧茲維辛集中營。判決書中提到國家保安本部「在這場爭端中佔據上風」，其實說錯了——天知道什麼原因，約有三百七十位西班牙尤太人竟能平安居住於荷蘭首都阿姆斯特丹。

希姆萊之所以希望在荷蘭由高級親衛隊和警察領袖執行任務，原因很簡單，這些人對整個國家都熟門熟路，也很清楚要解決荷蘭人問題可不容易，歐洲各國尤太教授遭解僱時，荷蘭是唯一出現學生罷課抗議的國家，而第一批尤太人被驅逐到德國集中營時，荷蘭境內還爆發罷工浪潮——那次驅逐行動僅是懲罰措施，並非驅逐至滅絕營，此刻距離輪到荷蘭執行最終解決方案的時間還很久（荷蘭戰爭文獻協會的德容博士指出，德國從這次學到教訓，從那時開始，便不再利用納粹棍棒暴兵迫害尤太人……，而是在產業刊物上頒布法令……《塞爾維亞尤太人週刊》〔*Joodsche Weekblad*〕被迫刊登這些內容。街道不再看到警方突擊搜查，而荷蘭人也停止罷工）。荷蘭民眾對於反尤措施普遍充滿敵意，且相對於其他國家，對反尤主義並不那麼熱衷，然而後來情勢出現轉變，讓尤太人最終還是難逃厄運。首先，荷蘭的納粹運動力量十分強大，頗獲納粹當局信任，讓其成員執行警察強制措施，包含逮捕尤太人、搜查他們的藏身之地等等。其次，荷蘭的尤太人極力與初來乍到的外國尤太人劃清界線，原因很可能是荷蘭政府對德國難民的態度非常不友善，此外，也可能是因為荷蘭的反尤太主義跟法國一樣，都將矛頭指向外國尤太人，這讓納粹比較容易在當地組成尤太委員會，有很長一段時間，該委員會以為只有德國和其他的外國尤太人會遭到驅逐，而且還協助親衛隊招募尤太警察，讓親衛隊不僅受荷蘭警察幫助，更有尤太人的助力，最終導致一場大災難，沒有任何西方國家可以相比擬，慘況只有波蘭尤太人大滅絕能比得上，但與荷蘭不同的是，波蘭尤太人的狀況是一開始就毫無希望。荷蘭人對尤太人的包容態度，讓兩萬至兩萬五千名尤太人得以在境內藏身，對這樣的小國而言這已經是非常高的數字，但是最後，其中至少有一半的尤太人都被查獲，這當然是由於專業和業餘線民熱心通報的緣故。截至 1944 年 7 月為止，荷蘭共有十一萬三千名尤太人遭到驅離，多半被送到索比布爾集中營，位於波蘭盧布林的布格河畔，而這裡並未進行強壯尤太工人的挑選工作。居住於荷蘭的尤太人中，最後有四分之三慘遭殺害，其中約三分之二都是土生土長的荷蘭人。最後一批被驅離出境的尤太人於 1944 年秋天啟程，當時盟軍正在荷蘭邊界巡邏。前述藏身於荷蘭，且僥倖未被查獲的那一萬名尤太人中，約有四分之三是外國人——這個數據證明荷蘭尤太人不願面對現實。

在萬湖會議上，外交部的路德提出警告，表示驅離行動會在北歐國家遇到很大的困難，尤其是挪威和丹麥（瑞典從未遭佔領，而芬蘭雖然在戰時屬於軸心國陣營，但納粹當局恐怕從未與其談論尤太人問題，這個例外令人十分吃驚，芬蘭境內共有約兩千名尤太人，之所以倖免於難，可能是因為希特勒對芬蘭人大力推崇，因此他不希望對芬蘭發出威脅或充滿羞辱的勒索），路德提議延後撤離北歐的尤太人，這對丹麥來說毫無影響，雖然丹麥跟挪威一樣，皆於 1940 年 4 月遭德軍入侵，但截至 1943 年秋天，該國一直具有獨立政府且為中立國。在丹麥的法西斯運動與納粹運動，影響力微弱到不值一提，因此納粹在丹麥並無合作人士。然而，在挪威，德國納粹卻找到熱情的支持者，例如吉斯林（Vidkun Quisling），他領導親納粹、反尤太的挪威政黨，「賣國賊政府」（Quisling government）一詞便是源於他的名字。挪威境內的一千七百名尤太人中，大部分是無國籍尤太人或來自德國的難民，1942 年 10 月和 11 月間，他們在數次閃電任務中被逮捕拘留。艾希曼所屬單位下令將這些人驅逐到奧茲維辛集中營時，有些吉斯林政府的人便辭去公務員職務，路德與外交部對此可能毫不驚訝，但更嚴重、也完全出乎人意料之外的是，瑞典立即宣布為遭迫害的尤太人提供庇護，甚至瑞典人民也會協助尤太人。外交部次長魏茨澤克（Ernst von Weizsäcker）收到此提議時，拒絕加以討論，但瑞典的舉措還是幫了尤太人一個大忙。以非法手段逃離國家總是相對容易，而未取得許可便想偷渡到避難地區，或是逃過移民局的法眼，幾乎不太可能，因此，約九百名挪威的尤太人——約是挪威尤太人總人口的半數——被成功偷渡到瑞典。

而丹麥的狀況，則讓德國人真正瞭解到外交部的顧慮確實其來有自，丹麥的尤太人故事完全自成一格，而且丹麥人民與其政府的做為在歐洲國家中更屬獨一無二——包含被佔領的國家、軸心國、中立國或真正獨立的國家。任何人聽了這個故事，都會建議將它列入政治學必讀內容，讓學生瞭解非暴力行動的力量有多強大，還有面對遠比自己更暴力的敵人時，可以激發出多麼驚人的抵抗力量。可以肯定的是，有些歐洲國家確實缺乏對「尤太人問題的認識」，而且大多數的歐洲人都反對「徹底」和「最終」解決方案。跟丹麥一樣，瑞典、義大利和保加利亞幾乎都不受反尤主義影響，但是，與德國關係密切的丹麥、義大利、保加利亞三國中，只有丹麥敢針對尤太人事務向德國表達意見。義大利和保加利亞只敢對德國陽奉陰違，精心設計各式計謀挽救其國家的尤太人，但他們從來沒有對反尤政策有所爭議。丹麥的情況完全不同，當德國小心翼翼地提出讓尤太人別上黃色臂章的提議時，丹麥政府只表示，如果要實施這個措施，國王會首先別上臂章，而政府官員則謹慎指出，只要實施任何反尤措施，他們便會立即辭職。甚至，德國也未能說服丹麥施行區別當地丹麥尤太人（約六千四百人）以及德國尤太人（約一千四百人，於戰前獲得丹麥的庇護，但此時遭德國政府列為無國籍人士）的措施，而此措施是納粹「解決方案」的關鍵。德國納粹肯定對丹麥的舉動感到大為震驚，因為丹麥政府先前拒絕讓這些尤太人入籍，甚至也拒絕給予工作許可，但現在居然堅持保護這些人，對納粹而言此舉實在「不合邏輯」（就法律層面來說，二次大戰開始前，丹麥的難民境況與法國類似，但是在法國，少數尤太人得以行賄或動用人脈關係，買通第三共和國的政府官員而獲得入籍文件，而且，法國大多數難民皆可在沒有許可證的情況非法工作，然而，丹麥跟瑞士一樣，不吃賄賂買通這套）。後來，丹麥還向德國官員表示，因為無國籍難民已不再是德國公民，因此未經丹麥同意，德國納粹不得要求遣返這些人，此刻無國籍尤太人儼然化身為資產而非負擔。不過，這群尤太人得救並非因為無國籍狀態，而是丹麥政府已經下定決心要保護他們。因此，二戰期間，丹麥完全沒有實施任何重要的解決方案的準備措施，而納粹將驅逐任務延後至 1943 年秋天。

接下來的發展非常驚人，跟其他歐洲國家相比，這些國家的驅逐任務簡直一團亂。1943 年 8 月——此時蘇俄讓德國吃了敗仗，而軸心國的「非洲軍團」在突尼西亞向盟軍投降，與此同時，盟軍入侵義大利——瑞典政府單方面取消與德國於 1940 年達成的協議，拒絕讓德國部隊通過瑞典，而丹麥的工人決定共襄盛舉，丹麥船廠出現暴動，碼頭工人拒絕維修德國船隻，導致德國的軍事指揮官宣布進入緊急戒嚴狀態。而希姆萊認為這是解決尤太人問題的大好時機，終於可以執行延宕許久的「解決方案」，但他沒想到的是，撇開在丹麥遇到的重重阻力不談，久居丹麥的德國官員早已不再唯命是從。漢那根將軍（General von Hannecken）拒絕將部隊指揮權交給德國納粹的全權代表，不僅如此，駐丹麥的親衛隊特別行動隊指揮官（Einsatzkommandos）貝斯特博士（Dr. Werner Best）還經常反對「由中央單位下令施行的措施」——此為貝斯特在紐倫堡的證詞。貝斯特是個資深蓋世太保成員，先前曾擔任海德里希的法律顧問，他曾寫過一部有關警察職務的書籍，當時頗有名氣，其後上級指示貝斯特前往法國境內的德國佔領區，於該區的軍事政府中擔任官員，直到 1942 年後才轉調至丹麥，而此刻德國納粹希望開始執行驅逐任務時，則發現連貝斯特都不再可靠，不過令人懷疑的是，柏林當局是否真的知道貝斯特對納粹有多不忠誠。但無論如何，顯然這次任務從一開始就不順利，艾希曼派屬下君特到丹麥，這是他最出色的部屬，從未有人說過君特缺乏「冷酷強硬」的特質，但他在哥本哈根表現平平，漢那根將軍甚至拒絕簽發強制要求尤太人從事勞動的法令。後來貝斯特到柏林與德國納粹交涉，納粹承諾只要是來自丹麥的尤太人，無論所屬類別為何，都可送至特瑞辛集中營——對納粹而言這可是一大讓步。納粹預定 10 月 1 日晚上開始逮捕並立即驅離尤太人——運輸的船隻已在海港等候——但因為納粹再也不信任丹麥人、尤太人、甚至是駐紮丹麥的德國軍隊，於是直接從德國派警察部隊至丹麥逐戶搜索。然而，到了最後一刻，貝斯特告訴該部隊，他們不得闖入公寓，因為丹麥警察可能會加以干涉，而德國部隊不該與丹麥起衝突。因此，該部隊只能逮捕願意敞開大門的尤太人，最後總計抓到四百七十七人，而丹麥的尤太人總數超過七千八百人。而在德國部隊抵達前幾天，一位德國貨運代理商德克瓦茲（Georg F. Duckwitz）便已經向丹麥政府揭露整個逮捕計畫，消息可能就是來自貝斯特，而丹麥政府緊急通知尤太人領袖。丹麥的尤太領袖跟其他國家的尤太領袖完全不同，他們在慶祝尤太新年之際，於教堂中向所有的尤太人公布此訊息，讓尤太人有充裕的時間逃離住處並躲藏起來，他們在丹麥很容易找到藏身之處，因為，如同判決書所說：「丹麥上至國王，下至一般平民百姓隨時都準備收容尤太人。」

然而，如果丹麥的鄰國不是瑞典，這群丹麥尤太人也許可以悉數平安躲到戰後。丹麥政府借助該國捕魚船隊將尤太人運送到瑞典，這個做法似乎頗為合理，每人的交通費用約為一百美元，而無法負擔費用的尤太人則由丹麥的富人買單，這也許是丹麥最令人吃驚的壯舉，因為當時各國尤太人都要自行支付驅逐的費用，富裕一點的人則是花大錢賄賂地方官，或與親衛隊「合法」交涉，以購買出境許可證（如在荷蘭、斯洛伐克，以及後來的匈牙利），親衛隊只接受強勢貨幣，在荷蘭，每張出境許可證甚至要價五千到一萬美元，即使是對尤太人抱持同情、誠懇態度的國家，尤太人還是需要自行負擔驅逐費用，窮人根本毫無機會躲過這一劫。

丹麥於 10 月間將所有尤太人運送到瑞典，橫越五到十五公里的海峽抵達對岸的瑞典，瑞典總計接收五千九百一十九位難民，其中至少一千人具有德國血統，以及一千三百一十名的半尤太人、六百八十六名配偶為尤太人的非尤太人（所有到瑞典的丹麥尤太人中，似乎有半數都安穩存活到戰後），非丹麥尤太人所受的待遇比以前好很多，皆能獲得工作許可。德國警方捕獲的那四百多位尤太人則是被運送到特瑞辛貧民窟，多半是老人或窮人，其中有些人未即時逃離的原因是並未收到警告訊息，而有些人則是不理解訊息的含義，但因為丹麥機構與人民不斷針對尤太人事務向納粹提出「大驚小怪」的意見，因此這群人在貧民窟比其他人享有更高的權利，後來總計四十八人死於特瑞辛，如果考慮到他們的年齡，會發現這個數字其實並不特別高。一切都事過境遷後，艾希曼深思熟慮後表示：「由於各種原因，在丹麥的尤太人驅離行動徹底失敗。」而貝斯特則有一番奇特的說詞：「任務目標並非逮捕大量尤太人，而是讓丹麥達到尤太人淨空，這個目標已經實現。」

就政治與心理層次來說，丹麥事件中最有意思的部分應該是駐丹麥的德國官員，因為他們公然違背來自柏林的命令。就我們所知，這是納粹唯一碰到的窩裡反狀況，後來似乎連負責處理的柏林官員都改變心意，因為遇到龐大阻力，他們顯然不再將尤太人的全體滅絕視作理所當然，而所謂的「冷酷」作風便如同冰雪般瞬間融化，面對丹麥人的勇敢態度，他們一開始甚至有些膽怯。除了少數幾個癡呆的野蠻人之外，所謂的「冷酷強硬」不過是一個自欺欺人的神話，用以隱藏納粹不惜任何代價追求絕對服從的動機，這一點在紐倫堡大審判清楚展現，法庭上各個被告彼此揭露瘡疤，並爭相向全世界表明自己「一直都暗自反對」，或是如同艾希曼一樣，宣稱自己的高尚品格遭到上級「利用」（在耶路撒冷，艾希曼指責「當權者」利用他「服從」的美德：「如果遇到好政府，算是幸運，如果遇到壞政府那就是倒楣，我是運氣不好。」）紐倫堡審判中的氣氛出現變化，雖然大多數被告肯定知道自己難逃一死，但沒有一個人有勇氣捍衛納粹精神。貝斯特聲稱自己是扮演雙面人的複雜角色，多虧有他，丹麥政府才能提前向尤太人發出預警。但文件紀錄卻與他的說法恰恰相反，證據顯示貝斯特在柏林提議在丹麥執行驅離行動，但貝斯特解釋，這只是雙面人任務的一部分，後來他被引渡到丹麥，遭當地法庭判處死刑，但提出上訴後出現令人驚訝的轉折，因為某些「新證據」，他被改判五年徒刑，後來很快便被釋放，想必貝斯特已向丹麥法庭證明他確實盡力挽救尤太人。

義大利是德國在歐洲唯一的真正盟友，德國將義大利視為與自己平起平坐的盟友，尊重其為主權獨立的地位，這個聯盟關係大概是源自於兩國高層的共同利益，讓兩個類似（甚至完全相同）的新式政權相結合。墨索里尼確實曾經一度在德國納粹間受到大力推崇，但等到戰爭爆發，義大利——稍加猶豫後——加入德國陣營後，納粹對墨索里尼的態度丕變，因為納粹很清楚，他們與史達林共產主義之間的共通點，遠高於與義大利的法西斯主義，而墨索里尼則是對希特勒沒什麼信心，也不怎麼欽佩他。然而，這所有的一切都是高層間的秘密，尤其在德國更是如此，但世界上大多數人從未完全理解極權主義和法西斯主義政府間深切的、決定性的差異，這種差異從雙方處理尤太人問題的方式中，再清楚不過地顯現著。

在 1943 年夏天，巴多格里奧（Pietro Badoglio）發動政變推翻墨索里尼之前，以及德軍佔領羅馬和義大利北部之前，艾希曼和其部屬無法在義大利明目張膽地活動，義大利顯然不打算在其於法國、希臘、南斯拉夫的佔領地中解決任何尤太人問題，因為各國遭迫害的尤太人紛紛逃到這些地區尋求臨時庇護。而在遠高於艾希曼階級的高層間，義大利更是大舉破壞最終解決方案，嚴重影響納粹行動。主要原因是墨索里尼與其他法西斯政府在歐洲影響力頗大——包含法國貝當、匈牙利的霍爾蒂、羅馬尼亞的安東內斯庫、甚至是西班牙的佛朗哥（Francisco Franco），如果義大利不需要依納粹的指示屠殺自己的尤太人，其他的德國附屬國家可能也會仿效其做法。因此，匈牙利總理德邁（Dome Sztojai，霍爾蒂被德國強迫任命其為匈牙利總理）每次收到納粹施行反尤太措施的指示時，總是會問同樣的規定是否也適用於義大利。艾希曼的上級穆勒將軍曾寫了一封很長的信，告知德國外交部這種情況，但外交部的紳士們也無計可施，因為他們老是遇到這類陽奉陰違的反抗，先承諾履行、後又無法兌現承諾，如果遇到公然違抗的狀況，那更是令人氣憤，因為這種反抗已近似嘲諷。墨索里尼本人或其他義大利高官，都曾許諾納粹要執行反尤行動，但如果指揮官根本沒有履行諾言，墨索里尼會為他們找藉口，表示每個人「認知不同」。斷然拒絕納粹要求的情況較為罕見，羅阿塔將軍（General Roatta）是少數的例子，納粹要求他將南斯拉夫境內的義大利佔領區中的尤太人交至負責的德國機關時，他宣稱此舉「會影響義大利軍隊的榮譽」。

然而對納粹而言，如果義大利真的履行諾言，情況可能更糟。盟軍在法屬北非登陸時，法國境內土地已悉數遭德國佔領，只有南部的義大利佔領區（即蔚藍海岸）除外，約有五萬名尤太人避難於此，由於受到德國的龐大壓力，義大利不得不在此成立一個「尤太事務委員部」，唯一的任務便是登記該區所有的尤太人，並將其從地中海沿岸驅離。兩萬兩千名尤太人確實遭到逮捕並被遣離法國的義大利佔領區，但根據英國史學家賴特林格的著作，後來「一千名最貧窮的尤太人得以住進伊澤爾省和薩瓦省中最高級的飯店。」緊接著艾希曼派出最「冷酷」的部屬之一的布倫納（Alois Brunner）到法國的尼斯和馬賽，但布倫納抵達時，法國警方已銷毀所有的尤太人註冊名單。1943 年的秋天，義大利對德國宣戰，此時德國軍隊終於可以進入法國尼斯，艾希曼便立刻趕往蔚藍海岸，結果有人告知他——而艾希曼也毫不懷疑——大約一萬到一萬五千名尤太人藏身於摩納哥（摩納哥是領土狹小的公國，約有兩萬五千名居民，根據《紐約時報雜誌》的說法，其領土「也許能輕鬆納入紐約的中央公園內」），這件事促使國家保安本部展開搜查計畫，接下來一連串事件就像是典型的義大利笑話，其實無論如何，尤太人都已不在摩洛哥，他們逃往義大利，而仍然藏身於周遭山區的人則已設法進入瑞士或西班牙。其後，當義大利人不得不放棄南斯拉夫佔領區時，同樣的事情又發生一次，尤太人跟著義大利軍隊一起離開南斯拉夫，並到義大利的阜姆（Fiume）避難。

即使是義大利十足認真看待德國這位強大盟友的要求時，也少不了幾分鬧劇成分，由於德國的施壓，墨索里尼推出反尤法律，其中規定一般的豁免類別包含如退伍軍人與受功勳的尤太人等等——但他增加一個類別：前成員法西斯黨及其父母、祖父母、妻兒與子孫，我並未找到關於此類別的統計數據，但絕大多數的義大利尤太人肯定可獲得豁免，因為此時義大利的法西斯運動已有二十年歷史，無論義大利人或尤太人都積極參與，原因是政府公職只開放給法西斯黨員，所以完全沒有法西斯黨員的尤太人家庭數幾乎是零，少數反對法西斯主義的尤太人（主要是社會主義者和共產黨員）早已不居住於義大利。即使是被說服反尤的義大利人，似乎都未對驅離尤太人行動特別熱衷，義大利反尤主義運動首領法利納西（Roberto Farinacci）還僱用一名尤太秘書。可以肯定的是，類似的事情也在發生在德國，艾希曼提到（而且我想沒有理由不相信他），納粹各個單位裡，甚至在親衛隊中都有尤太人，但海德里希、艾哈德・米爾希等高官具有尤太血統的事則被視為最高機密，只有極少數的人知道。而在義大利，尤太血統可以公開，完全合法，當然，關鍵在於，其實義大利是歐洲少數幾個絕對不歡迎反尤措施的國家，義大利外長齊亞諾（Galeazzo Ciano）表示，納粹「提出了一個問題，但幸運的是，這個問題在此並不存在。」

尤太人的「同化」這個不斷被濫用的詞，在義大利徹底實現，義大利的本地尤太人總數不到五萬名，而其歷史可以回溯到幾世紀前的羅馬帝國，同化既非意識型態（如同在所有講德語的國家），也並不是一個神話、或明顯的自我欺騙（如同在法國）。義大利的法西斯主義不想對納粹的「冷酷強硬」示弱，在戰爭爆發前便將外國與無國籍的尤太人趕出國門，只是從來沒有真正成功，因為中低階的義大利官員普遍不願變得「強硬」，尤其碰到生死交關的情況，他們更是以維持主權的托辭拒絕放棄尤太人，後來義大利將尤太人送進義大利集中營，尤太人在營中安然度日，一直到德國人佔領義大利為止。這種舉動難以只用客觀條件——並無尤太人問題——來解釋，因為這些外國尤太人的確替義大利帶來一些麻煩，幾乎在每個歐洲國家，尤太人都因其種族文化的同質性而製造出一些麻煩。在丹麥發生的狀況是一場真實的政治事件，也是對公民責任和獨立性的理解，「在丹麥……尤太問題是政治問題，而非人道主義問題」（引自萊尼．亞西爾教授〔Leni Yahil〕，他研究尤太人當代史），而在義大利，尤太問題的解決結果，則要歸因於受到古老文明洗禮的人性。

除此之外，義大利人性化的一面也通過二戰結束前一年半的恐怖考驗。1943年12月，德國外交部採取行動，回應艾希曼上司穆勒曾正式提出的援助請求，告知義大利：「過去數月中，義大利官員並未對其領袖公布的反尤措施展現充分合作熱忱，有鑑於此，本部認為有迫切的必要……由德國官員負責監督該措施的實施狀況。」於是，納粹將惡名昭彰的波蘭尤太人屠夫派到義大利，包含盧布林死亡集中營的格洛博奇尼克，甚至連軍政府首領都不是陸軍的人，而是沃切特（Wächter, Otto）中將，波蘭屬加利西亞（Galicia）的前任州長。此時義大利可無法再戲弄德國，艾希曼的單位發出通告，建議各分部立刻針對「具義大利國籍的尤太人」執行「必要措施」，首當其衝的是羅馬的八千名尤太人，他們遭到德國警察逮捕，因為納粹不再信賴義大利警察。但這些他們事先已收到預警，最後七千人得以逃過一劫，提出預警的多半是老法西斯黨員。而德國跟往常一樣，一遇到強大阻抗便加以屈服，此時他們同意，不將義大利尤太人驅逐出境，無論他們是否屬於豁免類別，並將這些尤太人送到義大利的集中營，對義大利來說這的確是「最終的」「解決方案」。義大利北部約有三萬五千名尤太人被捕獲，並送到鄰近奧地利邊境的集中營。1944 年春天，蘇俄佔領羅馬尼亞、而盟軍即將進入羅馬之時，德國片面毀約，並開始將這些尤太人送到奧茲維辛——約七千五百人，其中只有不到六百人生還，不過，此人數還是遠低於當時義大利尤太人總數的一成。

第十一章

巴爾幹半島的驅逐行動

—南斯拉夫、保加利亞、希臘、羅馬尼亞—

對於關心耶路撒冷審判案情發展、也認真研究過判決書（而法官於判決書中也承認所謂「整體畫面」非常混淆且混亂）的人來說，應該會非常驚訝當中完全沒提到受納粹控制的東歐與東南歐以及中西歐民族國家之間明顯的分野，從北方的波羅的海開始，一路延伸到南方亞德里亞海的帶狀區域內混雜各種民族，現今這裡絕大多數地區都陷入鐵幕之後，然而當時這裡有許多第一次世界大戰的戰勝國所成立的繼承國（Successor States），也就是一個授與這個區域的個種族一群體已經在此居住數百年，接受各個帝國的統治的新政治秩序——北方的俄羅斯帝國，南方的奧匈帝國以及東南方的土耳其帝國。在這些新興的民族國家中，沒有任何一個具備以往歐洲國家的種族背景同質性，而他們還以這些歐洲國家為政治憲法的典範。結果就是，這些民族國家之中的各式大型民族群體，對執政政府抱有強烈敵意，因為他們各自的國家熱望僅因為鄰近族群的人數略多而受到抑制。如果要說明這些新興國家中政治不穩定的情況，捷克斯洛伐克是最佳例證，1939 年 3 月希特勒進軍布拉格時，不僅受到蘇台德地區（德國人在此為少數民族）熱烈歡迎，斯洛伐克人也熱情以對，因為希特勒「解放」他們，讓他們享有「獨立」地位。同樣的事之後也發生在南斯拉夫，這裡以塞爾維亞人居多，他們先前為該國統治者，但後來則被視為敵人，而克羅埃西亞少數族群則得以建立自己的國家政府。此外，由於這些地區的族群人數時有變動，因此不存在任何自然或歷史的邊界，《特里亞農條約》（Treaty of Trianon）註 1 和《聖日耳曼條約》（Treaty of St. Germain）註 2 中規定的界線其實並不嚴謹。因此，匈牙利、羅馬尼亞、保加利亞等國可以軸心國合作夥伴的姿態慷慨擴張自己的領土，而在這些新興附屬國中的尤太人則一直被拒絕入籍成為公民，這些尤太人自動失去國籍，命運跟西歐難民沒兩樣——總是首當其衝遭到驅逐與清算。這幾年內藉由少數民族保護條款建立的複雜系統也為之瓦解，同盟國希望藉由簽訂這些保護條款，讓少數民族受到保護，但在民族國家的政治框架中，這卻無法解決任何問題。在所有繼承國中，尤太人是受到正式承認的少數民族，尤太人並非被動接受此地位，而是尤太代表在凡爾賽和平會議中經過重重談判、請求而爭取到的結果，這在尤太人歷史中是一個重要的轉折點，因為這是第一次非由西歐尤太人（或同化的尤太人）代表整個尤太民族發言，結果顯示，絕大多數的尤太人想爭取的是社會文化層面的自主，而非政治自主，這對受西方教育的尤太「名人」而言自然非常驚訝，有些人則感到沮喪，就法律層面而言，東歐尤太人的地位跟其他少數族群相當，但就政治層面——這是決定性因素——來說，他們是唯一在該地區缺乏「家園」的民族，換言之，他們並不具

註 1：《特里亞農條約》是 1920 年一項制定匈牙利邊界的條約。第一次世界大戰結束前，奧匈帝國滅亡，奧地利帝國的夥伴匈牙利王國宣布獨立。由於奧匈帝國包含數個不同種族，故此需要重新劃定匈牙利、奧地利及其他剛剛獨立之新國家的邊界。條約在 6 月 4 日於法國凡爾賽的大特里亞農宮由數個國家簽署，分別是戰勝國美國、英國、法國與義大利，以及剛獨立的羅馬尼亞、塞爾維亞人、克羅埃西亞人和斯洛維尼亞人王國與捷克斯洛伐克；戰敗國就是代表奧匈帝國的匈牙利。

註 2：《聖日耳曼條約》是第一次世界大戰後，協約國與奧地利共和國於 1919 年 9 月 10 日在聖日耳曼昂萊簽署的條約，正式名稱為《聖日耳曼昂萊條約》。條約生效後，宣布奧匈帝國正式解散，大部分德語地區的奧地利承認匈牙利、捷克斯洛伐克、波蘭和南斯拉夫王國的獨立

備以尤太人為多數族群的領土。但東歐尤太人居住區域較為集中，不像中西歐尤太人分散各地，在希特勒崛起之前，東歐已經出現一種反尤主義的徵兆，當地人直呼尤太裔族群為猶太人，無論是尤太人的敵人或朋友，都將東歐尤太人視為特殊族群，這對於東歐的同化型尤太人的地位有重大影響，也因此東西歐的尤太人地位完全不同，在西歐，尤太人基本上都採取同化策略，這已成為一種心照不宣的規則。為數眾多的中產階級是中西歐尤太人的特點，但東歐尤太人則不同，他們有少數的中上層階級，這些中上階級的尤太人實際上隸屬統治階層，他們融入非尤太人社會的程度遠高於西歐尤太人——透過金錢買通、受洗、通婚等方式達成。

最終解決方案的執行者首次面臨到這些狀況，是在南斯拉夫的傀儡國克羅埃西亞，該國首都為薩格勒布（Zagreb）。克羅埃西亞政府由帕韋利奇（Ante Pavelic）領導，該國政府正式成立後三週，便十分順從地頒布反尤太人的法律，德國當局詢問克國政府該如何處理此時居住在德國的數十名克羅埃西亞尤太人時，他們的回答是：「若能將這些人驅逐到東方，敝國將不勝感激。」大德意志帝國內政部長規定克羅埃西亞需於 1942 年 2 月前達到「尤太人淨空」，艾希曼派愛博梅特上尉（Franz Abromeit）到薩格勒布協助當地的德國員警部隊。驅逐行動由克羅埃西亞人自己執行，主要由名為「烏斯塔沙」（Ustashe）的法西斯運動組織負責，克羅埃西亞為每名受到驅逐的尤太人支付三十美元的費用，交換條件是政府可以接收這些尤太人的所有財產，這依據德國官方的「屬地原則」進行，該原則規定，無論尤太人國籍為何，其居住國的政府可在尤太人身亡後繼承其財產，此規定適用於所有歐洲國家（但納粹並未時刻遵循這個「屬地原則」，如果利益可觀，值得費上一番功夫，他們可以有很多方法迴避該原則，例如尤太人遭驅逐前，德國商人可以直接購買他們的財產，希特勒手下羅森堡（Adolf Rosenberg）創立的特搜隊，最初負責沒收所有希伯來民族與尤太文物，送至德國反尤研究中心，很快他們的權力便擴大到可以任意沒收珍貴的傢俱和藝術作品）。納粹原來給克羅埃西亞的期限為 1942 年 2 月，但無法如期達成尤太人淨空，因為尤太人可以從克羅埃西亞逃脫到義大利佔領區，但在巴多格里奧發動政變後，艾希曼的部屬克魯密抵達薩格勒布，截至 1943 年秋天為止，便有三萬名尤太人遭驅逐到屠殺中心。

德國直到 1943 年秋天才發現到克羅埃西亞尚未達到「尤太人淨空」，最初在克羅埃西亞頒布反尤法律階段時，德國注意到其中一個段落有異樣，規定所有為「克羅埃西亞事業」做出貢獻的尤太人都可歸為「光榮的雅利安人」，當然接下來幾年間，這類尤太人的數量大大增加，而極富有的尤太人（也就是自願放棄其財產的人）都獲得豁免。更有意思的是，親衛隊轄下負責情資工作的保安服務處（由威廉．霍特少將〔Wilhelm Höttl〕領導，他是耶路撒冷法庭第一位傳喚的辯方證人，但後來其口供受到檢方運用）發現，幾乎所有的克羅埃西亞統治階層，從政府高層到烏斯塔沙的首腦都與尤太婦女結婚。該國倖存的一千五百名尤太人（根據南斯拉夫政府的報告，此為總數的百分之五）中，顯然都是高度同化、極為富裕的尤太團體。而且，由於東歐高度同化尤太人所佔百分比估計值往往便是落在百分之五左右，很容易便讓人做出結論：相較歐洲其他地區，在東歐採取同化策略的尤太人有更高的生存機率。

毗鄰的塞爾維亞地區情況則完全不同，德國佔領軍隊幾乎是從抵達的頭一天開始，便開始與當地的游擊部隊奮戰，這種情況只有俄羅斯後方的狀況可與之相比擬。我先前曾提到將艾希曼與塞爾維亞清算尤太人相連結的事件，耶路撒冷法官在判決書中承認「我們並不完全清楚處理塞爾維亞尤太人的命令執行機制為何」，他們解釋的原因為，艾希曼所屬單位沒有涉入該區尤太人事務，因為當地完全沒有任何尤太人受到驅逐，所有的「問題」都是就地解決。德國陸軍以處決游擊隊人質為藉口，殺害男性尤太人，而婦女和兒童則交予安全警察的指揮官舍費爾（Emanuel Schäfer）處置，他是海德里希特別欽點的人選，後來舍費爾以毒氣車處決尤太人。1942 年 8 月，於軍事當局擔任民防官的樞密院顧問官特納驕傲地向柏林當局報告，塞爾維亞是「唯一同時解決尤太人與吉卜賽人的國家」，並將毒氣車歸還柏林，根據估計，有五千名尤太人加入游擊隊，這是他們唯一的逃生途徑。

舍費爾於戰後在德國的刑事法庭接受審判，他對共計六千二百八十名的婦女和兒童施放毒氣，而被判處六年六個月的有期徒刑，而該區軍政府首長波姆則選擇自殺，但特納移交南斯拉夫政府後被改判死刑。這種狀況一再重複：若在紐倫堡大審判逃過死刑，但只要沒被引渡到犯下罪行的國家中，這些納粹分子便從未被繩之以法，或是能獲得德國法院最大限度的「理解」。讓人很無奈地想起威瑪共和國時期，高層最擅於縱容政治謀殺，只要兇手屬於右派中猛烈反共和黨的團體，便加以包庇。

相較於其他巴爾幹半島國家，保加利亞有更多理由對納粹心懷感激，因為納粹協助其大幅擴張領土，而羅馬尼亞、南斯拉夫、希臘則受到犧牲。但保加利亞可不領情，上至政府下至平民百姓，態度都未溫和到聽從納粹指示，徹底執行「冷酷強硬」的政策，而且不僅對於尤太人問題如此。保加利亞的君主政權毫無理由擔心當地法西斯運動組織，因為參與人數少且不具政治影響力，而國會仍然倍受各界尊重並與國王合作無間。因此，保加利亞敢於拒絕向蘇俄宣戰，甚至從未派「志願」遠征軍到東歐前線，最令人驚訝的是，在民族混雜的帶狀區域中，反尤主義大行其道，各個民族的反尤意識十分強烈，早在希特勒下達指示之前，保加利亞早已出現反尤法律，他們完全不懂所謂的「尤太人問題」，保加利亞軍隊確實已同意讓總數約一萬五千名的尤太人被驅逐出新吞併的領土，這些領土由軍政府管理，而人民抱持反尤態度，但令人懷疑的是，他們是否知道「帶到東陸安置」背後的真正含意。較早之前，在 1941 年 1 月保加利亞軍隊政府還同意施行一些反尤法律，但納粹認為其內容過於荒謬——六千名身強力壯的男性強制勞動、無論何時受洗，只要曾經受洗的尤太人都可獲得豁免，因此在當地引發一場更改宗教熱潮，而總共約五萬名的尤太人中，大約五千名可獲得特權，針對尤太醫生和商人設定的限額相當高，因為限額是以都市情況為準，而非全國各地一致。這些措施付諸實施後，保加利亞政府官員公開宣布目前情況已讓各方十分滿意。顯然，納粹不僅還需要教導他們什麼才是真正的「尤太問題解決方案」，絕不容許法律出現不穩定的狀況，或是極權主義運動受威脅。

德國當局肯定意識到往後會遇到某些困難，1942 年 1 月，艾希曼寫信給外交部中，表示「目前局勢顯示時機已成熟，可以開始著手接收來自保加利亞的尤太人」，他提議德國當局接洽保加利亞政府，並向外交部保證首都索非亞（Sofia）的大使館警務部會「負責執行驅逐行動的技術層面」（但該機關似乎並未對驅逐行動十分熱衷，因為不久以後，艾希曼就派屬下丹內克中尉〔Theodor Dannecker〕從巴黎到保加利亞的索非亞擔任「顧問」）。有趣的是，這封信的內容與艾希曼曾於短短幾個月前發送到塞爾維亞的通知完全相反，該通知中指出，這裡缺乏接收尤太人的設施，即使是具德國血統的尤太人也無法被驅逐，因此德國之所以將保加利亞達到「尤太人淨空」的目標排在極高順位，唯一的解釋方式為，柏林當局獲得準確的資訊，發現除非儘速行動，否則可能會前功盡棄。接下來，德國大使館接洽保加利亞政府，但一直等到約半年後，他們才採取「激進」措施的第一個步驟——強制尤太人別上臂章。對納粹來說，即使保加利亞施行這個措施，但結果還是令人失望無比。首先，根據納粹詳實的報告，臂章上只有「一顆小星星」，其次，大多數尤太人根本不別臂章，第三，沒有別臂章的人「反倒讓不少被誤導的群眾對他們感到十分同情，還以為其實這些尤太人是對自己的標誌感到自豪才不別上如此小的臂章」——此報告由國家保安本部反情報處處長施倫堡（Walter Schellenberg）所做，附於給親衛隊國家保安服務處的報告中，於 1942 年 11 月發送至德國外交部。後來保加利亞政府立刻撤銷尤太臂章的相關法令，只是礙於德國龐大的壓力，保加利亞政府最後決定將所有尤太人從索非亞驅逐到農村，但這項措施絕對與德國的要求不符，因為此舉會分散尤太人，而非將他們集中。

這件事成為重要的轉折點，因為索非亞的人民試圖阻止尤太人到達火車站，隨後又在國王宮殿前示威遊行，讓德國誤以為是鮑里斯國王（King Boris）在保護保加利亞尤太人的安全，所以可以合理推論，後來鮑里斯國王應是遭到德國情報人員殺害。但無論國王遭到殺害或1943年年初丹內克中尉的到來，都未絲毫改變這裡的狀況，因為國會和全國人民顯然還是站在尤太人這一邊。丹內克中尉與保加利亞政委達成一項尤太事務協議，將六千名「先導尤太人」驅逐到特雷布林卡，但實際上這些尤太人從未離開保加利亞。這個協議本身值得一提，因為內容顯示納粹不可能決定尤太領導人，他們找不到索非亞的首席拉比，原因是他被索非亞東正教教堂的斯蒂芬（Metropolitan Stephan）藏匿起來，斯蒂芬曾公開表示：「尤太人的命運由神所決定，人沒有權利折磨或迫害尤太人。」（希爾伯格前引書）——他所做的遠比梵蒂岡教廷多出許多。後來，幾個月後在丹麥發生的事情，也在保加利亞上演——當地德國官員開始動搖，對納粹而言這些人變得不再可靠，包含親衛隊轄下的大使館警務部還有當地德國大使，警務部人員負責圍捕尤太人，駐索非亞的德國大使為貝克勒（Adolf Beckerle），他於1943年6月通知外交部，當地情況十分絕望，因為「保加利亞人跟亞美尼亞人、希臘人、吉普賽人共同居住的時間太長，變得對尤太人問題頗為包容。」——當然，這純粹是胡說八道，因為同樣的說法也可以套用在東歐或東南歐所有的國家。除此之外，貝克勒也告知國家保安本部這裡已經什麼也做不了，語氣還顯然十分惱怒。最後，沒有一位保加利亞尤太人遭到驅逐或死於非命，1944年8月蘇俄紅軍進入保加利亞時，反尤法律也被撤銷。據我所知，目前沒有人試圖解釋保加利亞人的義行，他們的做法在巴爾幹半島這個多種族地區十分獨樹一幟，讓人想起一位保加利亞共產黨員季米特洛夫（Georgi Dimitrov），納粹興起時他剛好在德國，1933年2月27日柏林國會大樓發生縱火案，納粹指控季米特洛夫是幕後指使者，此案由德國最高法院審理時，戈林在法庭中與之對質，而季米特洛夫對戈林提問的方式，就好像這場訴訟由自己主掌一般，也多虧季米特洛夫，最後除了盧貝（Marinus van der Lubbe）以外，所有的被告都被宣判無罪，這件事為季米特洛夫贏得全世界的讚譽，即使在德國也不例外，當時許多人都說：「德國還剩下一個有血有肉的人，而他來自保加利亞。」

希臘並未出現特殊的麻煩，因此納粹認為希臘應依照「尤太人淨空」的次序執行任務，此國北部由德國佔領，南部由義大利佔領。1943 年 2 月，艾希曼派出兩名專家到希臘從事準備工作，分別是迪特爾上尉和布倫納，他們準備將薩洛尼卡的尤太人驅逐出境，全希臘三分之二的尤太人都集中於此地，總數約五萬五千人。根據第四分部 B 組第四小隊的委任信件，此係依照「歐洲的尤太人問題最終解決方案的框架」所執行的計畫。德國納粹與當地戰爭委員會的莫頓博士（Dr. Max Merten，該區軍政府代表）密切合作，旋即成立尤太委員會，任命可瑞茲為首席拉比（Chief Rabbi Koretz）。迪特爾上尉負責於薩洛尼卡帶領尤太事務特遣隊，實施尤太人黃色臂章措施，毫無例外。莫頓博士將所有的尤太人都集中到同一個尤太區，因為鄰近火車站，所以便於執行尤太人運送工作，唯一的特權類別是持有外國護照的尤太人，以及，跟其他地區一樣，尤太委員會人員代表也可獲得豁免——總共約數百人，最後被送到貝爾根—貝爾森集中營。希臘尤太人無處避難，除非能逃到南部的義大利佔領區，因為義大利人拒絕將尤太人交給納粹，但即使到了此處也只能得到短暫的平安。希臘人對尤太人的態度冷漠，某些游擊隊組織甚至非常期待驅離行動「獲得批准」，短短兩個月，全部的尤太人皆被驅逐出境，幾乎每天都有開往奧茲維辛集中營的火車，每次運載兩千到兩千五百名尤太人，使用的是運貨列車。同年秋天，義大利軍隊投降後，希臘南部（包含雅典和沿海小島）的一萬三千名尤太人迅速完成撤離。

奧茲維辛集中營中有許多希臘尤太人被任命擔任所謂的死亡司令（deatn commandos），負責操作毒氣室與火葬場的設備，到了1944年，當時匈牙利尤太人慘遭滅絕，羅茲尤太區被清算，而這些希臘尤太人仍安然存活，那年夏天快結束時，開始出現毒氣施放即將終止、集中營設施將拆除的傳聞，這個集中營爆發極為罕見的暴動，眾多死亡司令很確定自己難逃一死，而這場暴動確實是場大災難——僅有一位倖存者，我們只能從他口中得知當時的慘況。

希臘人對尤太人命運的冷漠態度，似乎延續到解放之後。莫頓博士於戰後在艾希曼審判中擔任辯護證人，此時他宣稱自己當時對尤太人的命運一無所知，而且其實還曾經營救過尤太人，戰爭結束後，他悄悄回到希臘，當起旅行社代表，後來雖遭到逮捕，但很快就被釋放，並被允許回到德國。這個案例可以說是獨一無二，因為其他國家對於戰爭罪行都判處極嚴厲的懲罰，只有德國除外。莫頓博士是在柏林提供辯護證詞，在場還有原告與被告的代表，而他的證詞同樣非常獨一無二，他表示艾希曼在薩洛尼卡曾盡力協助約兩萬名婦女和兒童，而所有的罪行其實都是迪特爾上尉所犯下，但最後正式作證前，他鬆口說艾希曼的哥哥（在林茨的執業律師）以及一個由前親衛隊成員組成的德國組織先前曾聯繫過他。艾希曼自己則否認一切——他說自己從未去過薩洛尼卡、也從未見過這位幫了他大忙的莫頓博士。

艾希曼不只一次宣稱，他的組織能力，以及所屬單位在疏散和驅逐任務中從事的協調工作其實對尤太人有所幫助，他強調：「如果這件事非做不可，那以秩序井然的方式進行當然更好。」審判過程中，沒有人把這些話當一回事，甚至連辯護律師也並不在意，艾希曼也曾說過同樣愚蠢和固執的話，說自己以強制移民挽救數十萬的尤太人的性命，這兩種說法顯然都是同一類，然而，看到羅馬尼亞發生的事後，可能會讓我們對此重新思考。羅馬尼亞的驅逐狀況非常混亂（但還比不上丹麥），連當地蓋世太保成員也開始違背柏林中央的命令，而大屠殺的規模之龐大、行刑方式之殘酷，讓親衛隊成員也為之一驚，甚至感到恐懼，因此他們經常插手干預，讓尤太人不用如動物般被屠殺，改以他們認為較文明的方式處決。

在戰前的歐洲，羅馬尼亞是最仇視尤太人的國家，這個說法毫不誇張，即使在 19 世紀，羅馬尼亞的反尤主義亦是確鑿的事實，1878 年，各大強國試圖以《柏林條約》加以干預，促使羅馬尼亞政府承認尤太人為羅馬尼亞籍國民——但還是二等公民，不過最後還是不了了之，第一次大戰結束後，除了數百位西班牙尤太人和具有德國血統的尤太人之外，羅馬尼亞的尤太人在該國內還是外籍居民。後來還是所有同盟國成員在和平條約談判桌上，齊力「說服」羅馬尼亞，羅馬尼亞政府才答應接受少數民族條約，並賦予尤太人公民權。但這向世界輿論妥協的一步，於 1937 年和 1938 年又遭到撤銷，當時羅馬尼亞政府相信德國希特勒權力強大，認為自己可以用廢除少數民族條約來增強「主權」，並剝奪數十萬名尤太人的公民身分——約佔尤太人總人口的四分之一。兩年後，即 1940 年 8 月，也就是羅馬尼亞宣戰並加入德國希特勒陣營的數月之前，新上任的鐵衛軍團獨裁領袖安東內斯庫將軍（Ion Antonescu）宣布，除了在和平條約簽訂前便已成為羅馬尼亞公民的數百個家庭以外，所有羅馬尼亞的尤太人皆為無國籍，同一個月內，他更制定全歐最嚴格的反尤法律，甚至超越德國，其特權類別包含退伍軍人以及 1918 年即為羅馬尼亞國民的尤太人等等，但符合資格的人不超過一萬人，幾乎低於總尤太人口的百分之一。希特勒發現羅馬尼亞的反尤措施快要超越德國，於 1941 年 8 月時（下達最終解決方案命令後數週）曾對戈培爾抱怨：「那個安東內斯庫做得比我們更徹底、更激進。」

羅馬尼亞於 1941 年 2 月參戰，德軍征俄時羅馬尼亞軍團可是非常強大的盟友，羅馬尼亞士兵光是在烏克蘭的敖德薩就殲滅六千餘人。跟其他巴爾幹半島國家非常不一樣，羅馬尼亞政府從一開始就明確知悉東陸尤太人大屠殺的計畫，即使在鐵衛軍團於 1941 年夏天被趕下台後，羅馬尼亞士兵實施的一項屠殺驅逐任務還是極為慘酷暴力，血腥程度讓同年一月「鐵衛軍團的布加勒斯特行動都顯得遜色」──鐵衛軍團在布加勒斯特的屠殺尤太人行動，已被視為前所未有的恐怖暴行（希爾伯格前引書）。羅馬尼亞驅逐尤太人的方法是，將五千人塞進貨運列車後，便讓火車在鄉間無止盡地行駛，最終讓尤太人窒息在車內，而他們最喜愛的後續處理方式，便是將屍體展示在尤太人經營的肉鋪中。此外，因為無法將尤太人向東驅逐，羅馬尼亞集中營由羅馬尼亞人自行建立管理，而在這些集中營內的慘況，比我們所知的任何德國集中營都來得可怕。艾希曼派瑞克特上尉至羅馬尼亞的布加勒斯特擔任尤太事務顧問，李希特回報消息時，指出安東內斯庫希望將十一萬名尤太人運送到「布格河中的兩座森林」進行清算，這裡是德國佔領的蘇俄領土，德國簡直嚇壞了，幾乎各方都出手干預此計畫：陸軍羅森堡所指揮的東陸佔領區事務部、柏林的外交部、德國駐布加勒斯特大使克林格（Freiherr Manfred von Killinger，前親衛隊高級官員，與衝鋒隊參謀長羅姆頗有交情，因此親衛隊認為他非常可疑，可能受李希特監視，李希特負責向他提供有關尤太人事務的「建言」），在此事件中這些人一反常態，都齊心一致加以阻擋。艾希曼在1942年4月致信外交部，懇求中止羅馬尼亞為了「踢除尤太人」，而在此階段中毫無組織且時機過早的反尤行動，他表示必須讓羅馬尼亞明白「德國尤太人的撤退行動已經全面展開」，因此具有優先權，他在信中結尾還提出一項威脅：「讓安全警察介入。」

無論德國有多不情願提高羅馬尼亞在巴爾幹國家最終解決方案中的優先順序，為了避免讓當地情況淪為血腥和混亂，他們不得不改變做法，這些人可是一直都習慣迫害尤太人，對拯救尤太人陌生得很，就如同艾希曼也不常用安全警察加以要脅一般。同年八月中，當時羅馬尼亞已獨自殺害近三十萬名本國尤太人，幾乎不需要德國協助——德國外交部曾與安東內斯庫達成協議，「尤太人從羅馬尼亞撤離的任務，由德屬單位負責」，艾希曼便與德國鐵路單位進行談判，以運送二十萬名羅馬尼亞尤太人到盧布林的死亡集中營，德國做出如此大的讓步，但一切都準備就緒時，羅馬尼亞當局突然間又出現急轉彎，如同晴天霹靂一般，柏林收到李希特的來信，指出安東內斯庫改變心意，而克林格大使也回報，安東內斯庫想以「一個較為輕鬆的方式」擺脫尤太人。德國人忽略羅馬尼亞不僅是屠殺異常橫行的國家，更是巴爾幹地區最腐敗的國家，當時羅馬尼亞境內除了屠殺尤太人的行動外，尤太人購買豁免權的生意也蒸蒸日上，大大小小的政府機構都樂於分一杯羹，羅馬尼亞政府專門針對幾個族群，尤其是尤太人課徵重稅，結果現在發現可將尤太人賣至國外換取強勢貨幣，因此反成為最熱衷於尤太移民的國家——每名尤太人收取一千三百美元的費用，這也是為何羅馬尼亞在二戰時成為尤太人移民進入巴勒斯坦的少數管道之一。隨著蘇俄紅軍日益逼近，安東內斯庫也變得越來越「溫和」，甚至願意無償讓尤太人離境。

安東內斯庫都沒有比納粹更「徹底」（希特勒的想法），僅僅是始終領先德國一步，這件事確實頗為奇特。他率先剝奪所有尤太人的國籍，當德國納粹的反尤行動還處於實驗階段時，安東內斯庫便已毫無顧忌、公然展開大規模的尤太人屠殺，在希姆萊提出「以卡車交換尤太人性命」交易的前一年，安東內斯庫早已施行販賣尤太人的做法，最後跟希姆萊一樣草草結束這些行動，好像整件事只是個笑話。1944 年 8 月，羅馬尼亞向俄軍投降，撤離專家艾希曼被派到這個充滿混亂的地區，以拯救「德國血統的尤太人」，但結果不盡如人意。羅馬尼亞的八十五萬尤太人中大約有半數倖存下來，而大部分的人——約數十萬人——都得以進入以色列。沒人知道現在到底還有多少尤太人還留在這個國家。戰後所有羅馬尼亞的屠殺兇手都遭到處決，而克林格選擇在蘇俄發動攻擊前自殺，只有李希特從未有機會參與這些行為，因此直至 1961 年前都安然生活在德國，而 1961 年則成為艾希曼審判中遲來的受害者。

第十二章

中歐的驅逐行動

—匈牙利、斯洛伐克—

先前討論艾希曼的良心問題時曾提過匈牙利，這個國家從憲法上來說，是一個沒有國王的君主制國家，匈牙利是內陸國家，沒有海岸線，既無海軍亦無商船隊隻，由霍爾蒂上將所統治，或者，更確切地說，接受不存在的國王交付信託代為管理，而全匈牙利唯一的皇室代表，就是隸屬於並不存在的皇朝的眾多大臣。許久以前，神聖羅馬帝國皇帝曾是匈牙利國王，而西元 1806 年之後，這個在多瑙河畔搖搖欲墜的帝國由哈布斯堡皇室統治，同時擔任奧地利帝國皇帝與匈牙利的國王，1918 年一次大戰結束，哈布斯堡王朝帝國被解散為繼承國，而奧地利成為共和國，積極爭取能與德國合併。奧匈帝國末代皇帝奧托·馮·哈布斯堡（Otto von Habsburg）自此流亡海外，永遠無法被匈牙利具有強烈國族思想的馬扎爾民族（Magyars）接納為國王，但另一方面，匈牙利從未出現完全由匈牙利人組成的皇室。因此，匈牙利到底屬於一般政府體制中哪個類別，恐怕只有海軍上將霍爾蒂知道。

匈牙利皇室氣派的表象背後，是世襲封建制度，相較於其他貧窮的中東歐國家，這裡的佃農更加貧困，而少數貴族則更為豪奢，全匈牙利的土地幾乎皆歸貴族所有，匈牙利有許多社會問題待解決，整體發展落後其他國家，似乎舉國上下皆長期活在自欺欺人的幻影中，已經麻木不仁。1930年代早期在義大利法西斯主義的影響下，匈牙利出現強烈的法西斯運動，極右法西斯政黨箭十字黨（Arrow Cross Party）執政，並跟隨義大利的腳步，於1938年首度通過反尤法律，雖然國內天主教教會的影響力強大，但1919年後受洗的尤太人還是難逃反尤法律約束，且三年後，該法也擴大施行到1919年前受洗的尤太人身上。針對整個尤太民族的反尤主義措施於實行上毫無例外，並正式成為官方政策，但與此同時，匈牙利國會上議院中仍有十一名尤太人，此外，匈牙利是唯一派出尤太軍隊到東方戰線的軸心國，共計十三萬人的尤太輔助軍隊，全數穿著匈牙利軍服，造成這種差別待遇的原因是，雖然具有反尤的官方政策，匈牙利人比其他國家更強調本地尤太人和東方尤太人的區別，即「馬扎爾」的尤太人與「特里亞農匈牙利」（一戰後，所有繼承國依照《特里亞農條約》所新劃分的領土）與最近合併的土地。1944年3月前，納粹始終尊重匈牙利的主權，但在那之後，對匈牙利尤太人而言，自己的母國便成為「滅亡之洋」。雖然我們可以理解德國已決定佔領匈牙利——因為此時蘇俄紅軍接近喀爾巴阡山脈，且匈牙利政府拼命想效仿義大利，與蘇俄單獨媾和——但整件事還是令人難以置信，因為在此階段的反尤措施，如同親衛隊上校埃德蒙博士於1943年12月呈上外交部的報告中所言，應止於「等待命令釐清解決尤太人問題」，而「清算」則是「匈牙利參戰的先決條件」，原因在於這個「問題」的「清算」涉及到八十萬名尤太人以及十萬至十五萬名受洗尤太人的撤離行動。

如同先前所述，正因為這個任務既龐大又緊急，所以艾希曼於1944年3月抵達首都布達佩斯，他帶領所有重要部屬以方便進行調度作業，因為此時其他地區的驅離任務已經完成。召回的部屬包含派到斯洛伐克與希臘的迪特爾和布倫納、在南斯拉夫的愛博梅特、巴黎與保加利亞的塞德爾（Siegfried Seidl）、特瑞辛、維也納的克姆密（Hermann Krumey，在匈牙利成為艾希曼的副手），此外，艾希曼從柏林帶來更重要的部屬：主要副手君特、驅逐執行官諾瓦克、法律顧問甘什，當艾希曼於布達佩斯成立指揮總部時，這支艾希曼特別行動小組共約十人，再加上一些文書助理。特別行動小組抵達的當晚，艾希曼便與手下邀請當地尤太領袖召開會議，說服他們成立尤太委員會，以便納粹透過這些領袖傳達命令，交換條件就是讓尤太委員會擁有匈牙利尤太人的絕對管轄權。這並非易事，因為羅馬教廷大使當時曾表示：「全世界都知道驅逐出境實際上代表什麼意思。」而且，如同卡斯特納博士於紐倫堡作證時所言，布達佩斯的尤太人是「極少數知悉歐洲尤太人命運的人，我們很清楚特別行動隊的行徑，我們知道許多奧茲維辛集中營發生的事」。顯然，要讓每個人相信納粹確實知道馬扎爾的尤太人與東方尤太人之間的重要差別，需要的不僅是艾希曼的「催眠話術」，更要讓自欺欺人的力量提升到最高境界，讓匈牙利的尤太領袖相信此刻「這裡不會發生這種事」——「他們怎麼可能將匈牙利的尤太人趕出匈牙利？」而且就算驅逐行動已經每週每日在眼前上演，仍然要繼續對這些想法深信不疑。要如何達到這種境界，答案就在一段最缺乏邏輯的證詞中揭曉：未來的尤太中央委員會成員（即匈牙利的尤太委員會）聽說，正在與鄰國斯洛伐克談判的迪特爾上尉收取賄賂，而且這些成員也知道，雖然收取賄賂，迪特爾「還是將斯洛伐克所有的尤太人驅逐出境」，尤太委員會成員弗羅丁格總結說：「我發現，有必要跟迪特爾上尉建立良好關係。」

在困難重重的談判中，艾希曼最精巧的一招就是確保大家認為自己和手下都非常貪腐，他們對尤太社區主席斯特恩（Samuel Stern，亦是霍爾蒂上將的樞密院成員）予以高規格禮遇，而斯特恩便同意擔任尤太委員會主席，當艾希曼要求提供打字機、鏡子、女性內衣、古龍水與法國畫家華鐸的畫作真跡、八台鋼琴時，斯特恩和其他理事會成員都很放心滿足其需求——即使後來諾瓦克禮貌歸還七台鋼琴，並說：「但是各位先生，我只想彈鋼琴，並沒有開鋼琴店的意思。」而艾希曼自己則參觀當地的尤太圖書館和尤太博物館，並向每個人保證一切措施都只是暫時的，此外，假裝貪腐本來是一開始用來欺瞞大眾的招數，後來很快便假戲真做，雖然跟尤太人期望的有所出入，匈牙利尤太人花的錢比任何國家的尤太人都來得多，但卻完全沒獲得任何好處，奇特的卡斯特納表示：「尤太人為了家庭咬緊牙根，而現在完全成了冤大頭。」審訊過程中，弗羅丁格以及布藍德（Joel Brand，代表尤太復國主義者救濟和救援委員會在匈牙利作證）的證詞證實了這一點。1944 年 4 月，克姆密至少從弗羅丁格那裡收到兩百美元，而救援委員會為了跟迪特爾上尉和親衛隊處成員見上一面，便得支付兩萬美元，此次會議中，每位到場的納粹官員還得到額外的一萬美元小費，迪特爾上尉再次提起所謂的歐洲計畫，他曾於 1942 年提出此計畫，但不了了之，據稱只要支付兩百萬或三百萬美元的贖金，希姆萊便會放過所有的尤太人，只有波蘭尤太人例外。這個提議已經擱置很久，但因為迪特爾又提起，尤太人便開始以分期付款方式付錢給迪特爾。即使是艾希曼的「理想主義」，在這片前所未見的豐饒土地上也毫無用武之地，雖然檢方無法證明艾希曼因公獲利，但正確指出艾希曼在布達佩斯確實過著養尊處優的日子，入住最頂級的酒店，出門以水陸兩用車（親衛隊的貝赫中校所贈，後來兩人互相敵視）代步，還有司機效勞，閒暇之餘還去打獵、騎馬，在來自匈牙利政府的新朋友陪伴下，享受未曾經歷過的奢侈生活。但是，至少在匈牙利有些領導眾多尤太人的領袖並不這麼沉迷在自欺欺人的氛圍中。尤太復國主義組織的影響力在匈牙利一直很強大，該組織在新近成立的救濟和救援委員會（Vaadat Ezra va Hazalah）有自己的代表，此委員會與巴勒斯坦辦事處保持密切聯繫，負責幫助來自波蘭、斯洛伐克、南斯拉夫、羅馬尼亞的難民，並與美國尤太聯合分配委員會（American Jewish Joint Distribution）持續保持聯繫，他們進行的任務便是由此美國委員會提供資金，而他們也曾以合法或非法方式將少數尤太人送進巴勒斯坦。現在，輪到自己的國家遭受災難，他們開始「偽造」基督教受洗證書，持有此證書較便於藏匿，無論尤太復國主義的領導人如何定位自己的角色，他們知道自己是亡命之徒，並採取相應的行動。布藍德很不幸地需擔任戰時的使者，向同盟國家提出希姆萊「以一萬輛卡車交換一百萬名尤太人性命」的建議，布藍德是救濟和救援委員會的高層官員，在耶路撒冷法庭上針對他與艾希曼間的交易作證，他在匈牙利的宿敵弗羅丁格的任務也相同，雖然艾希曼完全不記得弗羅丁格，弗羅丁格想起自己在與艾希曼見面時遭到無禮對待。布藍德的證詞其實證實了艾希曼關於自己如何與尤太復國主義者協商的說詞。有人告知布藍德，「一位充滿理想的德國人」現在想找他談話——兩個可敬的敵人於停戰期間平起平坐地會面，艾希曼對他說：「明天也許我們又要回到戰場。」當然，這是個可怕的鬧劇，但確實顯示，艾希曼對這種振奮人心但毫無意義的話非常喜愛，並不是特地為耶路撒冷審判裝出來的。

更有趣的是，跟尤太復國主義支持者會面時，艾希曼或任何其他特別行動小組成員都沒有像對尤太委員會成員一樣胡亂信口開河，連「語言規則」都暫時停用，大部分都直言不諱，要進行嚴肅的價格談判時，如討論根據歐洲計畫需要多少金額購買一張出境許可證，以及卡車換人命的交易，所有相關的人員，不只是艾希曼，還包含迪特爾上尉、反情報服務處的貝赫上校（布藍德曾與他每日相約在咖啡店會面）等，都理所當然找上尤太復國主義支持者，原因是救濟和救援委員會與國際關係良好，便於提供外幣，而尤太委員會的支柱只有不太可靠的霍爾蒂上將。匈牙利尤太委員會代表只能暫時免遭逮捕與驅逐，很明顯尤太復國主義人士得到更高的權限，尤太復國主義人士不僅可以享有行動自由，也無須披戴黃色星形臂章，可拿到造訪匈牙利集中營的許可證，而救濟和救援委員會創始人之一的卡斯特納博士，後來甚至可以自由出入納粹德國，不需要提供任何尤太人身分證明文件。而艾希曼根據他在維也納、布拉格、柏林的豐富經驗，在短短兩週內便建立起尤太委員會，現在的問題是反尤行動是否能獲得匈牙利官員的協助。他以前沒扮演過這種角色，一般來說，這是由外交部派代表出面處理協調，這次的代表是由新的納粹德國駐匈牙利的帝國部長，即親衛隊上校埃德蒙博士，艾希曼甚至想派一名「尤太事務顧問」給埃德蒙博士，他自己對尤太顧問的角色毫無興趣，因為此職務就最高只能晉升到上尉，他已經是中校，還高了兩階。艾希曼在匈牙利最大的成就便是建立自己的聯繫網絡，主要包含三位——在匈牙利負責政治（尤太）事務的國務秘書恩德雷，他的反尤意念之強烈，連霍爾蒂上將都認為十分「瘋狂」，另一位是內政部次長巴庫（Lászlo Baky），負責領導匈牙利警察，警察中校法蘭茲

（Ferenczy），直接主管驅逐出境行動。在這些人的幫助下，艾希曼可以肯定所有的任務，包含所需法規的頒布以及各省尤太人的集中任務，都能以「閃電般的速度」進行。而維也納當局正與德國鐵路官員舉行特別會議，因為這次運輸的人數接近五十萬人。在奧茲維辛集中營的霍斯直接由上級古魯克少將告知此任務，古魯克隸屬親衛隊經濟管理本部，霍斯便下令建造一條新支線鐵路，以便讓列車能停在火葬場附近，而且為了做好每日處決六千至一萬二千人的準備，死亡司令執行毒氣處決的人數，從二百二十四人增加到八百人。等到 1944 年 5 月，列車開始陸續抵達時，很少有「身強體壯的男人」被留下作苦工，而被留下的極少數人便進入克魯普－沃克公司在奧茲維辛集中營的保險絲工廠工作（克魯普－沃克公司在德國布雷斯勞〔Breslau〕附近新建的工廠，名為貝什沃克〔Berthawerk〕，負責接收尤太人力，並持續給予優越的工作條件，即使死亡集中營中執行強制勞動時，他們的做法也未有所改變）。

匈牙利所有的驅逐行動進行不到兩個月後，便於七月初驟然停止，幸好有尤太復國主義支持者，這個消息傳達的速度遠高於反尤行動其他階段的訊息，而霍爾蒂上將則遭中立國家與梵蒂岡針對反尤行動的抗議聲所淹沒，羅馬教廷大使認為此時有必要解釋梵蒂岡的抗議並非起於「虛假的同情心」——這句話對於持續與宣揚「冷酷無情」的納粹做交易並加以妥協的最高教廷來說，可能會成為永恆的紀念碑。瑞典再次率先採取實際措施，開始發放入境許可，而瑞士、西班牙、葡萄牙隨之效法，因此最後約三萬三千名尤太人得以住進布達佩斯的特殊住房，受到各中立國的保護，盟軍已收到並公布目前所知的禍首名單，共七十人，而羅斯福總統發出最後通牒，威脅道：「匈牙利的命運與其他文明國家會有所不同……除非終止驅逐行動。」緊接著，7 月 2 日美國便對布達佩斯發動大規模空襲，面對四面八方的壓力，霍爾蒂上將只好立即下令停止驅逐出境，而對艾希曼而言最確鑿的不利證據是，他並未服從這位「老糊塗」的命令，在 7 月中旬時，又將布達佩斯附近的集中營中一千五百名尤太人驅逐出境，為了防止尤太官員洩密給霍爾蒂上將，他召集了兩個尤太代表團體的成員，而法律顧問甘什藉故將他們留在辦公室中，直到火車已經駛出匈牙利境外為止。艾希曼在耶路撒冷完全不記得這件事，雖然法官「深信被告肯定清楚記得他與霍爾蒂上將間拉鋸戰中獲勝」，這一點倒是值得懷疑，因為艾希曼並不認為霍爾蒂上將的地位十分重要。

這班車似乎是最後一輛從匈牙利開往奧茲維辛的列車，1944 年 8 月，蘇俄紅軍在羅馬尼亞，艾希曼被派到當地進行徒勞無功的任務，當他回到布達佩斯，霍爾蒂政權鼓起勇氣要求撤回艾希曼的特別行動小組，而艾希曼本人也向柏林提出返回的要求，因為他跟部屬在這裡「已毫無用處」。但是柏林並未如此做，而且後來證明這樣做才正確，因為到了 10 月中旬情勢突然改變，此時蘇俄紅軍離布達佩斯不到一百公里，而納粹成功推翻霍爾蒂政府，任命箭十字黨黨魁費倫茨（Ferenc Szalasi）為國家總理。此時，因為滅絕營的殺人設施即將拆除，無法再將尤太人送到奧茲維辛集中營，而且德國的勞動力嚴重短缺，情勢又更讓人絕望了。親衛隊上校埃德蒙博士與匈牙利內政部協商，請匈牙利准許運送五萬名尤太人——十六歲到六十歲之間的男性，與四十歲以下的女性——到大德意志帝國，他在報告中補充，艾希曼希望人數能再增加一倍，但由於鐵路設施遭到轟炸，因此 1944 年 11 月，艾希曼組成尤太步行隊，但後來遭希姆萊下令中止行進，步行隊中的尤太人無論是否享有豁免權（當時已有許多人享有豁免權）、是否符合指令中的年齡規定，都被匈牙利警察隨機逮捕，與步行隊隨行的箭十字黨成員還搶劫尤太人，施以最殘暴的惡行，而此時一切都結束了，原先總尤太人口約為八十萬人，其中約十六萬人仍然留在布達佩斯貧民窟——農村已達到「尤太人淨空」，其中包括數以萬計的尤太人成為恣意大屠殺的受害者。1945 年 2 月 13 日，匈牙利對蘇俄紅軍投降，所有尤太人大屠殺的主要罪魁禍首都被判死刑，也加以處決，但除了艾希曼之外，其他的德國肇事者都只被判數年徒刑。

斯洛伐克政權跟克羅埃西亞一樣，都由德國外交部所扶植，甚至在 1939 年 3 月德軍佔領捷克斯洛伐克之前，斯洛伐克便到柏林為「獨立地位」進行談判，當時斯洛伐克對戈林承諾，會絕對遵守德國處理尤太問題的方式，但時值 1938 年冬季，還沒人聽說過最終解決方案的事。斯洛伐克這個小國中，共有約兩百五十萬名貧苦的農民，以及九萬名尤太人，生活既原始又落後，人民篤信天主教，總統是天主教神父提索（Father Josef Tiso），即使是法西斯運動組織赫林卡衛隊（Hlinka Guard）都信奉天主教，這些抱持激烈反尤主義的天主教法西斯分子或法西斯神職人員，所展現的風格與做法，都跟他們的德國主子超現代種族主義大異其趣。斯洛伐克政府中只有一名現代的反尤主義者，即艾希曼的好朋友，內政部長薩諾・馬赫，其他人都是、或自認為天主教徒，而納粹黨在原則上當然是反對天主教，因為他們反尤太人。斯洛伐克既然篤信天主教，也就表示他們認為有必要強調受洗與未受洗尤太人的區別，但納粹認為這種區別早已「過時」，不僅如此，斯洛伐克也以中世紀角度思考整個尤太問題，對他們來說，所謂的「解決方案」包括驅逐尤太人與繼承他們的財產，但並非全面「滅絕」，雖然他們可以接受偶爾的處決行為，他們認為尤太人最嚴重的「罪過」，並不是身為外來「種族」，而是這些人太富有。以西方的標準來說，斯洛伐克尤太人並不特別富有，但五萬兩千名尤太人因總資產超過兩百美元而被迫公布財產時，大家赫然發現財產加總後高達一億美元，所以在斯洛伐克人眼中，他們每個人看起來應該都是富可敵國的克羅伊斯註 1。

在斯洛伐克獲得「獨立」的頭一年半中，斯洛伐克忙於按照他們自己的想法處理尤太人問題，他們將較大型的尤太企業移轉予非尤太人，制定一些反尤法律，而德國認為這些法律具有「基礎缺陷」，因為 1918 年之前受洗的尤太人可以獲得豁免，斯洛伐克也計畫仿效總督府成立尤太區，並動員尤太人進行強迫勞動。早在 1940 年 9 月，納粹便派遣一位尤太顧問到斯洛伐克，即迪特爾上尉，曾是艾希曼極為推崇的上司，也是他在保安服務處的好友（艾希曼還將長子命名為迪特爾），現在兩人軍階相等，迪特爾附屬於德國駐布拉提斯拉發的公使館，他並未結婚，因此無法再晉升，所以一年後艾希曼的軍階便超越他。艾希曼認為這肯定讓迪特爾頗為不快，所以迪特爾在紐倫堡審判做出不利自己的確鑿證詞，甚至還向當局自告奮勇要找出艾希曼的藏身之處。但這個說法值得存疑，迪特爾上尉大概只是想求自保，跟艾希曼完全不同。迪特爾屬於親衛隊中受過教育的階層，鎮日埋首書籍文件，命令匈牙利尤太人稱呼自己為「男

註　1：克羅伊斯（Croesus，西元前 595 年至西元前約 547 年）是里底亞（Lydia）末代國王（西元前 560 年至西元前 547 年），克羅伊斯當上國王後，里底亞進入全盛時期，把古希臘人在小亞細亞的所有城市都納入版圖。身為國王的克羅伊斯更是里底亞最富有的人。在希臘和波斯文化中，克羅伊斯就是巨富的同義詞。

爵」，而且大致說來，他比較關心金錢，而非自己的職涯，也因此，他屬於親衛隊中率先轉向「溫和」路線的一群。

斯洛伐克在最初幾年中沒發生什麼大事，直到 1942 年 3 月艾希曼抵達布拉提斯拉發，進行疏散兩萬名「年輕力壯尤太人」的談判，四週後，海德里希親自造訪斯洛伐克總理圖卡（Vojtek Tuka），試圖說服他讓所有尤太人帶到東陸重新安置，其中也包括當時仍有豁免權的受洗尤太人。斯洛伐克政府發現，「德國針對尤太人資產提出的要求，僅只於要求每名尤太人需收取五百元帝國馬克」，而具有天主教思維的該國政府，便糾正納粹有關天主教徒和尤太人之間的宗教區別這個「基礎缺陷」。斯洛伐克政府反過來要求德國外交部為尤太人額外的承諾，即「（被德國人）從斯洛伐克撤離並接收的尤太人，可以永遠留在東陸，無法返回到斯洛伐克。」為了獲得更多這個高層談判的後續消息，艾希曼第二次造訪布拉提斯拉發，造訪途中海德里希在國內遭到暗殺，而且截至 1942 年 6 月，五萬二千名尤太人已由斯洛伐克警察驅逐到波蘭的屠殺中心。

此時斯洛伐克國內仍有三萬五千名尤太人，都屬於最初豁免的類別——即受洗尤太人與其父母、特殊專業人員、強迫勞動營的年輕男子、以及少數商人。這時大多數的尤太人已經被「重新安置」，布拉提斯拉發的尤太人救濟和救援委員會（匈牙利尤太復國主義團體的姐妹機構）成功賄賂迪特爾上尉，迪特爾答應減緩驅逐出境的步伐，同時提出所謂的歐洲計畫，之後在布達佩斯他會再次提起。迪特爾上尉除了看書、聽音樂、以及接受賄賂之外，不太可能還有其他做為，但此時梵蒂岡告知斯洛伐克天主教神職人員「重新安置」的真正含義。根據德國駐當地大使盧丁（Hans Elard Ludin）回報柏林外交部的內容，從那時起，驅逐行動在斯洛伐克就變得非常不受歡迎，斯洛伐克政府也開始催促德國人給予造訪「重新安置」中心的許可證，當然，無論迪特爾上尉或艾希曼都無法提供許可，因為受到「重新安置」的尤太人都早已一命嗚呼。1943 年 12 月，親衛隊上校埃德蒙博士抵達布拉提斯拉發，親自造訪提索神父，埃德蒙是由希特勒所派遣，下達的命令中，明確指出埃德蒙需告訴提索神父要「腳踏實地一點（Fraktur mit ihm reden）」，提索神父承諾將一萬六千名至一萬八千名的未受洗尤太人送到集中營，並承諾為一萬名受洗尤太人建立特殊營，但他不同意驅逐出境的做法。1944 年 6 月，埃德蒙又再度現身布拉提斯拉發，此時他已是納粹德國駐匈牙利的帝國部長，他要求將該國剩餘的尤太人納入匈牙利任務當中，提索神父加以拒絕。

1944 年 8 月時，蘇俄紅軍的腳步越來越近，斯洛伐克與受德國佔領的國家內爆發大規模暴動。此時人在匈牙利的迪特爾上尉可能也不再受到納粹的信任，國家保安本部改派布倫納到布拉提斯拉發，逮捕剩餘的尤太人並將之驅逐出境。布倫納的首要目標是救濟和救援委員會成員，接下來，受到德國親衛隊單位的協助，將其餘一萬兩千名至一萬四千名尤太人驅逐出境，1945 年 4 月 4 日，蘇俄入侵布拉提斯拉發時，當地大約還有兩萬名尤太人倖免於難。

第十三章

東陸屠殺中心

納粹口中的東陸，指的是以波蘭為中心的巨大區域，包含波羅的海國家，以及德國在蘇俄佔領的土地，可分為四個行政單位：瓦爾特高省，即德國佔領的波蘭西部，由格里斯省長管理；奧斯特省（Ostland），包括立陶宛、拉托維亞、愛沙尼亞，還有廣大的白俄羅斯，佔領當局的辦公室便設於里加；波蘭中部的總督府，由弗蘭克擔任總督；以及烏克蘭，管轄單位是羅森堡領軍的東陸佔領區事務部。耶路撒冷檢方第一個呈現的證詞，便是來自這些東歐國家，然而判決書中則是最後才處理這些國家的問題，兩者做法雖相反，但毫無疑問，無論是檢方或法官都有充分的理由。

東陸是尤太人受苦受難的大本營，驅逐行動恐怖的終點站，幾乎沒有任何人從這裡逃離，而倖存者的數量很少超過百分之五。此外，東歐一直是戰前歐洲的尤太人聚集中心，超過三百萬名尤太人居於波蘭，二十六萬名尤太人居於波羅的海國家，約三百萬的俄羅斯尤太人當中，超過一半居於白俄羅斯、烏克蘭和克里米亞（Crimea）。由於檢方最感興趣的主要是在尤太人遭逢「大屠殺規模」的苦難，因此以東陸作為起點非常合理，由此出發，接著再看被告要為這個煉獄負起多少具體責任。但麻煩的是，艾希曼跟東陸屠殺相關的證據非常「稀少」，原因在於蓋世太保的文件，特別是有關艾希曼的部分，都已經被納粹銷毀，所以在書面證據不足的狀況下，可能恰好讓檢方有藉口可以傳喚許多證人，無止盡地述說在東歐發生的情況，雖然證據不足也可能並非是此舉唯一的原因。檢方面臨來自以色列的倖存尤太人龐大的壓力，他們的人數佔以色列人口的百分之二十——審訊過程中，我們已經已隱約發現這一點，但後續文件有詳細介紹（請見 1962 年 4 月的特別公報，由以色列在納粹時期的檔案室大屠殺紀念館所發行），這些逃過一劫的尤太人自發地湧向審判法庭和大屠殺紀念館，自願為大屠殺作證，該紀念館已受官方委託要準備紀錄片的證據。自願者當中有些人因「想像力過於豐富」而被淘汰，比如宣稱「在艾希曼從未去過的地方見過他」，經過篩選後，最後有五十六位法庭所謂的「見證尤太人苦痛的證人」可出庭作證，而法庭原先只計畫傳喚十五至二十位「背景證人」。本次審判共開庭一百二十一次，其中有二十三次完全花在「背景」說明上，表示這些背景對全案並無明顯的關聯，雖然檢方證人幾乎沒有受到辯護律師或法官的訊問，但法官判決時並不接受與艾希曼無關的證據，除非能提供其他佐證（因此，法官拒絕以謀殺匈牙利尤太男孩、煽動德國和奧地利的水晶之夜罪名起訴艾希曼，因為艾希曼當時肯定對這些事一無所知，甚至，在耶路撒冷法庭中，艾希曼知道的還不及當時掌握各方消息的學生；法官也拒絕以謀殺九十三名捷克利迪策（Lidice）的兒童起訴他，這些兒童在海德里希遭暗殺後被驅逐到羅茲集中營，而法官的理由是「就本庭掌握之證據而言，無法確切證明這些人遭到謀殺」；此外，法官並未以「1005 單位」任務起訴艾希曼，這是檢方呈上證據中最慘絕人寰的事件，「此任務是將東陸萬人坑的屍體挖出，以抹去所有的大屠殺證據，由布洛・貝爾（Paul Blobel）上校指揮，根據他自己在紐倫堡審判的證詞，這是國家保安本部第四分部的穆勒中將所下的命令；此外，戰爭結束前最後幾個月內，滅絕營的倖存者被疏散到德國集中營，多半到貝爾根—貝爾森集中營，這些尤太人的生活條件極差無比，但法官也未以此起訴艾希曼）。這些證人敘述關於波蘭尤太區的情況、各個死亡營的處決程序、強迫勞動以及多數集中營都試圖以勞動達到滅絕目的，沒有人對這些事實表示異議，其實，這些人出庭作證之前，這些事幾乎都不是新聞了，如果任何證人提到艾希曼的名字，顯然是所謂的傳聞證據（hearsay evidence），即「為謠言作證」，因此不具法律效力，所有宣稱自己「親眼見過他」的證人，只要法庭提出一個問題，他們的說法立刻變得不堪一擊，法官進行判決時發現「艾希曼的活動範圍，皆以大德意志帝國、保護國為中心，以及西歐、北歐、南歐、東南歐和中歐」，換句話說，也就是除了東歐以外的所有歐洲。那法院到底為什麼不取消這些歷時數週、數月的聽證會？提及此問題時，法官似乎有點歉疚，最後做出一個自相矛盾的解釋：「因為被告否認起訴書中的所有罪名。」所以法官無法排除「事實背景的證據」。但是，艾希曼從未否認起訴書中的事實，他只是表示，他的罪行與「起訴書中所敘述的方式」並不同。其實法官也陷入兩難的困境，審判剛開始時，塞萬提斯博士曾質疑法官的公正性，他認為尤太人沒有資格擔任最終解決方案審判的法官，審判長回答：「我們都是專業的法官，能衡量各種證據並做出判斷，能接受公眾檢視、接受公開批評……而做出判決時，法官當然都是有血有肉、有感情、有知覺的人，但法官依法有責任約束個人感情，否則，可能永遠找不到人審判可能會引起憎惡的刑事案件……不可否認的是，納粹大屠殺的記憶讓每個尤太人都怒不可遏，但我們既然負責審判此案，便有責任約束個人情緒，而對此責任我們表示尊重。」這番話說得既公平又有道理，除非塞萬提斯博士其實是在暗示，尤太人可能不知道自己的存在對全世界帶來的問題，因此無法正確評判能解決此問題的「最後解決方案」，諷刺的是，如果塞萬提斯真的這麼說，法官可能會告訴他，依據被告一再強調重複的證言，他是從許多尤太復國主義者所著的「基礎入門書」來瞭解尤太人問題，即赫茨爾、伯姆的著作，而在場三位法官自年少時便一直是尤太復國主義者，這樣說來，誰還比他們三人更有資格來審判艾希曼？

法官具有尤太人身分，而且三位法官皆居住在五分之一人口都是大屠殺倖存者的國家中，這讓事情變得更嚴重和麻煩，原因跟被告無關，而是與背景證人有關。檢察官霍斯納集結「眾多悲慘」的受害者，每個人都竭力爭取這個難得的機會，每個人都相信自己有權利站在證人席中發言，法官其實曾與檢察官爭論，他利用這個場合來描繪「整體畫面」是否明智恰當？然而，一旦這些人站上證人席，就很難打斷他們，原因就如同蘭道法官所說：「見證者的榮譽，而他們所述說的事情也是原因之一。」就人道角度來說，他們有何立場拒絕讓這些人在庭上作證？就人道角度來說，誰敢質疑他們證詞細節的真實性？他們可是「在證人席上掏心掏肺訴說苦難的往事」，即使這些人的話其實只「算是審判中次要的一部分」。此外，還有一個難題，跟大多數其他國家法庭一樣，在以色列法庭中的任何人，除非證據顯示他有罪，否則他便是無罪，但就艾希曼的案子來說，這個原則顯然形同虛設。如果不是在抵達耶路撒冷之前，就確定艾希曼罪證確鑿，完全超越合理的懷疑範圍，以色列不敢、也不會想要綁架他，以色列總理本古里安於 1960 年 6 月 3 日寫信給阿根廷總統，解釋為何以色列做出一個「正式違反阿根廷法律的行為」時，他說：「是艾希曼組織這場（我國六百萬人民的）大屠殺，範圍橫跨整個歐洲，規模是前所未有的龐大。」一般普通的刑事案件，逮捕嫌犯之前必須有合理依據證明他具有重大嫌疑，但無須到超越合理懷疑範圍的程度——這是法官在後續審判的任務——然而就艾希曼一案來說，只要審判結果在預期之內，非法逮捕可以是合理的行為，而且全世界也都這麼認為。但現在發現，艾希曼在最終解決方案中扮演的角色被嚴重誇大，部分原因是來自他自己的吹噓，部分原因則是，紐倫堡審判中其他被告為求開脫，都試圖把罪推到他身上。而最主要原因在於，艾希曼與尤太代表持續保持密切接觸，因為他是「精通尤太事務」的德國官員，而這是他唯一精通的事務。檢方的起訴基礎是尤太人的苦痛，他們受難的事實完全毫無誇張，但檢方誇大艾希曼的角色，此舉完全不合理。或許也就是因為這樣，上訴法院在其判決書寫到：「事實上，上訴人完全沒有收到『上級命令』，他就是自己的上級，下達所有有關尤太人事務的命令。」這正是檢方的論點，而地方法院的法官並不接受，不過上訴法院可是充分肯定這番危險的胡話（主要支持者是瑪斯曼諾法官〔Michael A. Musmanno〕，曾著《最後十日》（*Ten Days to Die*, 1950），另一位是參與紐倫堡審判的法官，遠從美國到德國為起訴方作證。瑪斯曼諾法官負責審判集中營的管理員以及東陸特別行動隊成員，雖然訴訟過程中已有人提及艾希曼的名字，但瑪斯曼諾只在判決書中提到艾希曼一次，然而，瑪斯曼諾的確到監獄中與紐倫堡被告晤談，在獄中，里賓特洛甫對他說，要不是受到艾希曼影響，希特勒不會這麼可怕，好吧，這些人所說的話，瑪斯曼諾不會全盤接收，但他確實相信艾希曼的任務是由希特勒本人直接委任，而艾希曼之所以掌握大權，是因為「希姆萊和海德里希幫他說話」。幾次開庭後，來自美國長島大學的心理學教授古斯塔夫．吉爾伯特（Gustave Gilbert）出席為起訴方作證，他曾著有《紐倫堡日記》（*Nuremberg Diary*, 1947），他比瑪斯曼諾法官謹慎多了，吉爾伯特作證時表示：「當時艾希曼……對於主要的納粹戰犯來說其實無足輕重，紐倫堡審判時大家以為艾希曼已經死了，瑪斯曼諾法官與吉爾伯特討論戰爭罪行時完全沒提到艾希曼。」後來，地方法院的法官因為看穿起訴方那套過於誇大的說詞，也不希望誤讓艾希曼變成希姆萊的上級，或是希特勒的靈感來源，結果不得已要為被告做辯護，除了有點不太情願以外，法官這個做法完全不影響最終的判決或量刑，因為「我們認為，引領被害者去受死的人，他的法律和道義責任不亞於，甚至有可能大於那些處決受害者的人。」

法官克服這些難題的方式就是妥協，判決書分為兩個部分，其中明顯較大的一部分都花在重新撰寫檢方的陳述內容，法官從艾希曼在德國犯下的罪行開始談起，最後以東歐的罪行結尾，顯示他們與檢方的思維完全不同，這個處理方式表示法官希望將焦點放在被告實際犯下的罪行，而非尤太人的苦難。判決書中幾句話是對檢方明顯的反駁，法官明確指出，所謂大規模的苦難完全「超乎人類的理解能力」，是「偉大的作家和詩人」關心的事，但已超出法庭範圍，而導致這些苦難的行為和動機既未超乎理解能力，也在審判的範圍內，甚至，法官還說他們會依據自己的呈現方式做出裁決，這表示他們得費上好一番功夫釐清來龍去脈，否則會陷在十里迷霧中，而法官確實清楚掌握納粹錯綜複雜的官僚系統，知道被告的職權地位何在。對於有興趣研究這段歷史的人來說，讀一讀這些法官寫成的判決書，肯定能獲益良多，跟檢察長霍斯納的開庭演講（已經出版成書）完全相反。令人欣慰的是，判決書中看不到任何空泛的說詞，但除了艾希曼已經承認的主要罪行之外，如果法官沒有找出以東陸罪行起訴艾希曼的理由，便等於完全推翻檢方的論點，這裡主要罪行指的是艾希曼運送被害者去受死，而且他也完全知情。

主要的爭議有四點，首先是關於艾希曼參與東陸大規模屠殺的狀況，海德里希於1941年3月一次會議中成立特別行動隊，負責執行東陸大屠殺，艾希曼也出席該次會議。但是，特別行動隊的指揮官隸屬親衛隊中的精英階層，而麾下隊員除了犯人便是普通士兵，都是因為受處罰才加入特別行動隊——沒有人自願參加——在這個最終解決方案的重要階段中，唯一與艾希曼相關的是他負責接收處決者的報告，加以總結再呈報給上級，這些報告雖然都是「最高機密」，但都使用油印機印出，而且在德國政府內五十至七十個處室之間遞送，每個處室都還有文書員負責概述報告內容並提交上級。除了這些報告之外，還有瑪斯曼諾法官的證詞，他說國家保安本部反情報處處長施倫堡（曾起草海德里希與布勞希奇將軍〔Walter von Brauchitsch〕間的協議，協議中明文規定特別行動隊可「全權執行其關於一般平民的計畫」，也就是殺害平民的計畫）在紐倫堡曾對他說過，艾希曼「掌控這些任務的執行權」，甚至會「親自監督」。法官「基於審慎的理由」而不願意採納施倫堡這個未經證實的說詞，最後忽略這項證據，施倫堡肯定非常瞧不起紐倫堡的法官，還有他們釐清大德意志帝國複雜架構的能力。因此，剩下的證據只能證明艾希曼充分瞭解東陸的清況，這一點從未引起爭議，而令人驚訝的是，法官的結論是此證據足以證明艾希曼確實參與東陸大屠殺。

第二點爭議，是有關波蘭尤太人遭驅逐到附近屠殺中心的情形。大家很容易相信艾希曼這位運輸專家肯定會在總督政府轄下領土中積極活動，這的確是「合乎邏輯」的假設，但是，從許多其他消息來源可知，高級親衛隊和警察領袖負責此區域的交通——這讓總督弗蘭克極為不悅，他在日記裡不斷抱怨自己在此方面受到各方的干擾，但日記中從未提到艾希曼的名字，艾希曼屬下負責交通運輸的執行官諾瓦克出庭為被告作證，證實了艾希曼的說法：「當然他們有時候必須跟東普魯士鐵路公司（Ostbahn）的經理談判，因為來自西歐尤太人列車必須與當地運輸系統協調（迪特爾在紐倫堡已充分說明這些交易，諾瓦克負責聯繫交通部，如果列車需要經過戰區，交通部便需向陸軍總部取得許可，而陸軍總部有權取消運輸列車。但迪特爾沒說出口、卻可能更有趣的是，陸軍只在最初幾年使用過否決權，當時德國軍隊正採取強烈攻勢，在 1944 年，來自匈牙利的驅逐列車堵住德國 G 集團軍的撤退行動，之後再也沒有人動用過否決權）。」但像 1942 年要撤離華沙尤太人區時，每天需撤離五千人，便是由希姆萊親自與鐵路部門進行談判，艾希曼與其單位完全沒有涉入其中，最後法官轉而採信奧茲維辛集中營指揮官霍斯受審時一位證人的證詞，該證人表示，有些來自總督府尤太人會與亞韋斯托克（Bialystok）的尤太人同時抵達奧茲維辛集中營，而該城市已納入德國東普魯士領土，也就是在艾希曼管轄區範圍內。然而，即使在大德意志帝國領土內的瓦爾特高省，滅絕和驅逐工作也不是由國家保安本部負責，而是其省長格里斯。雖然 1944 年 1 月，艾希曼再度造訪羅茲尤太區——這是東陸最大、也是最後被清算的尤太區——但一個月後，希姆萊自己又親自到此與格里斯會面並下達羅茲的清算命令。除非有人真的相信檢方所說希姆萊的命令是受到艾希曼啟發這種謬論，否則難以依據艾希曼負責運送尤太人到奧茲維辛這個事實，就證明所有到奧茲維辛的尤太人都是由他所運送的。艾希曼對此強烈否認，而且此論點完全缺乏佐證，由此觀之，法官對這一點的判決構成「有疑不利被告」（in dubio contra reum）的狀況。

第三點爭議在於，艾希曼應針對滅絕營中的狀況擔負哪些責任，根據檢方說法，艾希曼對於滅絕營的運作擁有極大的權力，而法官排除目前所有針對此問題的證詞，自己提出真正精確的論據，此舉彰顯這幾位法官的高度獨立性和公正性，他們的論述簡單明瞭，表示他們確實全盤掌握滅絕營的運作狀況。法官首先解釋，營中的尤太人分為兩類，一類是所謂的「運輸尤太人」，佔總人口的絕大多數，這些人從未犯罪，即使是納粹也同意他們都是無辜的，而另一類是受到「保護性拘留」的尤太人，因違法而遣送至德國集中營，但因為他們實踐極權主義的指導原則：向「無辜」百姓展現納粹政權的恐怖，所以這群罪犯受的待遇遠勝過其他人，甚至當納粹要實現「尤太人淨空」的目標而將所有尤太人運到東陸時，這些罪犯的日子還是比其他尤太人好（奧茲維辛集中營一位優秀的證人卡根女士〔Raja Kagan〕表示，這是「奧茲維辛集中營最弔詭的事，罪犯的待遇比無辜老百姓好。」他們不需被迫參與勞力遴選，而且幾乎都得以存活。）艾希曼跟「保護性拘留」尤太人無關，但「運輸尤太人」屬於他管轄的專業範圍，只要歸到這個類別，除了四分之一格外身強體壯的人之外，幾乎必死無疑，而那四分之一的人會被選中到集中營做苦力。然而，根據法官呈現的版本，這個爭議已不存在，艾希曼當然知道，他的受害者中絕大多數都難逃一死，但因為挑選勞工的工作是由親衛隊醫生在集中營當場進行，而驅逐名單通常是由尤太委員會或治安警察所擬定，並非由艾希曼或其部屬決定，因此事實上，艾希曼完全沒有掌握生殺大權，他可能甚至不知道誰會被處死、誰能保命。所以現在的問題是，當艾希曼說：「我從沒殺過尤太人，也沒殺過非尤太人，就這個問題來說——我從來沒有殺死任何人，我從來沒有下令殺人，無論是尤太人還是非尤太人，我從沒有這樣做。」他是否在撒謊？由於起訴方無法理解為何集體屠殺的兇手從來沒有實際殺過人（就艾希曼的狀況來說，他可能根本沒膽量動手殺人），所以一直試著證明艾希曼曾犯下個別謀殺案件。

這一點連結到第四個爭議，也是最後一個問題：整體說來，艾希曼在東陸到底有多大的權限？也就是對於尤太區的慘況、苦不堪言的日子、最後的殘酷清算——多數證人的證詞圍繞的主題——他該負起多少責任？同樣的，艾希曼對這一切充分知情，但這一切完全不在他的職責範圍內。檢方費了好大的功夫，就為了要證明這屬於艾希曼的職責，原因是艾希曼曾坦率承認，有時候他得依據時有變動的尤太問題命令，來決定如何處置被困在波蘭的外籍尤太人。他表示，這個問題跟「國家重要性」有關，牽涉到外交部，「超乎」地方政府的權限範圍。對於這類尤太人的處置方式，德國各部會分成兩大派，「激進派」完全不管這些尤太人是否屬於豁免類別——尤太人就是尤太人，沒得談。「溫和派」則認為應該把這群人暫時「保管」以作為交換籌碼（交換尤太人的想法似乎是由希姆萊所提出，美國宣布參戰後，他於 1942 年 12 月寫信給米勒，說：「應該把那些在美國有權貴親戚的尤太人集中到一個特別的營區……而且先讓他們活命，」「這些尤太人是寶貴的人質，我估計大約有一萬人。」）不用說，艾希曼屬於「激進派」，他以行政便利與「理想」為由，反對任何例外，1942 年 4 月他寫信給外交部，表示「以後，華沙尤太人區安全警察部隊的措施，也會適用於外籍尤太人」（先前在此地區中，凡是持有外國護照的尤太人，都可以獲得豁免），但他講這些話時，根本不是「代表東陸國家保安本部的決策者」，艾希曼在當地肯定不具有「執行權」，另外，雖然海德里希或希姆萊偶爾會指示他，將上級命令轉達給當地的指揮官，但這又離所謂的權力更遠了。

就某種程度來說，真相比耶路撒冷法庭所假設的更糟。法官認為海德里希握有實施最終解決方案的中央大權，沒有任何地域限制，因此艾希曼既然是海德里希就有關尤太問題的主要副手，當然要負起連帶責任。這確實是最終解決方案的運作框架，然而，雖然海德里希確實邀請波蘭副總督約瑟夫．布勒代表總督弗蘭克出席萬湖會議，但最終解決方案並沒有真正施行在德國的東陸佔領區，原因很簡單，因為當地尤太人的命運從未出現平衡。希特勒在 1941 年 5 月或 6 月下達最終解決方案的命令，但屠殺波蘭尤太人的命令早在 1939 年 9 月便決定，法官從羅浩森（Erwin Lahousen）在紐倫堡的證詞得知此事，羅浩森是德國反情報處成員，他表示：「早在 1939 年 9 月，希特勒就決定要屠殺波蘭尤太人。」（因此，1939 年德國佔領波蘭後，波蘭總督府立即於 11 月執行強制配戴尤太星形臂章的措施，大德意志帝國要等到 1941 年才施行該措施，也就是實行最終解決方案的階段。）法官手中握有開戰初期的兩次會議紀錄，其中一次由海德里希於1939年9月21日所召集，出席成員包含「部門首長與特別行動隊指揮官」，當時僅是上尉的艾希曼，代表尤太移民柏林中心出席。另一次會議於1940年1月30日召開，討論「疏散和重新安置問題」，這兩次會議決定整個東陸佔領區當地尤太人的命運——也就是波蘭問題與「尤太問題」的「解決方案」。

即使在那麼早以前，「波蘭問題的解決方案」就顯然進度超前，據稱，低於總人口百分之三的「政治領袖」獲得豁免，為了「讓這百分之三不受傷害」，必須將他們「送進集中營」，而波蘭中產知識分子則需要接受登記並逮捕——「老師、僧侶、貴族、軍團成員、退伍軍人等。」——而「中下階層的波蘭人」將被納入德國的「移動勞工」，被迫從自己的家園「疏散」，「我們的目標是：讓波蘭人成為固定性、季節性和移動性勞工，他們的永久居留地就是波蘭的克拉科夫（Cracow）。」納粹計畫將尤太人聚集到市中心，並「集合到尤太區，以便進行管控以及其後的撤離行動」。在那些納入大德意志帝國領土的東陸地區中——所謂的瓦爾特高省、西普魯士、格但斯克（Danzig）、波茲南省（Poznan）和上西里西亞——必須立刻清除所有的尤太人以及三萬名吉普賽人，這些人搭上貨運列車被送往波蘭總督府。最後，希姆萊身為「加強德國民族精神委員會」的委員，下令在納粹新近併吞的波蘭西部進行撤離行動，也就是法官所謂的「有組織的種族遷移」，這次任務由擔任第四分部D組第四小隊隊長的艾希曼負責執行，該單位主責「移民和撤退」任務（很重要的一點是，這種「負面的人口政策」，絕不是德國在東歐獲得勝利後才臨時做的決定，早在1937年11月，希特勒與德國最高統帥部成員進行秘談時，便已大致完成規劃，請參見《霍斯巴赫協議》

（Hössbach Protocol）。希特勒於會中明確指出，他要的不是征服另一個國家，而是一個位於東陸的「空曠空地」，以方便德國執行重新安置作業，在場聽眾——布隆貝格（Blomberg）、弗里奇（Fritsch）、雷德（Räder）等人——很清楚這種「空曠空地」根本不存在，因此他們肯定知道，德國一旦在東陸獲勝，便會立刻將當地百姓悉數「撤離」。納粹對東歐尤太人施行各式措施，不僅因為他們反尤太人，而且因為這是整體人口政策的重要部分，如果德國獲勝，波蘭人也會跟尤太人面臨相同的命運——種族滅絕，這絕非臆測：在德國的波蘭人已經被迫別上「P」字的臂章〔意指波蘭：Poland〕，跟尤太人的星形臂章如出一轍，而我們知道這就是滅絕行動的第一步驟。）

1939 年 9 月海德里希召開的會議結束後，特別行動隊指揮官收到一封限時信，此時已呈上耶路撒冷法庭，且法官對此特別感興趣，信中只提及「佔領區中的尤太問題」，而且對於「最終目標」（必定是最高機密）跟達到該目標的「初期措施」有明確分別，信中直接指出，初期措施包含將尤太人集中到火車站附近，而信中措詞特點是完全沒提到「尤太人問題的最終解決方案」，所謂的「最終目標」，可能只是將波蘭尤太人完全滅絕，不過顯然對與會者而言早已非新聞，信中提到的唯一新舉措是，納粹新併吞領土中的尤太人必須立刻驅逐到波蘭，而這確實是德國達到「尤太人淨空」的第一步。

對艾希曼而言，這些文件清楚顯示，即使已經到此階段，東陸大屠殺還是跟他無關聯。他在這裡扮演的角色是「交通運輸」、「移民」的專家，在東陸不需要「尤太專家」，不需要傳遞特別的「指示」，也沒有特權的類別，即使是尤太委員會代表，也會在各尤太區完成清算後遭到滅絕。在這裡所有措施都毫無例外，或許奴工的命運稍有不同，他們死亡的速度比較慢。在其他地區的大屠殺中尤太人的官僚機構被視為非常重要，因而納粹往往立刻成立「尤太長老委員會」，但東陸的狀況如此特殊，當地的尤太機構完全沒有參與尤太人的逮捕與集中作業。而這些任務開始進行，表示軍隊於入侵初期在後方展開的大規模槍決行動也進入尾聲，陸軍指揮官似乎曾對屠殺平民提出抗議，而海德里希似乎已與德國最高統帥部達成協議，建立「一勞永逸的清理原則」，一舉清算尤太人、波蘭知識分子、天主教神職人員和貴族，但由於這項任務牽涉到兩百萬名尤太人的「清理」作業，因此才先將尤太人集中在尤太區中。

假使法官認為指控艾希曼犯下這些罪行——證人在審訊中一遍又一遍重複這些令人髮指的罪行——的論據不成立，法官的判刑也不會不同，而艾希曼也還是難逃死刑，最終結果都一樣，但是，如果法官真的這樣做，便會以毫不妥協的方式，完全破壞檢方呈現的案情樣貌。

第十四章

證據和證人

二戰結束前的最後幾週，親衛隊所有的部門單位都在忙著偽造身分文件、摧毀紀錄六年屠殺真相的大批文件。艾希曼的部門似乎比其他單位更精明，他們將文件悉數燒毀，但成效不大，因為所有的信件都已經遞送給其他的國家部會或黨辦公室，而這些部會的檔案都已落入盟軍手中。剩下的文件紀錄絕對足以拼湊出最終解決方案的原貌，而且大多數的真相都已經由紐倫堡與其他地方的審判中揭露，這些真相由各種經宣誓或未經宣誓的口頭陳述所證實，證實真相的人包含法庭中各個證人與被告，還有許多已不在人世的受害者（艾希曼審判所依據的法律《1950 年納粹與其共犯（懲罰）法》第十五條規定，這些所有的證據以及庭外證詞，皆可受法庭採納為證據，該條法令明言，法庭得「偏離證據規則」的規定，只要能「將導致偏差的理由紀錄在案」即可）。此外，書面證據也獲得境外證詞的補充，包含德國、奧地利、義大利法庭上的十六名證人，他們無法直接到耶路撒冷法庭作證，因為檢察長曾公開表示自己「有意讓這些人基於反尤太人的罪行接受審判」，即使第一次開庭時檢察長曾說：「如果被告一方有人願意作證，我不會加以阻止，也不會提出任何異議。」但後來他拒絕讓這一類證人豁免（是否給予豁免完全根據政府的意願，並未強制性規定必須依據《1950 年納粹與其共犯（懲罰）法》起訴）。其實無論在任何情況下，這十六位證人都極不可能到以色列出庭，因為其中七位都在獄中服刑，這當然是個客觀因素，但卻意義重大，因這點可以反駁以色列的說法，以色列聲稱，至少就技術層面來說，由以色列法庭「進行最終解決方案的審判最適合不過」，原因在於文件證據和證人的數量都「比任何其他國家都更充裕」，但實際上，以國的文件證據是否比他國充分，這點頗值得懷疑，因為以色列的大屠殺紀念館建立時間較晚，資料不可能比其他檔案館更豐富。接下來，大家很快就發現，原來以色列是世上唯一不准許辯方證人出席的國家，也不准許在先前審判中立下宣誓書的控方證人接受辯方訊問，而這一點影響甚鉅，因為被告及其律師確實「無法取得能為自己辯護的文件」（檢方提交了一千五百份證據文件，而塞萬提斯博士僅提交一百一十份，其中只有十數件是由塞萬提斯博士所準備，主要是史學家波利亞科夫或賴特林格的著作摘錄，其餘的文件除了艾希曼繪製的十七張圖表外，全是由檢方與以色列警察從眾多資料中揀選的文檔，顯然，辯護律師只能撿富人餐桌上掉下的麵包屑），其實他們「既沒有管道，也缺乏時間」來蒐集相關證據，他們無法取得「來自全球的卷宗檔案以及官方文件」。紐倫堡大審判中也出現同樣的情況，控辯雙方的不平等地位甚至更為明顯，無論在紐倫堡或在耶路撒冷，辯方最缺乏的就是受過良好訓練的研究助理，協助他們從大量文件卷宗中找出任何可能對辯方有利的資料。即使到了今天（1963年），距離戰爭結束已十八年，我們所知關於納粹政權的龐大文件檔案中，絕大多數都是站在起訴方立場選擇的資料。

沒有人比辯護律師塞萬提斯博士對這種劣勢更感同身受，他也是紐倫堡審判的辯護律師團成員，既然當時已深知箇中冷暖，他為何又願意在耶路撒冷擔任辯護律師的角色，就更引人好奇。塞萬提斯博士回答這對他而言「就只是份工作」，因為他想「賺錢」，但根據在紐倫堡的經驗，塞萬提斯肯定知道以色列政府支付的酬勞根本少的可笑——就是他所要求的兩萬美元，雖然艾希曼在林茨的家人另外支付他一萬五千馬克，但整體來說仍是相當不足。幾乎從審判第一天開始，塞萬提斯便一直抱怨酬勞過低，緊接著便公開表示，他希望能販售艾希曼在獄中所寫的「回憶錄」，這是「為後代著想」。無論這種想法是否合適，他恐怕都會大失所望，因為以色列政府已沒收艾希曼在獄中所撰寫的所有文件（收錄於國家檔案館），從八月開庭後，到十二月宣布判決之間，艾希曼在獄中寫成了一本「書」，而在上訴法院的複核程序中，辯護律師提供該書作為「新的事實證據」——當然這本書根本稱不上是新的事實證據。

至於辯護律師的立場，法庭可以充分信賴他提交給以色列警方的詳細陳述說明，再加上十一個月的審判準備期間，他所完成的大量手寫筆記，法庭對這些自願提出的陳述說明從未有疑義，甚至其中大部分內容都沒有受過提問。艾希曼在法庭上面對一千六百份文件，而他肯定見過其中一部分，因為他在阿根廷接受薩森採訪時，薩森便已經讓他看過，檢察長霍斯納稱之為「彩排」，這個說法不無道理。但艾希曼是到了耶路撒冷才開始認真研究這些文件，等到他出庭時，便可發現他顯然沒有浪費在獄中的時間：之前接受警方審訊時，他對閱讀文件毫無頭緒，現在他做得甚至比辯護律師還好，後來，艾希曼在法庭上的證詞成為全案最重要的證據。辯護律師讓艾希曼於 6 月 20 日出庭，也就是第七十五次開庭，並在之後十四次的開庭期間持續詢問被告，一直到 7 月 7 日，也就是第八十八次開庭，輪到起訴方訊問被告，一直持續到7月20日，期間歷經十七次開庭。中間曾有幾起風波：艾希曼曾揚言要以莫斯科的風格「坦白一切」，也曾抱怨自己受到逼問，直到對方獲得滿意的答案為止，「像是牛排不斷被煎烤到全熟為止」，但他通常都能保持冷靜，而當艾希曼威脅要拒答問題時，其實也並沒有那麼認真。艾希曼告訴哈勒維法官，他「很高興有機會能澄清過去十五年強加於他身上的謊言」，還表示能接受有史以來歷時最久的交叉審問，讓他感到很驕傲。後來辯護律師簡短進行再訊問，又花了半次開庭的時間，之後三名法官向艾希曼提問，兩次半的開庭期間，他們從艾希曼口中獲得的供述比起檢方那十七次開庭還要多。艾希曼的出庭期間從6月20日至7月24日，共歷經三十三又半次開庭，而本案共計一百二十一次開庭中，有六十二次的時間都是讓上百位的各國控方證人講述自身的恐怖經歷，幾乎是艾希曼出庭次數的兩倍，期間從4月24日持續至6月12日，只有提交文件證據時，證人會被打斷，霍斯納會宣讀大部分的文件內容以列入紀錄，且每天刊登於報上。這些證人中是由數百、數千位申請人中所挑選出的，只有極少數是以色列公民（嚴格說來，其中只有九十位是大屠殺倖存者，在戰爭中逃脫納粹的囚禁），如果能夠抵抗這數千位申請人的龐大壓力，而尋求未自願出庭的證人，那才真是大智慧！（某種程度上，確實存在這種抵抗，昆汀・雷諾茲〔Quentin Reynolds〕於1960年出版的《死亡部部長》〔*Minister of Death*〕一書中，以兩名以色列記者所提供的資料作為寫作依據，書中提到的所有可能證人都沒有被傳喚出庭作證）檢方似乎想證明這一點，便傳喚一位名為科—扎尼克（K-Zetnik）的知名作家出庭作證，K-Zetnik一詞原是俚語，意指集中營，該作家曾寫過數本關於奧茲維辛集中營的書，主題圍繞在性行為、同性戀與其他「引人入勝的故事」。這位作家在公眾場合露面時，總會先解釋其名字的由來，在法庭上也不例外，他說這並非「筆名」，「這個國家受十字架酷刑之後，只要世界還不清醒，我就得一直使用這個名字……因為耶穌被釘在十字架後，人性已經有所提昇。」他還談到一點占星術，說星星「會影響我們的命運，就像是奧茲維辛裡的星塵一般，面對著地球，朝著地球散發輻射」，當他講到自己受「超乎自然的非自然力量」所支撐時，頭一次暫停喘口氣，此時，即使是霍斯納也認為應該要適時干預這場「作證」，他非常審慎有禮地打斷科一扎尼克：「我想向您提幾個問題，不知您是否同意？」而主審法官也趁機發言：「迪努爾先生[註1]，拜託，拜託，請聽從霍斯納先生和我的建議。」對此感到失望的科一扎尼克，可能被這些話傷得很深，竟然在證人席中昏了過去，自此沒有再回答任何問題。

這肯定是個例外，但例外是指不正常的狀況，作證過程中，缺乏言簡意賅或陳述故事的能力可不是例外，更別說幾乎沒有人能真正區別出十六年或甚至二十年前發生的事實，以及道聽塗說或憑空想像內容。旁人對此愛莫能助，而檢察長優先安排高知名度的證人上台，其實也完全無濟於事，這些證人當中許多人已經將當時的經歷撰寫成書，現在則開始講述在書中已經出現過、或是他們曾經談過許多次的內容。接下來，便展開一場證人的遊行大會，原先構想要按事件發生的先後順序做安排，但完全失控，一開始是八名來自德國的證人，這八個人看起來都很清醒，但沒有任何人符合「倖存者」的條件，他們是居於德國的高級尤太官員，目前在以色列非常活躍，但他們早在戰爭

註 1：尤太作家科一扎尼克的本名為亞希．迪努爾（Yehiel Dinoor）。

爆發前就離開德國。緊接著，是來自布拉格的五名證人，以及來自奧地利的一位證人，而檢方提交一份來自該國的報告，非常具有價值，撰寫者為已故的倫根洛伊斯博士（維也納的尤太區指揮官），寫作時間從戰爭期間持續到戰爭結束後不久。接下來出庭的證人中，法國、荷蘭、丹麥、挪威、盧森堡、義大利、希臘、蘇俄等國各有一位代表，兩位來自南斯拉夫，羅馬尼亞、斯洛伐克各有三位代表，十三位證人來自匈牙利，絕大多數的證人來自波蘭和立陶宛，共有五十三位，而艾希曼在這些地區幾乎毫無實權（比利時和保加利亞是唯一沒有證人出席的國家），這些人全都屬於「背景證人」，還有十六位男性與女性的背景證人，出庭陳述奧茲維辛集中營（十位）、特雷布林卡集中營（四位）、海烏姆諾和馬伊達內克的情況。他們跟特瑞辛集中營的證人不同，特瑞辛集中營是位於大德意志帝國領土內的老人尤太區，而且是唯一一個艾希曼具有相當權力的地方，特瑞辛集中營證人共有四位，而貝爾根－貝爾森交換營的證人則有一位。

這場證人遊行結束時，大屠殺紀念館公報中所謂「證人言論偏離正題的權利」顯然已經完全確立，所以霍斯納於第七十三次開庭，請求法官「讓他將整個畫面鋪陳得更完整」時，其實純粹只是出於形式的詢問而已，而蘭道法官——在第二十幾次開庭時，曾大力抗議過檢察長這種「描繪畫面」的做法——立即同意檢方傳喚霍特葉率（Aharon Hoter-Yishai），前尤太軍團成員（巴勒斯坦尤太人的武裝部隊，在戰爭期間曾與英國第八軍團合作），也是控訴方最後一位證人，霍特葉率現在是以色列的執業律師，先前負責協調各方搜尋歐洲尤太人倖存者的行動，由「移民局」（Aliya Beth）所主導，是負責偷渡尤太移民入境的地下組織。倖存的尤太人約有八萬人，分散在歐洲各地，而盟軍希望盡速遣返這些流離失所的人，但危險的是，尤太人也將被遣返原國。霍特葉率描述，他和同袍以「為尤太人奮戰的國家」成員之姿出現時，尤太人對他們的反應，還有「只要在紙上畫大衛之星，並把紙固定在掃帚上」就足以讓這些人動搖，改變先前幾乎已快餓死卻一派冷漠的態度，還告訴法官，這些人如何「從難民營遊走回家」，但又好像到了另一個營中，因為現在「家園」已經殘破不堪，以一個波蘭小鎮為例，先前共有六千位尤太居民，只有十五人生還，其中還有四個人回到該鎮時遭到波蘭人殺害。最後，霍特葉率說他和其他人試圖阻止盟軍遣返尤太人，但總是為時已晚：「在特瑞辛尤太區，有三萬兩千名生還者，幾個星期後，我們發現只剩下四千位，兩萬八千人自發回到原先的家園，或是被迫遣返，而我們看到的四千人中，當然沒人回到原國，因為現在他們面前出現一條道路」——也就是通往當時的巴勒斯坦，且很快便通向以色列。比起先前證人的證詞內容，這些話大概最像政治宣傳，而其陳述的事實充滿誤導。1944 年 11 月，最後一批尤太人從特瑞辛出發前往奧茲維辛集中營，只有約一萬名囚犯留在特瑞辛，而 1945 年 2 月，又有六萬至八萬餘尤太人到達特瑞辛，都是與尤太人通婚的非尤太人，納粹將他們運到特瑞辛，此刻整個德國的運輸系統都已陷入崩潰。紅十字會接管特瑞辛後，其他所有人——粗估約一萬五千人——都在 1945 年 4 月搭上貨運車輛或步行。這些都是奧茲維辛集中營的生還者，勞動尤太人的一員，多數來自從波蘭和匈牙利。1945 年 5 月 9 日，蘇俄解放這個集中營時，許多捷克尤太人立刻起身往原國出發，這些人是一開始就待在特瑞辛，此時他們已經身處自己的國家，而當蘇俄解除傳染病隔離命令時，大部分的人都主動離開了，所以，這些巴勒斯坦特使能找到的，大概都是無法返回或被運送回家園的人，包含老弱婦孺，或是親人悉數喪生而不知何去何從的人。不過霍特葉率說出一個簡單的事實：這些從尤太區和集中營生還的人，從毫無希望、孤立無援的噩夢倖存下來的人——如果全世界是個大叢林，他們便是任人宰割的獵物——只有一個願望，他們想到一個從此以後只有尤太人居住的地方，他們需要見到代表巴勒斯坦尤太人的使者，知道自己可以到巴勒斯坦，無論用何種手段、無論是否合法，而且知道自己在巴勒斯坦會受到歡迎，這些人對此已深信不疑。

因此，每隔很長的一段時間，蘭道法官又在與檢方之間的爭戰屈居劣勢時，總是會讓許多人很開心，甚至在爭戰開始之前，蘭道法官就曾輸過一次。霍斯納傳喚的第一位背景證人，年紀很大，看起來不像是主動爭取作證的人，頭戴傳統的尤太帽，身形瘦弱，白髮和鬍鬚都十分稀疏，他直挺挺地站在證人席上。從某種角度來說，這位證人是個「名人」，而且大家都知道為何檢察長選擇請他當第一位證人，他是欽德爾·格林斯潘（Zindel Grynszpan），赫歇爾·格林斯潘（Herschel Grynszpan）的父親。1938 年 11 月 7 日，當時赫歇爾·格林斯潘才十七歲，他射殺德國駐巴黎大使館的三等秘書，也就是年輕的恩斯特·馮·拉特（Ernst vom Rath），這場暗殺在德奧引發一場尤太人屠殺，即 11 月 9 日發生的水晶之夜事件，該事件是最終解決方案的序幕，不過艾希曼跟水晶之夜的事前規劃無關。從來沒有人真正知道赫歇爾·格林斯潘的殺人動機，他的哥哥也被檢察長傳喚出庭作證，但他極度不願意談論這件事，法院理所當然地認為這是出於報復，因為 1938 年 10 月底有一萬七千名波蘭尤太人遭到驅逐，被迫離開德國，而格林斯潘是波蘭尤太人，但一般認為，這個解釋可能與事實不符。赫歇爾・格林斯潘是一個精神病患者，他無法完成學業，多年來游移在巴黎和布魯塞爾兩個城市間，但在這兩地都遭到開除，赫歇爾・格林斯潘在法國法院受審時，他的律師講述了一段混亂的同性戀關係，後來德國將他引渡回國後，從來沒有對他進行審判（據傳赫歇爾・格林斯潘在戰爭中倖存下來——證實了「奧茲維辛集中營的弔詭」，只有罪犯才會存活）。恩斯特・馮・拉特實在沒有理由成為受害者，他被蓋世太保盯上，因為他公開反對納粹觀點，且公開展現他對尤太人的同情，前述的同性戀關係很可能是蓋世太保所捏造出來的故事。恩斯特・馮・拉特可能在不知情的狀況下，成為蓋世太保在巴黎的工具，蓋世太保似乎懷藏一石二鳥的計畫——找到藉口進行德國大屠殺，同時擺脫納粹政權內部的敵手——但卻忽略他們其實無法兩者兼得，換句話說，不能一邊污衊恩斯特・馮・拉特跟尤太男孩有同性戀關係，一邊又要把他塑造成「世界尤太人」的受害者和烈士。

無論如何，1938 年的秋天，波蘭政府確實下令，在 10 月 29 日前，所有居住在德國的波蘭尤太人將失去國籍，波蘭政府可能從旁得知德國政府打算將尤太人驅逐到波蘭，所以想阻止這件事，如果說欽德爾・格林斯潘這樣的人會知道波蘭政府這道命令，這實在讓人感到非常懷疑，他於 1911 年來到德國，當時才二十五歲，在漢諾威開一家雜貨店，後來八個孩子相繼出生，到了災難發生的 1938 年，他已經在德國居住二十七年之久，而且跟許多其他背景類似的人一樣，他從來沒費心去更改文件或要求入籍。現在他出庭講述自己的故事，並極為謹慎地回答檢方提的問題，他說話很清楚、果決，言簡意賅，沒有贅述。

「1938年10月27日，星期四晚上八點鐘，一名警察出現，叫我們到第十一區（派出所），他說：『馬上就會讓你們回來，不用帶任何東西，只要帶護照就好。』」欽德爾·格林斯潘跟家人——包含一個兒子、一個女兒和妻子——便出發了，到了派出所後，看到了「一堆人，或坐或站，大家都在哭，他們（警察）大喊：『簽名！簽名！簽名！』我被逼著簽名，跟大家一樣，只有一個人沒簽，我想他的名字是西爾伯（Gershon Silber），而在接下來的二十四小時內，他都得站在角落裡。他們把我們帶到音樂廳……那裡有來自全鎮的人，大約六百人，然後我們在那裡一直待到週五晚上，總共二十四小時，沒錯，直到週五晚上……然後，他們把我們帶到警車上，是運送囚犯的貨車，每輛卡車各載二十人左右，我們被載到火車站，滿街都是人，他們大喊：「尤太人回去巴勒斯坦！」……我們上了火車後，到達位於德國和波蘭的邊境的紐本森（Neubenschen），抵達的那天是安息日，時間是早上六點，我看到來自各地的列車，萊比錫、科隆、杜塞爾多夫、埃森、比特費爾德、不來梅等等，全部的人數約是一萬兩千人……當天是安息日，10月29日……我們到達當地時，他們開始對我們搜身，檢查是否有人帶錢，如果有誰身上的錢超過十馬克，剩下的錢都會被沒收，德國法律明言規定，離開德國時不得攜帶超過十馬克。德國人說：「你入境的時候並沒有多帶錢，所以離開時也不能帶走超過這個數目的錢。」他們被迫走一英里多的路，到達波蘭邊境，因為德國打算把他們偷運到波蘭境內。「親衛隊的人鞭打我們，只要有人沒跟著隊伍走，就會被打，路上都是血，他們扯走我們的行李，以最殘酷的方式對待我們，這是我第一次看到德國人殘暴的面目。他們對我們大喊，『快跑！快跑！』我被打中，掉到溝裡，我兒子扶我起來，說：『爸爸，快跑，快跑，否則會沒命！』然後我們走到開放的邊境……婦女走在最前面，波蘭人一無所知，他們找來一位將軍和一些官員，檢查我們的文件，發現我們是波蘭公民，持有特殊護照，所以決定讓我們入境，我們被帶到一個約有六千人的村莊，而我們全部的人共有一萬兩千人，當時雨下得很大，大家都快昏過去了，放眼望去都是老人，我們過得很悽慘，自上週四以來都還沒吃過一頓……。」他們被帶到一個軍營，安置到馬廄中，因為沒有多餘的房間……我想這是我們到達（波蘭）的第二天，第一天，有輛載著麵包的貨車從波茲南開過來，那天是週日。然後我寫了一封信到法國……告訴我兒子：「不要再寫信到德國，我們現在人在波蘭茲巴斯珍城。」

欽德爾．格林斯潘花了不到十分鐘就講完這個故事，故事講完後——二十七年來毫無意義、愚蠢至極、毫無必要的破壞，都在不到二十四小時內的故事中道盡——讓人有個傻氣的想法：每個人、每個人都應該能站在法庭上訴說自己的故事，但在看似無止盡的一次次開庭中，會發現——至少在詩歌以外的範圍——講故事真的非常困難，需要純潔的靈魂、需要最直接真摯的心靈和思維，只有最正直的人才擁有這些特質，而在耶路撒冷法庭中，欽德爾．格林斯潘的誠實散發最閃耀的星芒。

沒有人會把欽德爾．格林斯的作證形容成「戲劇性的時刻」，但幾個星期後，確實出人意料地出現一個「戲劇性的時刻」，當時蘭道法官試圖要將訴訟程序導回刑事法庭一般程序，而站在證人席的是「詩人兼作家」阿巴．科夫納（Abba Kovner），顯然他在台上作證的經驗遠不及他在公開場合演說的經驗豐富，尤其不喜歡被台下的人打斷，法官請阿巴．科夫納發言盡量簡短，他顯然很不高興，而霍斯納為自己的證人說話，法官只說他不能「抱怨法庭缺乏耐心」，當然這也讓霍斯納很不高興。此時氣氛略顯緊張，而證人恰好提到一個名為安東・施密特（Anton Schmidt）的人，可能是德國軍隊的中士。旁聽觀眾對這個名字並非完全一無所知，因為幾年前大屠殺紀念館的希伯來文公報中，曾刊出施密特的故事，美國幾家意第緒語報社也刊登過這些故事。施密特負責在波蘭的巡邏工作，帶回被單位革除的流浪德國士兵，過程中他遇到一些尤太地下游擊隊成員，包括科夫納，他是很重要的成員之一，施密特便開始幫助尤太人的游擊隊偽造文件，並提供軍用卡車，而且最重要的是：「他這麼做都不是為了錢。」施密特的秘密協助持續了五個月，從1941年10月至1942年3月為止，3月時施密特便遭逮捕處決（檢方引導科夫納說出這段往事，因為科夫納曾說，他第一次聽到艾希曼這個名字時，是從施密特那聽來的，施密特說軍隊中傳聞，負責「安排這一切」的人就是艾希曼）。

這絕不是庭上第一次提到尤太人受外界（非尤太人）協助，哈勒維法官多次詢問證人：「尤太人是否得到任何幫助？」這個問題出現的次數，跟檢方的問題：「為什麼你不反抗？」不相上下，而證人給了各種不明確的答案——「所有人都與我們相敵對」、基督教家庭藏匿的尤太人數目「用一隻手就算得出來」，一萬三千人中大約有五或六位吧——不過令人驚訝的是，波蘭的整體情況還優於其他東歐國家（因先前已提過，沒有來自保加利亞的證人）。有一位住在以色列的尤太人，其配偶是波蘭女性，他出庭講述自己的妻子如何在戰時藏匿他和十二個尤太人。另一位尤太人在戰前有個基督徒朋友，後來幫他從集中營逃脫，且給予許多幫助，但後來因為幫助尤太人而遭到處決。

一名證人表示，波蘭地下組織提供尤太人許多武器，並將成千上萬名尤太兒童帶到波蘭家庭中，讓這些兒童得以活命，這些伸出援手的人都冒著很大的風險，有一整個波蘭家庭被處以極刑，只因為他們領養一位六歲的尤太女孩。但是，科夫納講述施密特的事跡時，這是法庭上第一次也是最後一次聽到德國人幫助尤太人的故事，因為目前唯一涉及德國人協助的事件，只出現在文件中：某位德國陸軍軍官間接破壞警方命令，雖然後來沒有受到處分，但納粹很重視此事，甚至出現在希姆萊和納粹黨秘書長馬丁·鮑曼往來的信件中。

科夫納花了幾分鐘講述施密特協助尤太人的行誼，此時法庭陷入一片寂靜，好像是台下觀眾自發決定要花兩分鐘為施密特默哀。這兩分鐘就像是一道光，穿越堅不可摧、深不可測的黑暗後綻放光芒，此時我的腦中突然跳出一個想法，非常明確、無可辯駁——如果當時更多類似的故事發生，今天在這個法庭、在以色列、在德國、在歐洲、甚至在全世界發生的事會有多麼不一樣！

尤太人鮮少受到外界協助，當然，有人為此做出解釋，而且重複了很多次，其中最重要的內容，在此藉由一本主觀而真摯的戰爭回憶錄呈現給諸位，作者是彼得·班姆（Peter Bamm），他是一名在蘇俄前線服務的德國軍醫，在這本名為《看不見的旗子》（*Die Unsichtbare Flagge*, 1952）的回憶錄中，談到發生在烏克蘭的塞瓦斯托波爾（Sevastopol）的尤太人屠殺事件，親衛隊特別行動隊（班姆稱之為「其他人」，以跟普通士兵做區別，書中對一般德國士兵充滿敬意）集中尤太人之後，將他們帶到前蘇俄秘密警察監獄中一個密閉房間，緊鄰著德國軍官宿舍，也就是班姆的單元駐紮的地方。接下來，尤太人登上移動式毒氣車，幾分鐘內便悉數喪命，司機發動車輛，將屍體載到城外丟棄在壕溝中。「我們知道發生了什麼事，而我們什麼也沒做，只要對特別行動隊發出嚴重抗議，或做出任何反對其措施的事，都會在二十四小時內被逮捕，然後人間蒸發。這個世紀是屬於極權政府的世界，他們不會允許對手以充滿戲劇性的、偉大的烈士的姿態，為了忠於自己的信念而死去。我們當中有非常多人可能都能夠接受這種處決方式，極權主義國家讓對手以這種無聲、無名的方式消失，可以肯定的是，任何寧願受死也不願默默隱忍這種罪行的人，其實都是徒然犧牲。這並不是說這種犧牲在道德上毫無意義，只是就實際面來說，完全沒有一點作用。我們沒有一個人認為自己可以為了高尚的道德意義，而做出這種毫無實際作用的犧牲。」不用說，班姆完全沒發現，少了「高尚的道德意義」後，他一再強調的「正派」有多空洞。

這種空洞的正派並不是讓施密特中士的行誼如此突出的原因，在解釋為何未伸出援手的原因時，這個說法乍聽合理，但反而是重大缺陷。確實，極權統治政權不斷鑿出許多讓人遺忘一切的孔洞，無論善行惡行，都會消失在孔中。但就像納粹從1942年6月起，想要瘋狂清除所有大屠殺的痕跡一樣——他們將屍體焚化、或丟進露天大坑中焚燒、或使用炸藥、火焰噴射機、碎骨機器以求湮滅證據——到頭來都註定要失敗，因此，所有想讓對手「以無聲、無名的方式消失」的做為都是徒勞，終究是有跡可循，能讓一切遭到遺忘的孔洞不存在。沒有人是完美的，只是世界上有太多人幫助大家遺忘這一切，但最終，總會有人活著講述這些故事。因此，沒有任何事會永遠「沒有實際用處」，至少，從長遠角度來看是不會出現。對今天的德國來說，如果有更多像施密特的故事，其實能為它帶來許多的實際用處，不僅只為了建立德國在國際間的威信，而是為了目前國內迷茫混亂的氛圍。這些故事的啟示簡單易懂，從政治角度來說，若恐怖主義盛行，大多數人會選擇服從，但有些人就是不會服從，同樣的啟示，也可以在執行最終解決方案的國家中看到，最終解決方案「有可能發生」在大部分的國家，但並非所有的國家都實行。從人性角度來說，這就足以確保地球仍是適合人類居住的地方，任何其他要求都是超乎合理範圍。

第十五章

判決、上訴、行刑

戰爭結束前的最後幾個月，艾希曼在柏林等待消息，完全無事可做，國家保安本部其他部門的主管每天都共進午餐，雖然地點就在艾希曼辦公室的大樓，但從沒邀請他參與。艾希曼為了讓自己忙碌起來，便著手打造防禦設施，說是想為柏林的「最後一戰」做好準備，此時，他唯一的公務就是不定期到特瑞辛集中營，帶領紅十字會代表參訪營區，艾希曼對這些人特別能敞開心胸，透露希姆萊即將對尤太人施行的新「人道路線」，希姆萊公開表示「下一次」要依照「英國模式」建造集中營。1945 年 4 月，艾希曼最後一次與希姆萊會談，希姆萊命他在特瑞辛選擇「一百名到兩百名傑出的尤太人」運到奧地利，並把他們安置在飯店中，這樣便能在與美軍總司令艾森豪進行的談判中，利用他們當作「人質」。這個想法至為荒謬，但似乎還不足以讓艾希曼醒悟，他說「我心中充滿悲痛，因為不得不拋棄這些防禦設施」，但他沒有完成希姆萊託付的任務，因為所有的道路都被蘇俄紅軍封鎖。後來，他跑到奧地利的阿特奧斯（Alt-Aussee），而卡爾滕布倫納也避難於此，卡爾滕布倫納對於希姆萊的「傑出尤太人」毫無興趣，他告訴艾希曼要組成一支突擊隊，在奧地利山區作戰，引起艾希曼熱烈回應：「這個任務很值得，我很喜歡。」艾希曼臨時召集一百多名隊員，其中大多數人從沒見過步槍，然後接管一個遭遺棄的武器庫，就在此時，艾希曼收到希姆萊的最新命令：「不得向英國人和美國人開火。」就這樣，一切都結束了，艾希曼將隊員遣返回家，並將一個裝了紙幣和金幣的小保險櫃交給他最信任的法律顧問甘什：「因為，我對自己說，他是高級政府機關的人，一定能妥善理財，節省支出……因為我相信總有一天還是會用到帳戶。」這幾句話說完，艾希曼也必須結束談論他的自傳，他主動把自傳交給負責審訊的警官，他們花在這上面的時間只有幾天，在總計三千五百六十四頁的供詞紀錄中，只佔了三百一十五頁。艾希曼很樂於繼續談下去，而且他顯然也已經告訴警方後續發生的事，但基於種種原因，法庭決定不接受任何戰後產生的供詞內容。不過，紐倫堡審判的宣誓書以及摩協．培曼（Moshe Pearlman）所作《逮捕阿道夫．艾希曼》（*The Capture of Adolf Eichmann*）的內容，可以替艾希曼說完故事，摩協．培曼是前以色列政府官員，顯然是依據以色列第六分局（負責審判準備工作的單位）提供的資料寫成該書，而且在開審前四週便於倫敦出版（培曼自稱，艾希曼被綁架前三週，他便從政府部門退休，因此他是以「個人」身分寫成這本書，這個說法不太具有說服力，因為以色列警方肯定在培曼退休前好幾個月，便早已知悉綁架行動一事。）這本書讓以色列當局頗為困窘，因為培曼提早透露重要的起訴文件，還指出法庭已決定不採信艾希曼的證詞，另一個原因是，以色列絕不希望外界知道在布宜諾斯艾利斯抓獲艾希曼的詳盡過程。

比起先前關於艾希曼的各種傳聞謠言，培曼在書中講述的故事並沒那麼高潮迭起，其實艾希曼從來沒有去過近東區域或中東，與阿拉伯國家毫無往來，他也未曾從阿根廷返回德國，其實除了阿根廷，他從未去過任何其他拉美國家，也並未參與戰後的納粹活動或組織。戰爭結束後，艾希曼曾試著聯繫還在阿特奧斯的卡爾滕布倫納，但卡爾滕布倫納已經沒心情見他，因為「他認為這個人已經毫無機會」（卡爾滕布倫納自己的前途也並非一片光明，他後來在紐倫堡受絞刑），接下來艾希曼立即遭到美國士兵逮捕，送進專門囚禁親衛隊隊員的營區，期間艾希曼接受多次審訊，並未洩漏自己的身分，不過有些獄中囚犯知情。艾希曼很謹慎，並沒有寫信給家人，想讓他們相信自己已經死了，他的妻子提出死亡證明申請，但並未申請成功，因為「親眼目睹」艾希曼死亡的人，只有他的哥哥，此時艾希曼的妻子已身無分文，全仰賴艾希曼在林茨的家人資助她和三個孩子。1945 年 11 月，主要納粹戰犯開始於紐倫堡受審，艾希曼的名字便時常見報，1946 年 1 月，迪特爾出庭擔任控方證人，提供法庭確鑿的證據，艾希曼認為自己最好立即消失。其他犯人幫助艾希曼成功逃離營區，他逃到離漢堡約五十公里的呂納堡石楠草原（Lüneburger Heide），一位同營囚犯的哥哥在此營生，提供他一份伐木工人的工作，他使用假名「奧圖・海林格（Otto Heninger）」在此窩藏了四年，生活想必窮極無聊。1950 年，他成功與納粹逃亡秘密組織 ODESSA[註1] 取得聯繫，同年 5 月，他從奧地利抵達義大利，一位知道其身分的方濟會神父為艾希曼準備一份難民護照，護照的名字為理查德・克萊門特（Richard Klement），並將他送往布宜諾斯艾利斯，艾希曼 7 月中旬抵達該地，且順利以理查德・克萊門特的身分取得身分證和工作證，

註 1：二次大戰結束前夕，部分親衛隊成員逃亡到阿根廷，並在布宜諾斯艾利斯建立一個納粹逃亡組織，代號為 ODESSA（德文「前親衛隊成員組織」Organisation der Ehemaligen SS Angehörigen 的縮寫），旨在保護納粹親衛隊，該組織與德國、瑞士、義大利、梵蒂岡、佛朗哥時期西班牙的宗教勢力，甚至是羅馬教廷有所聯繫。據說 ODESSA 曾經幫助阿道夫・艾希曼、約瑟夫・蒙格勒（Josef Mengele）、埃裏希・普裏克（Erich Priebke）等戰犯逃亡到拉丁美洲。

他的新身分篤信天主教、單身、無國籍，年紀為 37 歲——比艾希曼的實際年齡還小七歲。

此時艾希曼還是非常小心謹慎，不過寫給妻子的信已經是由他親筆手寫，他在信中說「妳孩子的舅舅」還活著，艾希曼在逃亡期間打過許多零工，如：銷售業務、洗衣工、兔子農場的工人——收入都非常微薄，但 1952 年夏天，他終於與妻子和孩子相聚（艾希曼的妻子當時居住在奧地利，但她於瑞士蘇黎世獲得一份德國護照，護照使用她的真名，但婚姻狀態欄中顯示已與某位姓艾希曼的男士「離婚」，她如何辦到這一切，至今仍是個謎，因紀錄其申請文件的檔案已從德國駐蘇黎世領事館中消失），此時艾希曼恰好獲得第一份穩定的工作，在賓士汽車工廠擔任機械師的工作，工廠位於布宜諾斯艾利斯郊區的蘇亞雷斯，後來又升到領班，艾希曼的妻子為他生下第四個兒子時，他再次迎娶其妻，理應還是使用克萊門特這個名字，但這似乎不太可能，因為這名嬰兒註冊的姓名為里卡多·弗朗西斯科（大概是為了向那位義大利神父致敬）·克萊門特·艾希曼，這證明艾希曼已經在躲藏多年後開始公開其身分，且這只是眾多證據之一。然而，他似乎的確告訴他的孩子，自己是阿道夫·艾希曼的弟弟，他的小孩跟林茨的爺爺奶奶和叔叔們都非常熟悉，如果他們真的相信這番話，那只能說是遲鈍無比，不過艾希曼的長子最後一次見到他時至少已經 9 歲，理應能夠在七年後於阿根廷相聚時認出自己的父親，此外，艾希曼妻子在阿根廷的身分證從沒變更（姓名為 Veronika Liebl de Eichmann），1959 年艾希曼的繼母去世，一年後，他的父親也去世，林茨的報紙刊登訃文時將艾希曼妻子的名字列於未亡人名單中，跟前述的離婚與再婚互相矛盾。1960 年，艾希曼被捕的前幾個月，他和較年長的幾個兒子在布宜諾斯艾利斯的貧窮郊區搭建一個磚房，此處沒水也沒電，但一家人就此安頓下來。他們的生活肯定相當貧困，而且艾希曼的日子肯定非常悲慘貧乏，以致他的孩子「對於受教育完全沒有興趣，甚至從未試圖發展他們所謂的才能。」

艾希曼唯一的樂趣就是跟許多前納粹成員聊個不停，他在這些人面前非常爽快地公開自己的身分，因此 1955 年，阿根廷的荷蘭記者薩森便採訪艾希曼，薩森是前親衛隊成員，也是納粹逃犯之一，他在戰爭期間用荷蘭國籍換到一本德國護照，後來在比利時被以戰爭罪判處死刑。艾希曼在採訪中寫了大量筆記，採訪時全程錄音，再由薩森重新謄寫訪談內容，其中有不少加油添醋，後來艾希曼親筆寫的筆記被查獲，便送到耶路撒冷作為呈堂證供，不過整體的聲明並未成為證據。薩森訪談的精簡版於 1960 年 7 月刊登於德國的《明星周刊》（*Der Stern*），同年 11 月與 12 月，又陸續刊載於《生活》（*Life*）期刊。不過其實薩森四年前便將艾希曼的故事提供給一位《時代—生活》（*Time-Life*）週刊的記者，顯然也經過艾希曼同意，即使文中未出現艾希曼的名字，但訊息來源毫無疑問確實是他。事實上，艾希曼竭盡所能擺脫自己的匿名狀態，奇怪的是，以色列情報局居然花了數年才得知艾希曼的下落——1959 年 8 月，以色列發現阿道夫．艾希曼使用理查德．克萊門特的假名居住在阿根廷。以色列從未透露其消息來源，現在至少有十幾個人聲稱他們最先發現艾希曼，而在歐洲的「消息人士」堅稱是蘇俄情報局洩露的消息，無論真相如何，最令人費解的並非以色列如何發現艾希曼，而是為何沒有更早發現他的藏身之處——當然，以色列確實搜索多年，這一點就種種事實看來，似乎頗為可疑。但是，綁架者的身分非常明確，所有關於私人「復仇者」的說法都跟以色列總理本古里安互相矛盾，1960 年 5 月 23 日，本古里安在以色列議會宣布，以色列情報局已經「找到」艾希曼，議會頓時一片熱烈歡呼聲。而塞萬提斯竭力在地方法院和上訴法院傳喚茲維．多哈（Zvi Tohar，將艾希曼載離阿根廷的以色列航空總機師）、亞德．希莫尼（Yad Shimoni，以色列航空在阿根廷的主管）出庭作證，但仍未能如願。塞萬提斯提到本古里安在議會宣布的內容，檢察長反駁表示總理「只承認艾希曼是被情報局人員找到，如此而已」，並沒說他也被政府人員綁架，但事實似乎相反：情報局並未「找到」他，只是去接他，且事前已做過初步查探以確保情報真實無誤，但他們甚至連查探作業都做得不太專業，艾希曼早就知道自己被跟蹤：「如果有人問我是不是早就發現，我幾個月前就可以告訴你答案（警方審訊內容，並未對外發表）⋯⋯我知道我家附近開始有人詢問買地的事，說要蓋縫紉機工廠——這根本不可能，因為這個地方既沒電也沒水，另外，有人告訴我這些人是北美的尤太人。我其實可以輕易消失，但我並沒有這樣做，還是照常過日子，直到事情發生為止，我其實有文件推薦函，可以輕鬆找到下一份工作，但我不想這樣做。」

有更多的證據顯示他非常願意前往以色列接受審判，但在耶路撒冷並未呈現所有的相關證據，當然，辯護律師得一再強調，被告是遭綁架「以違反國際法律的方式帶到以色列」，因為這一點讓辯護律師可以質疑法院起訴艾希曼的權利，雖然法官或檢察長都未承認這次綁架是「國家行為」，但他們其實也並未否認。他們認為違反國際法的行為只與阿根廷和以色列有關，跟被告的權利無關，且兩國政府於 1960 年 8 月 3 日發出聯合聲明，表示兩國已「同意將此視為以色列公民違反阿根廷基本主權的行為」，而該違法行為也已經「糾正」。法院認為無論綁架者是以色列的政府職員或一般公民都無關緊要，但法院與辯護律師都沒提到，如果艾希曼是阿根廷公民，阿根廷根本不會如此輕易放棄自己的主權。艾希曼居於阿根廷時使用化名，因此受政府保護的權利便遭到剝奪，至少是理查德・克萊門特（艾希曼的阿根廷身分證顯示——1913 年 5 月 23 日出生於蒂羅爾州南部的博爾扎諾）受保護的權利，而且艾希曼還曾申報「德國國籍」，此外，他從未向阿根廷請求庇護，雖然即使這麼做也毫無幫助，因為阿根廷雖然曾為許多公開的納粹戰犯提供庇護，但該國已簽署一項國際公約，聲明犯下「反人類罪」的罪犯不得視為政治犯。這一切並未在法律上剝奪艾希曼的德國國籍，但給了西德一個很好的藉口，拒絕讓艾希曼受到境外公民的保護。換句話說，雖然有這麼多法律論證的基礎與先例，但最後大家的印象是：綁架是最常見的逮捕的模式，而艾希曼事實上處於無國籍狀態，就是因為這樣，耶路撒冷法庭才能夠將他帶到法庭上審判。艾希曼雖然並非法律專家，但也應該能瞭解這一點，因為從他的過往經驗，應該很清楚只要一個人失去國籍，任何人都可已對他為所欲為，比如滅絕尤太人之前，必須讓他們失去國籍，但他沒有心情去思考這些細節。就算他並非自願到以色列受審，但不可否認的是，將他逮捕運送的過程比大家預期的容易許多，因為他其實並未反抗。

1960 年 5 月 11 日傍晚六點半，艾希曼像往常一樣，下班搭公車回家，剛下車時便被三名男子抓住，在一分鐘內被捆綁到在一旁等待的車上，帶到偏僻的布宜諾斯艾利斯郊區，綁架人員先前在此租下一間房，他們沒有在艾希曼身上使用無謂的暴力，並未使用藥物、繩子、或手銬弄傷艾希曼，因此他立刻知道這些人絕非泛泛之輩，被詢問到姓名時，他立刻說：「我是阿道夫・艾希曼，」更令人驚訝的是，他又說：「我知道我已經落到以色列人手中」（後來艾希曼解釋，他在報紙上早就看到以色列總理本古里安下令要抓住他的消息）。接下來的八天都在等待載運艾希曼到以色列的飛機，而艾希曼一直被綁在床上，整個過程中他只對這件事有所抱怨。被捕的第二天，他被要求以書面聲明自己並不反對到以色列法庭受審，聲明稿當然事先便準備好，而艾希曼要做的就是照稿再謄寫一次，然而，出乎意料之外的是，他堅持要自己撰寫聲明，從以下內容可發現，前幾行的內容應該來自於事先準備的聲明稿：「本人阿道夫・艾希曼自願發表本聲明，因為本人真實身分已被查獲，而且本人清楚知悉任何試圖逃避審判的行動都將是徒勞無功，因而謹此聲明本人已準備前往以色列，接受管轄法院的審判，本人完全瞭解屆時會獲得相關法律建議（以上幾句很可能是複製聲明稿內容），本人應以書面敘明本人於德國最後幾年的公開活動，不得有任何虛假不實，以向後人呈現當時事件的真實樣貌。本聲明係出於自願，並非受到承諾約束或迫於要脅所作出，本人希望能尋求最終的平靜。因為本人無法記住所有的細節，且似乎對事實有所混淆，本人請求撰寫文件和宣誓書時當局能提供協助，以呈現完整真相。簽署人：阿道夫・艾希曼，布宜諾斯艾利斯，1960年5月」（此文件的真實性毫無疑問，但有一點很奇特，末尾省略確切的簽署日期，不禁讓人懷疑這封聲明信並非在阿根廷寫成，而是艾希曼5月22日抵達耶路撒冷之後才完成。審判期間檢方提交此信作為證據，但並未強調其重要性，顯然不太需要該信，但在以色列寫給阿根廷政府的第一封說明信中，此聲明便顯得非常重要。辯護律師在法庭上曾針對聲明信詢問艾希曼，但他沒提到可疑的日期，艾希曼也無法好好談這個日期問題，因為接受辯護律師詢問時，他有點勉強承認書寫該聲明是出於脅迫，因當時他人被綁在床上，囚禁於布宜諾斯艾利斯郊區。檢察官可能知道更多，但並未針對日期詢問艾希曼，顯然，這個問題越少提到越好）。艾希曼妻子曾通知阿根廷警方她的丈夫失蹤的消息，但並未透露他的身分，所以阿根廷警方並未派人在火車站、公路、機場查哨，這群以色列人很幸運，如果阿根廷警方收到確切通知，他們絕對無法在逮捕艾希曼十天後將他運渡出境。

艾希曼向審判當局展現驚人的合作態度，對此他提供了兩個解釋（即使是堅持認為艾希曼只是個騙子的法官，也得承認他們不知道「為何被告在萊斯局長面前坦承犯下一些可能毫無證據的罪行細節？」這些罪行可能除了他自己的供詞〔尤其是關於東陸部分，因為他是親眼見證暴行〕之外，其實毫無證據）。艾希曼說，在阿根廷被捕的前幾年，他曾寫下自己對於隱姓埋名有多厭倦，屢屢看到自己的名字出現在報章雜誌上，想必又讓他更為厭倦。艾希曼在以色列提出第二個解釋，更具有戲劇張力：「大約一年半前（即 1959 年春天），有個剛從德國回來的朋友提到，德國的年輕一代充滿罪惡感……而這對我來說就像是個轉捩點，這麼說好了，有點像是第一枚載人火箭在月球上登陸的那一刻，聽到這個消息，讓人有股豁然開朗的感覺，很多想法變得很清晰，這就是為什麼，當我知道突擊隊在找人時，我並沒有逃離……，談完關於德國年輕人的罪惡感問題，我覺得自己沒有權利消失，這也是為什麼我在這次審訊一開始，便以書面聲明……自願受公開絞刑。我希望盡一己之力讓德國年輕一輩不要感到如此內疚，畢竟，他們是無辜的，跟二次大戰中發生在老一輩身上的事毫無瓜葛。」順帶一提，艾希曼在另一個狀況中談到二戰時，他還是稱之為「強加給德意志帝國的戰爭。」當然，這一切都是空話，被問到為何沒有返回德國自首時，艾希曼表示在他看來，德國法院仍缺乏處理他這類罪犯所需要的「客觀性」。但如果他真的比較希望受到以色列法庭審判——如同他一直暗示的一般，但這不太可能屬實——因為他大可以主動投案，省去色列政府大量的時間和麻煩。先前章節已經提過，說大話會讓他感到得意洋洋，而這也確實讓他在以色列監獄囚禁期間保持良好的精神狀態，甚至讓他能對死亡泰然處之——他在警方審訊初期表示：「我知道自己必死無疑。」

但這些空話還是有一些真實成分，在選擇辯護律師時，便很清楚展現出來。出於顯而易見的原因，以色列政府決定任用外國籍辯護律師，1960 年 7 月 14 日，警方審訊開始六週後，艾希曼被告知自己有三位可能的律師人選——包含他家人推薦的羅伯特．塞萬提斯（塞萬提斯曾為艾希曼在林茨的同父異母哥哥提供長途電話法律服務），另一位是現居於智利的德國律師，還有一家紐約的美國律師事務所，已聯絡審判當局（其中只有塞萬提斯的名字被洩露）。當然，艾希曼可能還有其他選擇，而且以色列當局一再強調他有充裕時間尋找人選，不過艾希曼並未如此做，就一時衝動直接說要選擇塞萬提斯，原因是這個人似乎認識自己的兄弟，而且也替其他的戰爭罪犯辯護過，接著艾希曼堅持要立即簽署所有文件，確保塞萬提斯能為他辯護。半小時後，他才發現這次審判可能需要針對「無數面向」進行研究，「工程浩大」，所以起訴方才任用好幾個律師，而塞萬提斯單獨一人可能很難「消化所有的材料」。有人提醒艾希曼，塞萬提斯在一封要求授權書的信中提到他「將帶領一個律師團」（但實際上從未出現），警方人員在旁補充：「塞萬提斯博士一定不會單獨出現，因為單打獨鬥實在不太可能。」結果，其實塞萬提斯在審判期間，大部分的時間都是單獨出庭，而艾希曼自己反倒成為辯護律師的主要助手，他沒有忙於「為後人」寫書，從頭到尾都很費勁地為審判做準備。

1961 年 4 月 11 日法庭開審，經過十週後，6 月 29 日檢方宣布案情陳述完畢，輪到辯護方開始陳述案情，到了 8 月 14 日，經過一百一十四次次開庭，主要法律程序結束，法庭隨後休庭四個月，於 12 月 11 日重新開庭宣讀判決，法官花了兩天時間宣讀判決，三名法官分五次宣讀共有二百四十四節的宣判書，檢方一開始以「共謀罪名」起訴艾希曼，若該起訴成立，艾希曼會成為「主要戰犯」，必須為最終解決方案的一切負責，但法官裁決該項指控不成立，而以起訴書中所有的十五條罪名起訴艾希曼（但起訴書某些部分控告並不成立）。「他與其他人一起共同犯下反尤太人的罪行」，也就是，意圖摧毀整個該民族的反尤太罪，包含四項罪行：（1）「造成數百萬尤太人遭受殺戮」；（2）讓「數百萬尤太人身陷不利困境，可能導致他們遭到生理滅絕」；（3）「造成嚴重的生理和心理傷害」；（4）在特瑞辛集中營下令「禁止尤太女性懷孕或生育」。但艾希曼在 1941 年 8 月前的行為排除於這些罪名之外，艾希曼直到當時才獲悉元首的命令，因此早期他在柏林、維也納、布拉格的活動，皆被視為無意「摧毀尤太人民族」。這是起訴書中的前四項罪名，第五至第十二條涉及「反人類罪」──這在以色列法律中是個奇怪的概念，因為此罪行包含種族滅絕（涉及非尤太民族，如吉普賽人或波蘭人）

和謀殺等其他罪（涉及尤太人或非尤太人），但前提是犯人無意摧毀尤太人民族全體。因此，艾希曼在接收元首命令之前，所有的反尤太行為皆被歸為「反人類罪」，而他之後所有的反尤罪行因屬一般犯罪，又被歸到同一個類別。結果，第五項罪名與第一、第二項出現重複，第六項罪名指控艾希曼犯下「迫害尤太人的種族、宗教、政治層面」，第七項罪名指控他「掠奪財產……與這些尤太人遭受殺戮有關……」，第八項則將種種罪名總結為「戰爭罪」，因多數罪行都是在戰爭期間所犯下，第九至第十二項是針對非尤太人的罪行：第九項指控他「將上萬名波蘭人驅離家園」，第十項為「將一萬四千名斯洛維尼亞人從南斯拉夫驅逐出境」，第十一項為驅逐「數千名吉普賽人」至奧茲維辛集中營，但法官認為，「我們並未掌握證據，能證明被告知道吉普賽人被運送到當地滅絕」──因此除了「反尤太罪」外，沒有以「種族滅絕」起訴之。這點很難理解，因為，大家都很清楚吉普賽人確實被送往滅絕，此外，艾希曼接受警方審訊時已經承認：他依稀記得，這是希姆萊的命令，而且上級並未如同針對尤太人所做的一樣，發布吉普賽人的滅絕「指令」。還有，他們沒有深入研究「吉普賽問題」──「吉普賽人的起源、習俗、習慣、組織、民間傳說……經濟等。」艾希曼的部門受委託要負責將三萬名吉普賽人「撤離」帝國領土，但他不太記得所有細節，因為從未有他人干預，但他很確定，吉普賽人跟尤太人一樣，都被運離然後受到滅絕，在吉普賽人滅絕事件中，艾希曼的涉罪程度跟尤太人滅絕事件完全相同。第十二項罪名與捷克利迪策九十三名兒童遭到驅逐一事有關，海德里希被暗殺後，當地居民也遭屠殺，但是，法官正確地判決艾希曼與此件兒童謀殺案無關。最後三項罪名屬參加犯罪組織罪，艾希曼曾參加紐倫堡法庭列為「犯罪組織」的機構——親衛隊、保安服務處、蓋世太保（國家秘密警察機構）（共有四個機構被列為「犯罪組織」，最後一個便是國家社會黨成員的領導人，但艾希曼顯然並非該黨領導），艾希曼在 1940 年 5 月之前參與前述組織的行動屬輕微罪行，皆超過訴訟時效（二十年）（《1950 年納粹與其共犯（懲罰）法》明言，嚴重罪行不受訴訟時效限制，不得以既判案件為由上訴——換言之，「即使某人已在海外受審，無論是在海外的國際法庭或他國法庭，以色列還是可以針對同一罪行審判該罪犯」。）第一項到第十二項罪行皆為死罪。

大家將會記得，艾希曼曾一再堅稱，在被起訴的罪行中他犯的是「協助與唆使」之罪，他自己從未犯下明顯罪行，令人欣慰的是，判決書中也以某種方式承認起訴方並未成功證明艾希曼這種說法有誤。這一點至關重要，關乎這項罪行以及罪犯的本質，這並非普通的犯罪，而罪犯自然也絕非普通罪犯，以死亡營中的異常狀況來說，通常都是由囚犯和受害者「用自己的手操作死亡機器」。判決書中對這一點說得再真切不過：「依據我國刑法條例第二十三條內容描述艾希曼的活動，應說主事者主要是透過建議來唆使進行這些行為，並協助他人從事（犯罪）行為，但「呈現在我們眼前是一個龐大而複雜的犯罪行為，有無數參與者，分屬不同層級、使用不同的活動模式——依據其階級擔任策劃人、組織者和執行者職責——跟一般概念中的建議和唆使犯罪不同，因為這是集體犯罪，所謂集體不僅涉及受害者的人數，更與共犯人數有關，就其職責而言，這些罪犯中的每一個人涉及實際殺戮行為的程度，其實完全無關緊要，相反地，整體來說，離實際殺戮行為越遠，需負的責任越大（圓點為作者加上）。

接下來則是例行的判決宣讀，起訴方再次起立發表極冗長的講話，要求判除死刑，而實際上，在毫無緩刑的情況下，艾希曼必然會遭受死刑，接著，塞萬提斯的回答則是前所未有的簡短：被告所為是「國家行為」，他所遇到的狀況往後可能發生在任何人身上，這是整個文明世界所需面臨的問題，艾希曼只是「代罪羔羊」，德國政府為了卸責而將艾希曼遺棄在耶路撒冷，此舉與國際法律規定不符。塞萬提斯從不承認耶路撒冷法院具有管轄權，其實該法院只在一種情況下具有合理管轄權：代表（德國法院被賦予的）法律權力為之——因為，事實上，一個德國國家檢察官已制定耶路撒冷的任務。塞萬提斯曾表示法院必須宣告艾希曼無罪，因為根據阿根廷法規的時效限制，1960 年 5 月 7 日（即「被綁架前沒多久」）之後，艾希曼便無須為先前的犯罪行為承擔責任，現在塞萬提斯基於同樣的理由表示不可判處被告死刑，因為德國已經無條件取消死刑。

接著是艾希曼的最後陳述：他對正義抱持的希望落空，雖然他一直盡力說實話，但法院沒有相信他，法院並不理解他：他從來沒有憎恨過尤太人，也從來沒有殺人的意願，所有的罪行都是來自對上級的服從，而服從應被譽為一種美德，他的美德遭納粹領導人濫用，但他並不屬於統治階層，只是個受害者，受罰的應該是領導階層（跟許多其他軍階較低的戰犯不同，艾希曼沒有頻頻抱怨以前上級都告知他們完全不必擔心要「負責任」，而現在卻是毫無對證，因為這些上級都紛紛「逃離並拋棄」他們——這些上級要不是自殺，就是被處以絞刑）。艾希曼說：「我不是那個被打造出來的禽獸，我是謬誤的犧牲品。」他沒有用「代罪羔羊」這個詞，但他證實塞萬提斯的說法：他「深信（自己）必須為他人行為而受害」。兩天後，1961 年 12 月 15 日（週五）上午九點，法官宣布艾希曼被判處死刑。

三個月後，即 1962 年 3 月 22 日，複核程序於上訴法院展開，也就是以色列的最高法院，共有五位法官，由伊扎克·歐盛（Itzhak Olshan）法官擔任主審。檢察長霍斯納再度以起訴方身分出庭，有四名助手隨行，辯護方同樣是塞萬提斯，他獨自出庭，再度重申以色列法庭的管轄權問題，此外，因為他無法說服西德政府進行引渡程序，現在他要求以色列提供引渡，塞萬提斯還帶來新的證人名單，但其中沒有任何人可能提供「新證據」，清單中有葛羅波克的名字，而艾希曼從沒見過他，也許在耶路撒冷還是第一次聽說這個名字，更令人吃驚的是，清單中還有魏茲曼（Chaim Weizmann），他早已過世十年之久。塞萬提斯提出的答辯書可說是個大雜燴，充滿驚人的錯誤（比如說，塞萬提斯提出一份文件作為新證據，但其實檢方先前已提交過這份文件，只不過塞萬提斯提出的是法文翻譯版本，此外，還有另外兩個誤讀文件的例子），如此疏忽大意跟塞萬提斯向法院提出的許多審慎的辯護陳述差異甚大：他曾說施放毒氣是「醫療方式」；尤太法庭無權審理利迪策孩子的命運問題，因為這些孩子不是尤太人；以色列的法律程序與歐陸程序背道而馳——而艾希曼來自於德國，有權受歐陸程序審判——以色列的法律程序要求辯護方提供證據為自己辯護，但被告無法做到這一點，因為證人或辯護文件都不在以色列境內，簡而言之，這場審判並不公平，而判決也不公正。

上訴法院的訴訟程序之前只持續了一個星期，之後法庭又休庭兩個月，於 1962 年 5 月 29 日再次開庭宣讀第二份判決書——份量比地方法院的第一份判決書減少許多，但仍有五十一頁單行間距的篇幅。該判決書再次確認地方法院的所有裁決，但光是確認的動作其實不需要花到整整兩個月和厚達五十一頁的判決書。實際上，上訴法院的判決只是地方法院判決的修訂版，只是法院並沒有明說而已，與原判決明顯的差異在於，上訴法院認為：「上訴人完全沒有收到『上級命令』，他就是自己的上級，下達所有有關尤太人事務的命令。」而且，「他的重要性還高於其上司，包括米勒。」辯護律師曾表示如果沒有艾希曼，尤太人的遭遇會更慘，針對此點作回應時，法官說：「若非上訴人與其同夥對折磨肉體如此狂熱，對鮮血如此飢渴，最終解決方案也不會形同煉獄，讓上百萬尤太人受到痛苦折磨。」以色列最高法院不僅接受檢方論點，也順便接收其語言詞彙。

5 月 29 日當天，以色列總統伊扎克・本茲維（Itzhak Ben-Zvi）收到艾希曼請求寬恕的手寫陳情書，共有四頁，言明是「依照本人律師指示所寫成」，此外，還有來自其妻子和在林茨的家人也都寫信陳情，另外，總統還收到上百封來自世界各地的信件和電報，請求以色列赦免艾希曼，其中最引人注目的寄件人是美國拉比中央會議（Central Conference of America Rabbis），即美國尤太教改革派的代表機構，此外，還有來自耶路撒冷希伯來大學的一群教授，以馬丁・布伯教授（Martin Buber）為首，從一開始就反對審判，現在則試圖說服以色列總理本古里安出面干預，對艾希曼從寬處置。最高法院作出判決的兩天後，即 5 月 31 日（週四），本茲維宣布拒絕所有陳情，當天數個小時後，艾希曼便於午夜處以絞刑，遺體也立即被火化，骨灰撒在地中海以色列海域的外圍。

死刑進行的速度極快，週四晚上可說是當週最後一個可能行刑的時間，因為週五、週六、週日屬於其餘尤太教派的宗教節日，但即使如此，這種執行速度還是相當驚人。艾希曼被告知陳情遭拒後，不到兩個小時內就接受絞刑，甚至沒空吃最後一餐，之所以如此，很可能是因為塞萬提斯為了拯救他的當事人，最後還向西德法院提出申請，迫使政府向以色列提出引渡艾希曼的要求，否則將訴諸《歐洲保障人權和基本自由公約》第二十五條[註2]。總統宣布拒絕陳情時，塞萬提斯或其助理都不在以色列，以色列政府可能想在辯護律師申請在執刑期間拘留之前，盡早結束這個已耗時兩年的審判。

大家早已預料艾希曼會被判處死刑，對此幾乎毫無爭議，但以色列執刑的消息傳出後，情況卻完全不同，各地開始出現抗議的聲浪，雖然很快便平息，但抗議事件遍及各地，而且發起者多半是重量級人物，最常見的爭論是，艾希曼的罪行無法以任何人類制定的懲罰方式處置之，對這種規模的罪行判處死刑根本毫無意義——某種程度上，此說法不無道理，當然這並不表示殺害上百萬人的兇手能以此為由逃脫責罰。在相當低層次的討論中，死刑被稱為「缺乏想像力」的刑罰，這些人認為所謂極富想像力的懲罰應是——艾希曼「應該在以色列內蓋夫（Negev）廣大的荒漠中終生勞役，貢獻其血汗，替尤太人重建家園」，艾希曼可能連一天勞役都撐不過去，更別說這個荒漠之熾熱，可是讓人幾乎張不開眼。另一個建議是，以色列若能超越「法律、政治、甚至人道考量範圍」之外，達到近乎神聖的

註 2：《歐洲保障人權和基本自由公約》（the Convention for the Protection of Human Rights and Fundamental Freedoms）第二十五條：

一、委員會得受理由於締約一方破壞本公約所規定的權利因而受害的任何個人、非政府組織或各別團體向歐洲理事會秘書長提出的申訴，但須被控的締約國已聲明它承認委員會受理上述申訴的極限。凡已作出此項聲明的各締約國承諾絕不妨礙此項權利約有效行使。

二、上述聲明可以在一特定的時期內有效。

三、上述聲明應交存歐洲理事會秘書長，他應將聲明的副本分送各締約國並加以公布。

四、至少有六個締約國受依前款所作的聲明的約束時，委員會才能行使本條中所規定的權力。

境界，便可採用麥迪遜大道的廣告宣傳手法，為所有參與逮捕、審判、判決的人員舉辦一場慶功典禮，以電視、廣播轉播典禮實況，歌頌這些世紀英雄，而艾希曼手則是戴著腳鍊站在一旁。

馬丁・布伯教授認為將艾希曼處死是一個「歷史錯誤」，因為這可能會「消解德國年輕一代的罪惡感」——這跟艾希曼的論點倒是不謀而合，不過布伯不太可能事先知道艾希曼曾說希望能受公開絞刑，以讓德國年輕一輩不要感到如此內疚（奇怪的是，雖然布伯不僅成就卓越，且具有過人才智，卻沒發現這種遭媒體大肆宣傳的罪惡感有多虛假，如果你沒做錯事，說自己有罪惡感其實是很愉悅簡單的事：這樣多高貴啊！相較之下，真正要認罪和悔改還困難許多。德國的年輕人周遭充滿許多有罪的人，他們來自各行各業，甚或在政府部門身處高位，雖然有罪但他們毫無罪惡感，對這種情況的正常反應應該是憤慨，但這麼做非常危險——並非危及性命或身體，而是會有礙職涯升遷，那些德國青年每隔一段時間——像是《安妮・法蘭克日記》出版和艾希曼受審引發軒然大波時——就會展現歇斯底里的罪惡感，其實他們並不是要背負歷史重擔，而是試圖以濫情的感傷逃避上一代罪行的壓力和問題）。布伯又說，他「完全不會同情」艾希曼，因為「我只同情那些行為在自己理解範圍以內的人」，並再次強調多年前他在德國所說的話——他「跟那些參與大德意志帝國罪行的人，只在型式意義上具有共通的人性。」當然，這種高不可攀的態度，對於要審判艾希曼的人來說實在過於奢侈，因為法律的前提恰好正是，我們與那些遭受指控、審判、譴責之人擁有共通的人性。據我所知，布伯是唯一公開評論艾希曼死刑的哲學家（審判開始前不久，德國哲學家雅士培在巴塞爾接受採訪，他說此案應交付國際法庭審判，採訪內容其後刊登於德國期刊《月報》〔*Der Monat*〕上），然而布伯在最高層次閃避艾希曼與其行為背後的真正問題，實在令人失望。

那些堅決反對無條件死刑的人對此案特別沉默，如果他們能就此案剖析其論點，其實仍非常有理有據，但這些人似乎覺得此案是場硬仗——他們的想法倒也沒錯。

阿道夫·艾希曼帶著絕對的尊嚴站上絞刑台，行刑前他要了一瓶葡萄酒，喝了半瓶，一位名為威廉·赫爾（William Hull）的新教牧師表示要陪他一起讀聖經，但艾希曼拒絕了：他只剩兩個多小時的生命，「沒時間浪費」。他從自己的牢房走到五十公尺外的行刑室，雙手在身後交扣，腰桿挺直，神色平靜，當衛兵捆綁他的腳踝和膝蓋時，艾希曼要求他們別綁太緊，這樣他才能站得筆直，衛兵給他一個黑面罩，他說：「我不需要」，他的神智非常清醒，喔，不只如此，還完全展現艾希曼本色，從臨終前那句怪誕愚蠢的話可以證明這一點，他說，他是一個Gottgläubiger，這是一個納粹用語，意指悖離神而且不相信來生的人，然後說：「各位，我們很快就會重逢，這是全人類的最終命運，阿根廷萬歲，德國萬歲，奧地利萬歲，我不會忘記他們。」面對死亡時，他使用這些葬禮演講中的陳詞濫調，在絞刑架上，艾希曼的記憶最後一次戲弄他，讓他再度感到「心花怒放」，忘記這其實就是他自己的葬禮。

艾希曼在臨終一刻，似乎總結出我們在人類漫長罪惡史中所學到的教訓——邪惡的平庸性（Banality of evil）才是最可怕、最無法言喻、又難以理解的惡。

結　語

耶路撒冷大審判的特殊與反常之處極多，所牽涉的法律問題又極為複雜，以至於無論是在審判過程中，或審判結束後少得令人吃驚的判決文獻中，全都忽略最關鍵的道德、政治乃至法律問題，而這正是審判最應釐清的問題。以色列當局則讓問題更為混淆，總理本古里安於審判前發表的聲明以及檢察官的起訴書中，列出本次審判預計達成的目標，但就法律與法庭程序而言，這些目標均非審判的核心重點，審判的唯一目的就是伸張正義，除此以外的任何目的，無論多崇高——如紐倫堡大審判的法律顧問史道萊律師（Robert G. Storey）為紐倫堡審判所設定的目標：「為希特勒帝國留下一份經得起歷史考驗的紀錄」——都有損法律主要內涵，也就是審究對被告的指控、伸張正義、審慎裁量。

艾希曼案件的判決書中，第一、二節是為了回應前述在法庭內外所解釋的崇高目的，而判決的最重要關鍵在於：所有試圖擴大審判範圍的做為皆須受到抵制，因為法院不能「被誘導超出職轄範圍……法律程序自有其定則，即法律明定之規範，不會因審判不同案件而有所變化。」而且，法院一旦超出界限，便必然會以「全盤失敗」告終，法院不但沒有「調查一般問題的權力」，其權威其實恰恰有賴於職權範圍的限度。「我們當法官」

為的並不是法律之外的問題，而且，「相對於任何一個致力於研究和思考這些問題的人來說，我們的意見並不見得更為重要。」因此，大家對艾希曼審判最常提出的問題是——「審判有何用處？」——答案只有一個：伸張正義。

反對艾希曼審判的論點有三方面，首先，是在紐倫堡審判中曾提出的質疑：本次審判的依據是一部具追溯效力的法律，且在勝利者的法庭中進行。其次，則是專門針對耶路撒冷法庭的論點，如質疑該法庭是否有管轄權，或是批評該法庭並未將綁架行為納入考量範圍。第三點，也是最重要的一點，是針對起訴內容的論點，有人認為，艾希曼犯的是「反尤太人罪」，而非「反人類罪」，因此他們亦反對本次審判所依據的法律，而由此導出的邏輯結論是，惟有國際法庭才適合審判這些罪行。

法庭對第一點的回應非常簡單：耶路撒冷審判中，一直將紐倫堡審判列為有效判例，受國內法框架約束的法官必須如此做，因為《1950年納粹與其共犯（懲罰）法》也是以此判例為基礎。判決書指出：「此法和一般刑事法典中其他法律截然不同。」原因在於該法所規範罪行的性質，此外，該法的追溯效力，只是在形式上而非在實質上違背罪行法定原則，因為罪行法定原則只適用於立法者所熟知的行為，否則毫無意義，若突然出現一種前所未見的罪行，如種族屠殺，便必須按照新法律加以判決才符合正義。在紐倫堡審判中的新法律是1945年的《紐倫堡憲章》（即《倫敦協定》〔the London Agreement of 1945〕），而耶路撒冷審判中的新法律則是《1950年納粹與其共犯（懲罰）法》。問題不在於這些法律是否具有追溯效力，因為顯然一定得具有追溯效力才能判決，真正的問題在於這些法律是否足以制裁這些戰犯，意即是否能適用於前所未知的罪行，具追溯效力的法律必須滿足這個先決條件，然而在紐倫堡國際軍事法庭依據的《紐倫堡憲章》註1中，這項條件遭到嚴重破壞，也許正是這個原因，對於上述事件的討論還是非常混亂。

《紐倫堡憲章》對下列三種罪行賦予司法審判權：「反和平罪」，紐倫堡軍事法庭稱之為「最嚴重的國際罪行……其中包含著全人類所有累積的惡」；「戰爭罪」以及「反人類罪」。在這三項罪行中，只有最後一項「反人類罪」是前所未見的全新罪行。侵略戰爭自從有史以來便一直存在，也一再被譴責為「犯罪」，但從未被正式認定為犯罪（紐倫堡法庭之所以對侵略戰爭具有管轄權的理由，並不完全充分正當。一次大戰結束後，威廉二世確實曾被協約國的法庭傳喚，但是這位前德國皇帝遭起訴的理由並不是戰爭，而是因為破壞協定，尤其是他侵犯比利時的中立。同樣，1928年8月的《巴黎非戰公約》〔Kellogg-Briand Pact〕雖然禁止將戰爭作為國家政策的工具，卻既未提出侵略行為的認定標準，也未提及相應的制裁措施——該公約試圖建立的安全保障體系其實早在戰爭爆發前便已分崩離析）。不僅如此，蘇俄身為審判國之一，其實理應受到相似非難（tu quoque, you too）原則的指責。難道蘇俄不是於1939年入侵芬蘭、瓜分波蘭，卻未受任何制裁嗎？另一方面，雖然「戰爭罪」和「反和平罪」一樣無先例可循，但國際法卻將「戰爭罪」納入規範的範圍。《海牙協定》和《日內瓦協定》將其定義為「違反戰爭法規與慣例」，主要包含虐待俘虜和以戰爭方式對待平民，這並不需要使用具有追溯效力的新法律，紐倫堡審判最大的困難在於「相似非難」原則的適用問題：蘇俄從未簽訂《海牙協定》（順帶一

註　1：指《歐洲國際軍事法庭憲章》。1943年10月，蘇、美、英三國在莫斯科簽署《莫斯科宣言》，規定戰爭結束後，要把戰犯押往犯罪地點，由受害國根據國內法進行審判。1945年8月8日，蘇、美、英、法四國簽署的《倫敦協定》和《歐洲國際軍事法庭憲章》進一步規定，由四國各指派一名法官和一名預備法官組成國際軍事法庭，對無法確定其具體犯罪地點的納粹罪犯進行統一審判。

提，義大利也沒有加入），但有強烈的虐俘嫌疑，而且，最新調查顯示，有關一萬五千名波蘭軍官喪命於加廷森林（Katyn Forest，位於蘇俄境內的斯摩棱斯克〔Smolensk〕附近）的案件，蘇俄似乎就是主使者。更重要的是，對不設防城市的密集轟炸。還有最極端的例子，當然是在廣島和長崎投放原子彈，顯然符合《海牙協定》所定義的戰爭罪，就算德國城市的轟炸是導因於敵方，起因於英國倫敦、考文垂和鹿特丹的轟炸行動，但是，我們不能說使用全新的毀滅性武器是因為遭敵方侵襲，這類武器的殺傷力能以各種方式展現。可以確定的是，同盟國違反《海牙協定》的事實從未在法律的範疇內受到討論，原因明顯在於，國際軍事法庭的國際性只在於名義上，實際上這屬於戰勝者的法庭，該法庭是否具備審判職權都令人存疑，戰勝國的同盟關係甚至在「紐倫堡判決書的墨漬未乾前」——正如同德國政治學家奧托．基希海默所說——即告瓦解，這當然更讓紐倫堡法庭的權威性大打折扣。但這個再明顯不過的理由，卻既非盟軍犯下《海牙協定》規定的罪行而未受指控的唯一理由，也非最重要的理由，我們可以說，紐倫堡軍事法庭在對德國被告定罪時，只要涉及「相似非難」原則便會格外慎重。因為眾所皆知，到了二戰後期，武器技術的發展之快速，已經很難避免「戰爭罪」的發生。《海牙協定》對於戰爭罪的定義，便是在於士兵和平民間、軍隊和居民間、軍事目標和不設防城市間的區別，而此時已變得不合時宜。所以，在這種新的情況下，只有那種全然沒有軍事需要、而且能夠證明其有預謀的非人道目的之行為，才被視為戰爭犯罪。

我們可以用這種不必要的暴行作為衡量是否構成戰爭罪的標準，但此標準並不適用「反人類罪」，即前述三種罪行中唯一毫無先例可循的罪行，遺憾的是，該罪行的混亂定義已使用這一標準。《紐倫堡憲章》（第六條C款）將之定義為「非人道的行為」——好像這種罪行不過是出自於戰爭和勝利的目的而採用的犯罪性的暴行。然而，促使同盟國透過邱吉爾宣稱：「懲罰戰犯乃戰爭主要目的之一」的原因，決不是這種眾所周知的罪行，恰好相反，原因在於一連串前所未聞的暴行，在於對全體民族的滅絕行為，對某區域民族全數人口的「清洗」，換言之，不僅是「無論如何都毫無軍事必要」的罪行，更是那些完全與戰爭無關的罪行，是那些會在非戰爭時期公然將計劃屠殺納入政策的罪行，顯然，無論在國際法還是在國內法中，都找不到這種罪行的依據，不僅如此，它還是唯一一種不適用「相似非難」原則的犯罪，這是最讓紐倫堡法官們感到不安的罪行，最後只能模糊含混帶過。可以確信的是——以紐倫堡審判中的法國法官唐納迪烏·德·瓦博利斯（Donnedieu de Vabres，曾針對審判做過精闢分析〔〈紐倫堡審判〉，1947年出版〕）的話來說——「《紐倫堡憲章》開了一道窄門引入反人道的種種罪名，但由於國際法庭的審判，這些罪名又消逝無蹤」。不過，和《紐倫堡憲章》本身一樣，法官們的見解也前後不一，以奧托·基希海默的話說，儘管法官傾向「依照包含既有的所有常見犯罪的戰爭罪做出判決，同時極力減低反人類罪的重要性」，然而到了宣判的時刻，他們卻無法掩飾其真實情感，將最嚴厲的極刑加諸於構成「反人類罪」的異常殘虐行為之上——或者按照法國檢察官法朗索瓦·德·蒙頓（François de Menthon）更準確的說法，是「破壞人類生存狀況罪」。後來數名從未被指控從事破壞和平之「陰謀」的罪犯被判處死刑，此時，侵略乃「最高的國際性犯罪」這種觀點便在不知不覺中遭到否決。

提到艾希曼受審的理由時，經常提出的論點是，雖然在此次戰爭中最嚴重的罪行是針對尤太人，然而在紐倫堡審判中，尤太人卻只能算是旁觀者，而耶路撒冷的審判則頭一次以尤太人的悲慘災難「為審理核心，就是這一點讓這次審判與在紐倫堡和其它地方進行的審判截然不同。」但這充其量只有一半符合事實。其實，在紐倫堡審判中，正是尤太人的悲慘遭遇促使同盟國提出「反人類罪」的構想，因為，正如傑利耶斯．斯通（Julius Stone）在《國際衝突的法律調控》（*Legal Controls of International Conflict*, 1954）中所寫：「如果（被害者）屬於德國公民，對尤太人的集體屠殺便只能從人道角度來看待。」紐倫堡國際法庭之所以沒有能夠在尤太人大屠殺問題上充分伸張正義，並不是因為受害者是尤太人，而是因為《紐倫堡憲章》規定，對於這種本身和戰爭幾乎沒有關係、但其行為卻又往往混淆於戰爭並且對戰爭手段造成影響的罪行，應該歸入其他罪行。紐倫堡審判中，唯一僅以反人類罪便被判處死刑的人，是專門從事淫穢的反尤主義行為的施特萊歇爾（《先鋒報》〔*Der Stürmer*〕主編），由此不難看出，紐倫堡的法官們對反尤太暴行的認識相當深刻，在此案例中，除反人類罪以外，法官們沒有考慮任何其他因素。

耶路撒冷審判與以往其他審判的不同，原因並不在於尤太人佔據核心的位置，恰好相反，就這一點來說，耶路撒冷審判和戰後在波蘭和匈牙利、南斯拉夫和希臘、蘇俄和法國——簡言之，所有納粹佔領國——的審判並無不同。成立紐倫堡軍事法庭的目的，就是為了審判那些罪行不受限於特定地域的罪犯，其他罪犯則被引渡到實際犯下罪行的國家，只有「主要戰犯」的行為才可以不受地域限制，艾希曼顯然不在此列（這才是他沒有在紐倫堡被起訴的原因，多數人認為他是因為失蹤才會未遭起訴，事實上，馬丁．鮑曼雖然在紐倫堡審判缺席，但卻仍被處以死刑）。如果說艾希曼的活動遍及整個被德國佔領的歐洲，其中原因並非他的地位重要到可以不受地域原則的限制，而是因為他所擔任職務的性質，也就是集中並驅逐尤太人，所以他和部屬的活動範圍才會遍布歐洲大陸，就是因為尤太人散居各地，所以艾希曼及其部屬才會在《紐倫堡憲章》狹義、法律的定義上犯有「國際性」罪行。一旦尤太人擁有自己的領土，建立以色列國，尤太人當然有權審判針對其民族的犯下的罪行，就如同波蘭人有權審判在波蘭境內的犯罪一般。所有依據屬地原則對耶路撒冷審判提出的異議，都是絕對遵循法律字面意義的觀點，然而卻全都無關宏旨，雖然法院確實數次開庭專門來討論這些異議。可以確定的是，當時許多尤太人僅僅因為是身為尤太人而遭殺害，與國籍毫無關係，因此，儘管納粹殺害了許多否認自己所屬民族、而以法國人或德國人的身分被處死的尤太人，但是只要將犯罪的目的及意圖列入考量，仍可為這些案例伸張正義。

除此之外，有更多人質疑尤太法官的公正性，我認為這種論點同樣缺乏根據，這些人認為尤太法官（尤其是身為以色列公民的法官）其實是自訴自審。就這一點來說，這些尤太法官與在戰勝國中進行審判的法官並無不同，像是波蘭法官審理針對波蘭人民的犯罪，而捷克法官審理發生在布拉格和布拉迪斯拉發的犯罪（霍斯納先生最近在《星期六晚間郵報》發表的文章，無意中又助長這個爭論：他說起訴方立刻發現不能由以色列的律師為艾希曼辯護，因為會產生「專業職責」與「民族情感」的衝突。的確，這種衝突正是所有反對延請以色列法官論點的關鍵，而霍斯納指出，法官也許會仇視被告所犯下的罪行，但還是能公平對待被告，同樣的論點也適用於辯護律師：為殺人犯辯護並不等於為殺人辯護。事實上，指派以色列公民作為艾希曼的辯護人本來再正常不過，但就是來自法庭外的種種壓力讓此做為變得很不明智）。最後，有人認為大屠殺發生時，以色列還沒有建國，因此無權審理此案，這種說法顯然太拘泥於形式，太不切實際、更不符合正義的訴求，這種問題不妨留給專家討論。為了伸張正義（而非針對某些法律程序的考量，法律程序固然重要，然而絕不能淩駕於正義之上，正義才是法律的核心），耶路撒冷法庭根本不需援引「被害人國籍國管轄權」原則註2（即受害者是尤太人，因此只有尤太人才有資格以他們的名義發言），也不需援引普遍司法管轄權（universal jurisdiction）（此原則適用海盜罪，而艾希曼是「人類公敵」〔hostis humani generis〕，因此亦適用此原則）才能證明其管轄權。法庭內外對這兩種原則不斷地討論，其實模糊了問題所在，而且耶路撒冷審判跟先前其他國家的審判相同，為確保納粹及同謀受到懲罰都專門制定特定法律，這個明顯相似處也遭到模糊。

耶路撒冷審判中的「被害人國籍國管轄權」原則，是依據德羅斯特教授（P. N. Drost）在其《國家犯罪》（*Crime of State*, 1959）中提出的學術觀點：在特定情形下，「被害者的祖國的法庭有權力對案件進行審判。」遺憾的是，國家以受害者的名義提起刑事訴訟，其實隱指受害者有權進行報復，而這正是起訴方的立場，霍斯納在法庭演講一開始便說：「以色列的法官們，當我站在你們面前，站在這個審判艾希曼的法庭中時，我並非孤身一人，我身後還有六百萬名起訴人，但遺憾的是，他們無法

註 2：國際法域外管轄權中的「被害人國籍國管轄權」（passive personality jurisdiction）系指若被害人在國外受害，受害人的國籍所屬國家有權根據此原則對該罪行主張管轄權。

親自到場，將控訴之手指向這個玻璃箱，怒吼：『我要控訴坐在箱內的這個人』……他們的鮮血朝天而泣，但他們的聲音卻湮沒無聞，因此，上帝派遣我為這群人喉舌，以他們的名義提起這件滔天大罪的控訴。」起訴方如此激昂澎湃的演說，構成反對本次審判的重要論點，即本次審判的目的不是要伸張正義，而是要滿足受害者報復的欲望，或報復的權利。本案屬強制罪，因此無論被害人是否有意願寬恕或遺忘，都必須進入刑事訴訟程序，因為其依據法律的「本質」，正如特雷福德．泰勒（Telford Taylor）在《紐約時代雜誌》（*New York Times Magazine*）上所說，是「所有的犯罪不僅加害於受害者，更危害了一整個群體，因為此群體的法律遭到踐踏。」為惡者之所以接受審判，是因為其行為破壞或嚴重損害一整個群體，而非如民事訴訟中的原則般，是因為其行為損害有權要求賠償的個人。在刑事案件中，賠償具有完全不同的意義：需要「賠償」的是政治體本身，因為普遍公共秩序遭到破壞，因而必須接受補償。換言之，法律必須凌駕於原告之上。

相較於起訴方試圖以「被害人國籍國管轄權」原則作為起訴依據的做法，法庭傾向依據普遍司法管轄權原則審理此案的做法更不正當，因為這與審判本身及審判所依據的法律明顯相互矛盾。有人說，本次審判之所以適用普遍司法管轄原則，是因為反人類罪跟古老的海盜罪相似，違法者和傳統國際法意義中的海盜一樣，都屬人類公敵。然而，艾希曼受起訴的主要原因在於針對尤太民族所犯的罪，而且，艾希曼被逮捕（採用普遍司法管轄權原則便是意在為逮捕行為找理由）的原因，也肯定不是因為他同時犯了反人類罪，而完全是因為他在尤太問題的最終解決方案方案中所扮演的角色。

但即使以色列綁架艾希曼的原因確實是因為他是人類公敵，而不是因為他是尤太人的敵人，也難以證明逮捕行為的正當性。海盜法之所以不適用屬地原則（因為目前並無國際刑法，屬地原則是唯一有效的法律原則），原因並非在於海盜是全民公敵，因而全民均可以審判之，而是因為海盜犯罪的地點是在公海，而公海不屬於任何國家管轄範圍，此外，海盜「不受任何法律束縛，不效忠任何國家」（賽依塞爾〔H. Zeisel〕，《大英百科年鑑》〔*Britannica Book of the Year*, 1962〕），其一切活動都完全是出於自身利益，海盜之所以被剝奪法律保護權，是因為他們選擇置身於所有組織群體之外，從而成為「全民公敵」，沒有人會說艾希曼的所做所為都是出於自身利益，也不會說他不效忠任何國家。由此說來，採用此原則的唯一原因就在於要逃避這種罪行最基本問題，那就是，犯下這種罪行的必須是一個實行罪惡法律的罪惡國家。

將種族屠殺與海盜相提並論已非創舉，因此值得注意的是，1948 年 12 月 9 日聯合國所通過的《種族滅絕公約》（The Genocide Convention），已明確否定普遍司法管轄權的主張，轉而提出「被控犯有種族滅絕罪者……應交付位於犯罪所在國家、具有管轄權的法庭，或者具有管轄權的國際刑事法庭。」以色列身為公約簽署國之一，其法庭應按照該公約規定設法組成國際法庭，或是重新修訂出適用於以色列的屬地原則，這兩種做法完全可行，也都在以色列法庭的能力範圍之內，但該法庭草率否棄組成國際法庭的做法，理由我們稍後會加以討論，法庭也未對屬地原則進行有意義的重新定義——因此最後以色列法庭主張其管轄權是基於以下原則：屬地原則、被害人國籍國管轄權原則以及普遍管轄原則，好像只要將這三種完全不同的法律原則和在一起，就會產生一個有效的主張——原因當然很可能就在於，所有牽涉其中的人都極度不願創新的風險、不按先例行事。如果以色列對「領土」的解釋跟法律的解釋相同，是把它當作一個政治和法律概念，而不僅僅是一個純粹的地理概念，以色列便可以輕易主張屬地管轄權。領土的概念主要並不限於土地，而更強調群體中個人與個人之間的空間，群體的成員基於共同的語言、宗教、歷史、習俗以及法律的種種關係，既相互依賴，又相互獨立，相互保護，這種關係會依照群體中的各種成員彼此往來對話的密切程度，形成明顯的空間區隔。如果以色列人在數千年的離散中，未能建立維繫一個特殊的共在空間，以色列便無法建國，換言之，這一點比奪回古老的土地更為重要。然而，法庭卻始終不願挑戰無前例可循的事物，甚至也未考慮到以色列建國，這個事件本身便具有史無前例的特性，而這個特性肯定與以色列人的核心思維息息相關。相反地，訴訟程序中，法庭引用無數過往判例（此指第一週開庭審判過程，相應判決內容請見判決書第一至五十三節），而其中許多判例內容不過是精心設計的詭辯，至少在門外漢聽來是如此。

因此，實際上，艾希曼審判不過是紐倫堡審判之後無數的後續審判中的最後一個罷了，起訴書的附錄非常適切地收錄當時司法部長賓哈斯・羅森（Pinhas Rosen）對《1950年納粹與其共犯（懲罰）法》的官方釋義，此解釋再明確清楚不過：「既然其他民族在二戰甫一結束，甚至在二戰結束之前，就已經制定了特殊法律，以懲罰納粹及其共犯，那尤太民族……也得等到建國之後，才擁有讓納粹及其共犯繩之於法的政治權利。」因此，艾希曼審判跟紐倫堡眾多的後續審判只有一點不同——被告並未以正當方式逮捕並引渡至以色列，為了讓被告繩之於法，以色列甚至公然違背國際法律。我們前面已經提到過，唯一能讓以色列開脫綁架艾希曼罪名的理由，就是艾希曼喪失國籍的事實，儘管耶路撒冷法庭援引了無數先例，試圖讓綁架行為正當化，但唯一真正相關的先例，即1935年瑞士的蓋世太保綁架左翼德裔尤太記者巴爾特哈德．雅克布（Berthold Jakob）事件，卻從未被提及（其他的前例不適用的原因，是因為逃亡者不僅被帶回犯罪發生地，而且被帶回到曾經〔或有權〕發出合法逮捕令的法庭，以色列法庭無法滿足這些條件），這一點不難理解，本案中以色列確實違反屬地原則，屬地原則的重點在於，地球上存在眾多不同民族，受到不同法律所規範，因此，任何超越邊界的法律行動都會與其他地區的法律相衝突。

不幸的是，這正是整個艾希曼審判中唯一稱得上是前所未有的特性，而這次審判肯定也毫無資格成為有效判例。（如果明天非洲某個國家派情報人員到密西西比州綁架一位民族分裂運動的領袖，我們該說什麼呢？如果加納或剛果的某個法庭，將艾希曼案當成先例加以援引的話，我們又該說什麼呢？）這場審判的正當性建立在兩件事上，一是此罪行的無先例的特性，一是尤太國家的從無到有。除此之外，還有更重要的減輕罪責的理由——如果真要將艾希曼交付審判，實際上除了綁架之外幾乎別無選擇。阿根廷拒絕引渡納粹罪犯的紀錄十分驚人，即使以色列和阿根廷間簽有引渡條約，但引渡要求幾乎不可能被接受。而將艾希曼交給阿根廷警方，再由後者引渡回西德的做法也不可行，因為波昂政府曾經試圖從阿根廷引渡諸如卡爾．克林根弗思（Karl Klingenfuss）和約瑟夫．蒙格勒博士（Dr. Josef Mengele）等著名的納粹戰犯（蒙格勒博士曾參與奧茲維辛駭人聽聞的醫學實驗，主要負責「挑選」的工作），但都以失敗告終。就艾希曼案而言，引渡的要求更是毫無希望，因為按照阿根廷的法律，所有與二次大戰有關的犯罪，追溯期只到戰爭結束後的十五年為止，因此從 1960 年 5 月 7 日起，就不可能再合理引渡艾希曼，簡言之，完全不可能以合法途徑將艾希曼繩之於法，綁架是唯一的方式。

有些人堅信正義才是法律的唯一目的，他們可能會傾向縱容綁架行為，原因並非因為有先例可循，恰好相反，這次不擇手段、史無前例、而且不足以成為先例的行動，起因是在於國際法難以實現正義。就此意義來說，只有一種可行的辦法能取代以色列所做的一切：用不著抓捕艾希曼再將他空運到以色列，以色列情報人員其實可以直接在布宜諾斯艾利斯街頭將其擊斃。針對本案的熱烈激辯中，常有人提出這個主張，奇怪的是，贊成此做法的人往往是那些對以色列綁架行為感到最震驚的人。這個做法也並非毫無可取之處，因為畢竟本案的事實毫無爭議餘地，只不過這些人忘了，代掌法律權柄的人，必須願意讓法律正常運作，而其行為也必須具有法律效力（至少事後追溯起來能具有效力），才算是真正伸張正義。這讓人立刻想起前不久的兩個先例，首先是莎樂姆．施瓦茨巴德（Shalom Schwartzbard）一案，1926 年 5 月 25 日，他在巴黎槍殺原烏克蘭軍隊司令官西蒙．佩特留拉（Simon Petlyura），俄國內戰時，佩特留拉引發一場大屠殺，1917 年至 1920 年間受害者約達十萬人。其次是亞美尼亞人泰列利安（Soghomon Tehlirian）一案，1921 年他在柏林市中心槍殺達拉特貝依（Talaat Bey），達拉特貝依是 1915 年亞美尼亞大屠殺中最兇惡的劊子手，據估計，當時土耳其三分之一（六十萬）的亞美尼亞人口遭到殺害。提及這些案子的重點在於，這兩人的目的都不僅止於殺死「他的」

罪犯，他們犯案後都立刻向警方自首，並且堅持接受審判，以便在受審的殿堂上向全世界說明，遭刺殺的人對他們的民族犯下何等罪行，然而卻能一直逍遙法外。施瓦茨巴德的審判尤其與艾希曼審判極為類似，同樣搜集大量的相關文件檔案，不同之處在於，文件是為被告而準備（尤太代表委員費了一年半的時間搜集這些材料，該委員會由已故的列奧·莫茲金博士（Leo Motzkin）所主持，資料收錄於 1927 年出版的《1917 年－ 1920 年間烏克蘭政府主導之屠殺》〔*Les Pogromes en Ukraine sous les gouvernements ukrainiens 1917-1920*〕），而且，那次審判中，為屠殺受害者發聲的是被告和辯護律師。順帶一提，當時辯方便曾提到，尤太人「從不為自己辯護」（參見亨利·特雷思〔Henri Torrès〕著作《大屠殺的審判》〔*Le Procès des Pogromes*, 1928〕中的答辯狀）。這兩人最後都被無罪釋放，他們的做法，如同喬治·蘇雷茲（Georges Suarez）對施瓦茨巴德一案的盛讚，讓人清楚感受到「其種族終於決定要自我捍衛，決定扔掉道德虛榮，不再屈膝於他人，不再聽天由命」。

面對妨礙正義的法律問題，採取這種做法當然十分有利，施瓦茨巴德這場審判的確也是一場審判「秀」，或者根本就是一場「秀」，但是劇中核心人物，也就是萬眾矚目的「英雄」，確實是一位真正的英雄，而同時審判的性質也並未改變，因為這並非「事先安排好的展演」，相反地，審判結果的風險「絲毫不能低估」，而奧托·基希海默認為這種風險正是所有刑事審判必要的因素。還有，從受害人的角度來說，絕不可少的控訴之聲，從一個被迫訴諸法律的人口中所發出，遠比受政府指定、不擔任何風險的代理人更有說服力。然而，即使完全拋開政治考量（如 1960 年代的布宜諾斯艾利斯無法像 1920 年代的巴黎和柏林那樣，為被告提供人證物證或是相同的公開度），這種做法也很難在艾希曼一案中合理化，如果這種做法是由政府官員執行，那顯然就更不合理。對施瓦茨巴德和泰列利安有利的一點是，兩人都來自缺乏獨立國家主體和法律制度的族群，而全世界沒有任何法庭能讓這些族群的受害者申冤求訴。施瓦茨巴德死於 1938 年，距離尤太人建國的時間還有十年左右，雖然他既非尤太復國主義支持者，也非民族主義者，可以肯定的是，他一定會衷心擁護以色列建國，唯一的原因是，以色列建國後，受害者不再求訴無門，那些往往能逍遙法外的罪犯便能被帶庭上審判，對他而言，這才能真正達到伸張正義的目的。他從巴黎監獄寫信給敖德薩同胞，信中說：「巴爾塔、普洛斯洛克、切爾卡薩、烏曼、傑特米爾村的鄉親們……你們要傳布神的旨諭：憤怒的尤太人要復仇了！在世界之都巴黎迸濺出的兇手佩特留拉的血……這讓我們想起他對遭遺棄的尤太人所犯下的殘虐暴行。」這封信讓人立刻想起的，也許並非霍斯納在審判中鏗鏘有力的演講(施瓦茨巴德的話無疑更義正辭嚴，更富於感染力)，而是這番話所訴求的全世界尤太人的情感和精神。

我堅信 1927 年巴黎的施瓦茨巴德案和 1961 年耶路撒冷的艾希曼案件有共同之處，原因在於，這兩個案件充分展現，以色列以及尤太民族有多不願意承認艾希曼罪行是一種毫無先例的罪，以及要達到這種認知對尤太民族來說是何其困難。尤太人完全站在自身角度思考歷史問題，對他們而言，希特勒掌權時期的浩劫、讓三分之一尤太人口慘遭滅絕的大災難，既不是近年才出現的犯罪，也不是前所未有的種族滅絕罪行，恰好相反，他們認為這是在尤太人記憶中最古老的犯罪。這確實是誤解，但如果考量到尤太歷史中的種種事實，以及更重要的是，當代尤太歷史的自我理解，便會發現尤太人的這種錯誤認知也許完全難以避免，但這樣的誤解，卻正是耶路撒冷審判中所有失敗和缺陷的根源所在。審判中沒有任何人能正確理解發生在奧茲維辛集中營的暴行，因為在檢察官和法官眼中，這些暴行比不上尤太歷史上最殘暴的屠殺，但事實上，奧茲維辛暴行的性質跟所有過往的屠殺完全不同。而檢察官和法官認為，從早期納粹黨的反尤主義、到《紐倫堡法案》、將尤太人驅逐出德國的政策，一路延伸到最後的毒氣室酷刑，都是一脈相傳。然而，從政治和法律的角度而言，這些罪行不僅在程度上有所不同，本質也大相逕庭。

1935 年的《紐倫堡法案》通過後，多數德國人長久以來對尤太人少數民族的種族歧視便被合法化，依照國際法律規定，具有主權地位的德國可任意宣告其國民中的任一族群為少數民族，只要德國的少數民族法符合國際間的少數民族公約、協定所規定的權利與保障即可。因此國際尤太人組織立刻採取行動，試圖讓這個最新的少數民族獲得《日內瓦協定》中對東歐與東南歐少數民族允諾的權利和保障，但即使後來並未取得保護的允諾，其他國家還是普遍認為《紐倫堡法案》屬於德國法律的一部分，所以，舉例來說，德國公民無法在荷蘭締結「異族婚姻」。《紐倫堡法案》的制定屬於國內犯罪，侵犯民族權利、憲法權利和自由，但是並不關涉國家間的互重互惠問題。然而，「強制移民」(即驅逐尤太人的行動，1938 年以後成為官方政策) 卻肯定牽涉到國際關係，原因很簡單，這些人被驅逐到其他國家的邊境，而這些國家或者被迫接收這些不速之客，或者將他們偷運到其他同樣不願意接收外人的國家。換言之，如果我們所理解的「人類」不外乎國家間的相互尊重的話，那麼驅逐一個民族便已經構成反人類罪。無論是將種族歧視合法化的國內犯罪（相當於以法律手段犯罪），或是驅逐異族的國際犯罪，都並非毫無先例，即使在近代也能發現類似案例。巴爾幹半島諸國早就將種族歧視合法化，而許多革命後往往會出現大規模的驅逐行動。然而當納粹政權公然宣稱德意志民族不僅不希望德國境內有尤太人存在，而且希望整個尤太民族從地球上消失時，這種新的罪，或稱「反人類罪」——即「反人類生存狀況」、反對人類本性的罪——才告出現。驅逐異族和種族滅絕雖皆屬國際罪行，但必須嚴加區別，前者是對友邦的罪行，後者攻擊的則是人類的多樣性，這正是「人類生存狀況」的特性，缺少多樣性，「人類」或「人道」這樣的字眼將全都變得毫無意義。

如果耶路撒冷法庭理解種族歧視、驅逐異族和種族滅絕之間的區別，一切會變得清楚明瞭：法庭所面對的滔天大罪，即滅絕尤太民族的罪行，是一種施行在尤太民族身上的反人類罪，漫長的仇尤和反尤歷史只能解釋對受害者的選擇，而非罪行本身的性質。既然受害者是尤太人，由尤太人來主持審判當然是允為得當，但既然罪行屬於反人類罪，便需要在國際法庭審判，才能真正體現正義（法庭對這三種罪行並未加以區別，令人頗為費解，因為早在 1950 年，以色列前司法部長賓哈斯·羅森便已清楚提出，「將這個法案〔對尤太民族的罪〕和《防止及懲治滅絕種族罪公約》〔Law for the Prevention and Punishment of Genocide〕加以區分」，立場十分堅定，然而以色列議會在討論後並未通過此提案。顯然，法庭認為自己無權超越國內法的界限，因此，既然種族滅絕問題並不在以色列法律的許可權之內，法庭也就不予考慮。）在眾多反對耶路撒冷法庭、主張成立國際法庭的響亮的聲浪中，只有雅士培能清晰、毫不含糊地宣稱──「這項對尤太人犯下的罪行同時也是對全人類犯下的罪行，」「因此只有能夠代表全人類的法庭才能對此案做出判決。」他在審判開庭前接受廣播採訪時發表此言論，訪談內容其後收錄於德國期刊《月報》中。雅士培聆聽確鑿的證據之後，提議耶路撒冷法庭應該「放棄」審判權，並宣布其「無權」審判，因為這項罪行的法律本質仍眾說紛紜，而究竟誰才有權審判這種由政府命令實施的犯罪？答案同樣眾說紛紜。雅士培進一步宣稱，只有一件事情是確定的:「這種罪行決非一般的謀殺，」而且，雖然這並也並非「戰爭罪」，但毋庸置疑的是，「如果所有國家都被允許犯下此類罪行，人類將因此而毀滅。」

以色列沒有人認真看待雅士培的提議，而從純粹的技術面來說，他的提議可能也很難付諸實施，原因在於，法庭的管轄權問題必須在審判前便釐清，而且一旦認定某個法庭具有管轄權，該法庭便必須做出判決。然而，假如雅士培呼籲的對象不是法庭，而是以色列政府，要處理這種純粹形式的反對意見其實很容易，他可以在法官做出判決後，籲請以色列政府基於這場審判前所未有的性質，放棄行刑的權利，如此一來，以色列可能便會帶著所有的證據，去尋求聯合國的援助，表明迫切需要成立國際刑事法庭，因為這些罪行是針對全體人類所犯下的罪行。屆時，以色列就有權反覆質問該如何處置囚於以色列的這位罪犯，並「引起各方騷動」，而不斷重複的質疑也一定會讓國際輿論認為有必要建立一個永久性的國際刑事法庭。惟有通過這種方式，營造出讓各國代表都感到「尷尬不已」的狀態，才能防止「人類心靈處於天下太平的安逸狀態」，才能防止「對尤太人的屠殺……演變成未來犯罪的前例，甚至變成未來種族屠殺罪行的微型樣本。」這項罪行在僅代表一個國家的法庭中受審，因而罪行的邪惡性質便遭到「低估」。

不幸的是，這種主張建立國際法庭的意見，混雜在其他無關緊要的主張聲浪中，結果遭到混淆。許多支持以色列的人（其中包含尤太人與非尤太人）擔心成立國際法庭會損害以色列的威望，引起全世界的反尤運動，大家認為以色列人無權以法官身分審判有關自身族群的案件，只能擔任控訴者的角色，因此在聯合國成立艾希曼特別法庭之前，以色列只能對艾希曼實行監禁。實際上，在艾希曼審判中，以色列所做的並不比任何一個德國佔領國更多，另外，此刻陷入危亡境地的不是以色列和尤太民族的威望，而是正義。撇開這些不談，這些提議有一個共同的瑕疵：都很容易被以色列駁倒。聯合國大會曾「兩次否決了考慮建立一個永久性國際刑事法庭的提案」（《美國反誹謗聯盟公報》〔*A.D.L. Bulletin*〕），由此便可看出這些提議有多不切實際。而世界尤太國會主席哥德曼（Nahum Goldmann）博士提出另一個更可行的方案，可能正是因為這個方案確實可行，所以往往受到忽略。哥德曼呼籲以色列總理本古里安，在耶路撒冷成立一個特殊法庭，法官來自所有曾蒙受納粹之害的國家。當然這還不夠，頂多是諸多後續審判中較為隆重的一次，無法彌補由戰勝國法庭對正義所造成的損害。但是，這畢竟是朝著正確的方向邁出了切實可行的一步。

或許大家還記得，以色列對上述所有提議都表示強烈反對。如約瑟爾・洛加特（Yosal Rogat）所說，每當有人問本古里安「為何不讓國際法庭審判艾希曼」時，他常常完全誤解這一問題（見《艾希曼案與法律準則》〔*The Eichmann Trial and the Rule of Law*〕，由加州聖塔芭芭拉的民主制度研究中心於1962年出版），但可以確定的是，提問的人也不瞭解，對以色列來說，這次審判的史無前例的意義在於，（自從西元70年耶路撒冷被羅馬人摧毀以來）尤太人第一次可以審判對自己民族犯下的罪行，第一次不必尋求他人的保護和評判、不必求助於「人權」之類軟弱無力的堂皇詞藻——尤太人比任何人都更清楚，只有那些弱小到無法捍衛其「特殊人權」，也無法執行自己法律的人才會求助於「人權」（早在艾希曼審判開庭之前，以色列便有自己的法律，可以據之審判艾希曼，羅森先生在以色列國會第一次宣讀《1950年納粹與其共犯（懲罰）法》時，形容為「尤太民族的政治地位發生了革命性的變化」）。本古里安說道：「以色列不需要國際法庭的保護。」而這個說法完全推翻上述的民族經歷與冀望。

不僅如此，有些人認為對尤太民族所犯的罪行首先應屬反人類罪，並據此主張成立國際法庭，這個論點與審判艾希曼所依據的法律出現嚴重衝突。因此，建議以色列放棄其囚犯的人理應再進一步明確宣稱：《1950年納粹與其共犯（懲罰）法》是錯誤的，該法和實際發生事實相抵觸，這很有道理，舉例來說，一個殺人犯受到懲罰是因為他違背所屬群體的法律，而不是因為殺害了某個史密斯家族中的丈夫、父親、負責養家活口的人，才受到起訴，同樣的道理，這些由國家指使的現代殺人犯必須受起訴，原因是他們危害人類秩序，而不是因為他們殺害成千上萬的人。許多人常誤以為殺人罪和種族屠殺罪在本質上是相同的，而種族屠殺罪因此「根本談不上是新的罪」，這是最遺害無窮的錯覺，有礙能制裁這些罪行的國際刑法的制定。種族屠殺罪的關鍵在於，一種完全不同的秩序遭到破壞，而一個完全不同的共同體受到侵害。事實上，正因為本古里安十分清楚這些討論直接關乎以色列法律的效力，所以最後他才會強烈指責對以色列的審判程序的批評，態度不僅粗暴，而且非常惡毒：無論這些「所謂的專家」說什麼，他們若非受到反尤主義鼓動，便是出自尤太人（假如他們是尤太人的話）自卑情結的「陳詞濫調」，「要讓全世界明白，我們不會交出我們的囚犯。」

說句公道話，這種態度絕不是耶路撒冷審判的基調。但我有把握預測，這場審判難以作為未來類似審判的先例，甚至比先前的「後續審判」更缺乏效力，但既然審判的主要目的——對艾希曼進行起訴、辯護、審判、懲罰——已經實現，也許可說這點完全不重要，但未來仍會有類似的犯罪發生，這個可能性讓人倍感窘困又不容回避，因此是否能作為有效先例，重要性還是不容小覷。類似罪行之所以有可能再發生，理由既特殊又普通，因為任何事一旦開了先例，且記載於歷史中，這件事就會長期潛藏在人類思維之中，此乃人事之品性。沒有任何懲罰具有足夠的威懾力量，可阻止犯罪的發生，恰好相反，無論懲罰為何，只要某種特定的罪行出現過一次，重複出現的機率就會遠遠大於首次出現的機率。至於納粹罪行可能重演的理由更充分，現代社會的人口爆炸，與先進科技驚人地結合在一起，已經讓人不寒而慄，光從勞動力來說，自動化技術就足以讓許多人口成為「過剩」，更別提核能發明後，便有可能採用核能裝置解決上述的雙重威脅，與之相比，希特勒的毒氣設備只能算是頑皮小孩手中的玩具。

說到底，沒有先例的罪行一旦出現，就可能成為未來罪行的先例，正因為如此，因此所有涉及「反人類罪」的審判，都必須要按照一個今天仍堪稱「理想的」標準進行。如果未來確實有可能再發生種族屠殺生，那麼，全世界沒有人——特別是尤太人，無論身處以色列或他處的尤太人——有理由相信自己能在缺乏國際法保護的情況下繼續生存下去。處理迄無先例的犯罪，成功與否的關鍵，全在於處理之案例是否能成為制定國際刑法的有效先例。對於主持此類審判的法官而言，這個要求並不苛刻，也並未超出合理的預期範圍。傑克遜法官（Robert H. Jackson）在紐倫堡審判中提出，國際法「是結合不同國家的條約、協定以及慣例的產物，而每一種習俗都源於特殊的行為……但我們有權利規範習俗、締結條約，使這些習俗法規變成珍貴資源，有助制定嶄新而有力的國際法律。」傑克遜法官沒說出口的是，由於上述國際法律尚未制定完成，一般法庭的法官便得在缺乏有效的成文法的情況下，或者必須突破現有成文法的界限，才能伸張正義。對法官而言，這也許是個兩難困境，他們可以輕易抗議說自己沒有義務去從事這種「特殊事務」，因為這是立法者的責任。

的確，我們對耶路撒冷法庭的成敗蓋棺論定之前，必須充分地考慮到，法官堅信自己無權跨足立法領域，他們一方面需在以色列的法律框架內行事，另一方面，也無法突破既定的法律見解。另外，在此必須更進一步承認，耶路撒冷審判並未比紐倫堡審判以及其他歐洲國家的後續審判更為失敗，無論就性質或是程度來看皆然，而且，耶路撒冷法庭的部分失敗，更要歸因於法官太過依賴紐倫堡的審判先例。

總而言之，耶路撒冷法庭的失敗在於無法真正解決三個基本問題，自從紐倫堡審判以來，這三項問題不僅廣為人知，更引起熱烈討論：首先是戰勝國的法庭對正義的損害問題，其次是如何確切定義「反人類罪」，最後是如何確認承認犯下此罪行的罪犯。

關於第一個問題，耶路撒冷法庭並未傳喚辯方證人，因此損害正義的程度更甚於紐倫堡審判，就公平正當的法律程序的傳統要件來看，這一點是耶路撒冷審判最大的瑕疵。何況，如果說戰爭甫結束後，必然是由戰勝國審判戰敗國（傑克遜法官在紐倫堡審判中說：「若不是由戰勝國審判戰敗國，就是要讓戰敗國審判自己。」此外還要考慮，盟軍有「孤注一擲，因此拒絕中立國」〔瓦布林語〕的情緒，其實不難理解），那麼戰爭結束十六年之後，便毫無這種顧慮，而且現在也毫無理由反對中立國參與。

關於第二個問題，耶路撒冷法庭的裁決，則遠非紐倫堡所能比擬。如前所述，《紐倫堡憲章》中將「反人類罪」定義為「非人道的行為」，如翻譯成德語則是 Verbrechen gegen die Menschlichkeit——好像納粹不過是缺少一點人情味，這顯然是本世紀特有的矯情虛飾。如果耶路撒冷審判完全是按照檢察官的起訴書進行，將會導致比紐倫堡更嚴重的誤解，幸而判決書中，大屠殺罪行的基本性質並未被針對殘暴行為的諸多描述所淹沒，法官也並未陷入一般窠臼，草率認定此罪行等同於一般戰爭罪。而在紐倫堡審判中只是被偶爾附帶提及的問題——「證據表明……大規模的屠殺和種種暴行並不僅僅是為了消滅敵對方」，更是「消滅整個民族的計畫行動之一」——在耶路撒冷審判中則佔據中心位置，理由很明顯，艾希曼被指控的罪名是反尤太民族，而此罪行毫無任何其他功利目的，對尤太人的屠殺行動遍及整個歐洲，不僅限於東陸，而滅絕行動的目的完全不是取得土地「以利於德國擴張殖民地。」對於一次以反尤太民族罪為焦點的審判來說，最大的收益並不僅僅在於找出戰爭罪（如掃射遊擊隊、殺害人質）與「非人道行為」（如侵略者為了殖民而「驅逐和滅絕」某個民族）間的清楚區別，有利未來國際刑法典的撰寫，而且也澄清「非人道行為」（這些行為有其明確、罪惡的目的，如通過殖民進行擴張）與目的和意圖都史無前例的「反人類罪」之間的差別。然而，無論是在審判中或是判決書中，耶路撒冷法庭都從未提到，即使只是滅絕整個種族——不論是尤太人、波蘭人還是吉普賽人——的潛在可能性，其嚴重程度也高於反尤太人罪、反波蘭人罪或反吉普賽人罪，而且國際秩序以及全人類都已受到嚴重的傷害和威脅。

耶路撒冷法庭未言明這一點，而與此緊密相關的是，當法官不得不試圖理解這名即將遭受審判的犯人時，當他們面臨這項不容逃避的任務時，這些法官顯然非常無助。顯然，不盲從起訴書還不夠（起訴書中明顯的錯誤之一，是將被告描述成「變態虐待狂」），即使是再進一步，指出起訴方自相矛盾之處（霍斯納想要審判這位他所見過最變態的惡魔，但同時，又要審判艾希曼身上潛藏著的「許多與他類似的人」，甚至是「整個納粹運動和反尤主義。」法官當然明白，如果可以相信艾希曼就是個惡魔，那真是痛快無比，即使這樣一來，以色列對他的審判就會宣告崩潰，至少也會變得索然無味。的確，如果這場審判中坐在被告席的只是一位殘暴的藍鬍子註3，恐怕很難引起全世界的關注，讓來自全球各角落的記者齊聚一堂。艾希曼一案的棘手之處正在於，與他相似的人太多了，這些人卻既談不上邪惡，也非虐待狂，無論過去還是現在，他們都極其正常，甚至正常得讓人害怕。從我們的法律制度以及道德評判標準的角度來看，這種正常比所有的屠殺加在一起更讓人恐怖，因為這表示，這類新的罪犯，這些確確實實犯下反人類罪的罪犯，就如

註 3：藍鬍子（Barbe-Bleue）是由法國詩人夏爾·佩羅（Charles Perrault）所創作的童話，描述藍鬍子公爵連續殺妻的故事，「藍鬍子」在此用於指稱恐怖殺人犯。

同紐倫堡審判中的被告與其律師一再重複的，是在他們幾乎不可能知道或意識到自己正在做惡的情況下犯罪。就這一點來說，艾希曼一案的證據甚至要比主要戰犯審判中提供的證據更具說服力，因為這些主要戰犯在證明自己良心清白時，有時說自己是在服從「最高命令」，有時又吹噓自己時常拒絕服從。然而，雖然這些被告明顯沒說實話，但唯一能夠確實證明其負罪感的證據是，納粹（尤其是艾希曼所隸屬的犯罪組織）在戰爭結束前的數月中，都忙於銷毀他們的犯罪證據。而這個證據也不太可靠，只能證明因為大屠殺的法令才剛頒布，所以尚未被其他國家接受，或者用納粹的話來說，他們為了「解放」人類，使其免受「次等人」、尤其是「尤太長老」（Elders of Zion）統治而戰，只是最後打了敗仗；或者，以一般的話來說，這個證據只能證明納粹承認自己戰敗。如果納粹戰勝，會有任何納粹成員受到罪惡感的折磨嗎？

在艾希曼案件的諸多嚴重問題中，最嚴重的是所有現代法律體系共有的一個假設，即蓄意為惡是構成犯罪的要件。恐怕沒有任何一件事比將主觀因素考慮進去更能讓文明法學感到驕傲了。只要沒有主觀蓄意的成分，不論是出於什麼原因，哪怕是因為失去道德判斷能力，所以根本就不能分別善惡好壞，我們也會認定這並非犯罪。約瑟爾·洛加特認為「滔天大罪對大自然也有所冒犯，因此全世界都極力尋求報復，而邪惡破壞自然和諧，只有懲罰和報應才能恢復和諧，一個蒙受不公的群體有懲罰罪人的道德義務」，但我們卻拒絕這樣的主張，認為這個說法簡直荒誕不經。儘管如此，我個人認為，艾希曼被帶上法庭的原因，正是基於這些遭人遺忘許久的主張，這點不容否認，而這些主張乃是將他判處死刑最重要的理由。既然艾希曼曾涉及一個公然要讓某個特定「種族」從地球表面消滅的計畫中，並且還扮演核心角色，那麼他也必須被消滅。「正義必須伸張，且必須光明正大地伸張，」如果此話不虛，那麼，如果法官有勇氣對被告說出類似以下這番話，那我們可說正義在耶路撒冷法庭也光明正大地受到伸張：

「你承認在二次大戰中納粹對尤太民族所犯的罪是有史以來最惡劣的罪行，你也承認自己在其中所扮演的角色。但你說你的所做所為都並非出自內心，你從來無意殺死任何人，也從未憎恨尤太人，你還說自己別無選擇，因此認為自己無罪。我們認為這番話雖然令人難以置信，但也並非完全不可能採信，在動機和良心的問題上，確實有一些對你不利的證據，可證明是超越合理的懷疑範圍，雖然這類證據為數不多。你還說自己在最終解決方案中所扮演的角色完全是偶然，任何人都可以將你取而代之，因此可能幾乎每一個德國人都同樣有罪。你想說的其實是，既然每個人，或幾乎每個人都有罪，那麼每個人都沒有罪。這個結論確實看似順理成章，但是我們並不同意，如果你不明白我們反對的理由，提醒你去看看《聖經》中索多瑪和蛾摩拉的故事[註4]，《聖經》中這兩個毗鄰的城市，由於所有人都犯了同樣的罪行，因此被天火燒毀了。順帶一提，這個故事和「集體罪惡」這個時髦概念毫無關係，所謂集體罪惡，指人民得為以其名義所為、卻非他們實際所為的事情（他們不曾參與，也沒有從中漁利）承擔罪責或罪惡感。換言之，法律意義上的有罪和無罪必須建立在客觀基礎上，即使八千萬名德國人都犯了跟你相同的罪行，你也不能以此為藉口替自己開脫。」

註 4：索多瑪和蛾摩拉（Sodom and Gomorrah），《聖經》中的罪惡之地和罪惡之城。

「幸好我們還沒走到那步田地，你只說既然在一國中所有人民的主要政治目的導致一樁聞所未聞的罪行，因此舉國上下可能都犯有同等的罪行，但你並未提出實際案例。無論任何外在或內在的偶然狀況將你推向了犯罪之路，在你的實際行動和其他人可能的作為之間，都還存有一道鴻溝。我們關注的重點是你實際的作為，而非你就內心和動機層面而言是否可能無罪，也並非你周圍的那些人是否有犯罪的可能。你把自己形容成一個走霉運的人，我們瞭解實際狀況，也願意在某種程度上相信，如果各種有利條件俱足，你很可能根本不會被帶到耶路撒冷或任何其他法庭中，那為了便於討論，我們在此假設，你之所以變成這個大屠殺組織中一個聽話的屠夫，完全是出自壞運氣，但這不影響你執行、從而支持大屠殺政策的事實。因為政治不是兒戲，在政治中，服從就等於支持。正如你支持並執行屠殺命令，拒絕與尤太人以及其他民族共同分享這個世界一樣——好像你和你的上司真有權決定誰應該或不應該在世界上存活——我們認為，沒有人，也就是說，全人類中沒有任何一個成員，願意和你共同分享這個世界。這就是你必須被處死的理由，也是唯一的理由。」

後記

本書是一個審判報告，主要資料來源是公開給耶路撒冷媒體的法庭紀錄副本。除了檢察方的公訴書以及辯護方的概括否認答辯外，審判紀錄沒有公開出版，也很難找到。法庭用語為希伯來語；媒體所取得的文件已申明是「未經校正和修改的現場同聲翻譯的紀錄」，因此「難免會有文體上的缺憾和語言錯誤。」本報告一概採用英文版本的文獻，除了以德語進行的審判之外，引用這幾場審判的證詞紀錄時，我便直接採用自己的英文翻譯。

除了檢察長的開庭演講以及最後的判決書之外（其翻譯並非現場的同步翻譯，而是在庭外所完成），其他紀錄中沒有一件是絕對可信。唯一的權威版本是官方的希伯來語紀錄，而我並未採用。但我所使用的資料都是由官方提供給媒體的材料，而且就我所知，目前為止，官方的希伯來語紀錄和譯本之間尚未發現有嚴重的出入。德語的現場同步翻譯非常馬虎，但據說英語和法語翻譯頗為可信。

以下庭審材料的可靠性均無可置疑，皆是由耶路撒冷官方提供給媒體的資料（只有艾希曼手稿除外）：

(1) 警方對艾希曼審訊的德語謄本，內容根據審訊錄音所整理，曾經給艾希曼檢閱，他還親自加以修改。這份紀錄和審判紀錄是最重要的檔案材料。

(2) 檢察機關提交的檔案材料，以及檢察機關提供的「法律資料」。

(3) 十六名證人的宣誓證詞，這些證人最初是由辯方所傳喚，但後來檢察機關也採用他們的部分證詞。這十六名證人包含：親衛隊上將塞洛希（Erich von dem Bach-Zelewski）、德貝爾（Richard Baer）、庫特・貝赫（Kurt Becher）、霍斯特・葛萊爾（Horst Grell）、威廉・霍特博士（Dr. Wilhelm Höttl）、沃特・赫伯克頓（Walter Huppenkothen）、漢斯・屈特納（Hans Jüttner）、賀伯・凱帕勒（Herbert Kappler）、賀曼・克姆密（Hermann Krumey）、諾瓦克（Franz Novak）、阿爾佛萊德・史萊衛（Alfred Josef Slawik）、莫頓博士（Dr. Max Merten）、阿爾佛萊德・西客斯教授（Professor Alfred Six）、塔登（Eberhard von Thadden）、埃德蒙博士（Dr. Edmund Veesenmayer）、溫克爾曼（Otto Winkelmann）。

(4) 最後，我獲准使用艾希曼手稿，是他親自撰寫的七十頁打字稿，由檢察機關呈交庭上以作為證據，也獲得法院採信，但並未向媒體公開。其標題可譯為「回覆：我對『尤太問題以及 1933 － 1945 年大德意志帝國家的社會主義政府對該問題的解決方案』的說明」，這份手稿是艾希曼在阿根廷逃亡期間，為了接受荷蘭記者薩森採訪（請參見書目）而做的筆記。

本書書目中僅列出我確實採用的材料，並不包括從艾希曼被綁架到被處決的兩年間我閱讀或搜集的無數書籍、文章以及新聞報導。書目雖不完整，但讓我引以為憾的只有一點，那就是未收錄德國、瑞士、法國、英國、以及美國記者報導常見的上乘之作，這決非雜誌或書籍中那些自以為是的文章作者可比擬，但是要彌補這一缺憾卻幾乎是個不可能的任務。因此我在這個修訂版的書目中，增加一些在本書初版之後才問世的著作或雜誌文章，都是具有獨到見解之作。其中有兩篇關於本次審判的報導，所得出的結論常常與我的論點驚人地相似，還有一個對大德意志帝國重要人物的研究，皆歸類為背景材料並收錄到書目中。包含潘道夫的《謀殺者與被謀殺者：艾希曼與大德意志帝國的政策》（*Murder and Ermordete:Eichmann and die Judenpolitik des Dritten Reiches*），書中也分析了尤太長老會在最終解決方案方案中所扮演的角色；荷蘭記者穆里斯的《刑事案件 40/61》（*Strafsache 40/61*，我採用德語譯本），這本書可說是唯一聚焦於被告的著作，而且穆里斯在一些關鍵問題上對艾希曼的評價與我不謀而合；最後是新近出版的精彩之作《大德意志帝國的面孔》（*Das Gesicht des Dritten Reiches*），內容關於納粹的首腦人物，由費思特（T. C. Fest）所著，費思特學識淵博，立論高遠。

撰寫報導時會面臨的問題，與撰寫歷史著作頗為類似，都需要明確區分第一手材料和第二手材料。特定的主題（就本書而言，便是艾希曼審判）只能使用第一手材料，而第二手材料則可以用於鋪陳歷史背景。因此，凡是我所徵引的文獻資料，除了極個別的例外，都是曾呈上法庭作為證據的材料（這便是本書的第一手材料），或者是相關歷史時期的權威著作。從文中可以看出，我引用英國史學家賴特林格所著的《最終解決方案》（*The Final Solution*），我更仰賴史學家希爾伯格的著作《歐洲尤太人的毀滅》（*The Destruction of the European Jews*），該書於耶路撒冷審判結束之後出版，對大德意志帝國的尤太政策做了最為詳實可信的歷史分析。

本書尚未付梓前，便已成為爭議的焦點，以及抗議的眾矢之的。抗議活動採用憑空想像跟操弄輿論的手法，自然會比爭議本身更引人注目，因此爭議焦點幾乎被人為的喧鬧聲浪所淹沒了。尤其這些爭議與喧鬧不久後從美國傳到英國，又從英國傳到歐洲，到本書尚未發行的所有地方，情況更明顯，所有的撻伐聲浪都幾乎都是千篇一律，好像反對本書（當然更反對作者）的所有文字都是「用影印機複印出來似的」（美國小說家麥卡錫〔Mary McCarthy〕）。這點倒是不足為奇，因為眾聲喧雜的焦點只是本書的「影子」，而所討論主題常常不僅是我從未提及、而且完全沒有想過的內容。

這種種爭辯（如果可以稱之為爭辯的話）其實算不上乏味。輿論的操控往往是出於特定的利害考量，目的非常明確，但一旦涉及重大問題，情況卻往往非操控者所能控制，最後結果經常出其預料、違其初衷。現在的狀況是，希特勒帝國犯下史無前例的滔天罪行，這不僅對德國人以及全世界的尤太人來說，構成一種「無法抹煞的過去」，對世界其他地區的人來說也是如此，因為這場發生在歐洲心臟地帶的大災難讓所有的人都無法遺忘，而且，恐怕也難以承受面對。不僅如此，普遍的道德問題突然成了公眾最為關注的問題，這恐怕是完全出乎預料，這種道德問題錯綜複雜，而現代情境又更添困難度，我堅信這些問題將縈繞於現代人心頭，難以釋然。

本書爭議的開端，首先是尤太人在施行「最終解決方案」

期間所扮演的角色，而這便引出尤太人是否能夠或應該為自己防衛的問題，此問題最早是由以色列檢方所提起，我認為這個問題根本太愚蠢而且不近人情，會問這個問題，表示對當時情況一無所知，然而相關討論不斷，最後得出的結論非常驚人，大家往往以著名的「尤太區心理（ghetto mentality）」來解釋當時的情況（以色列的歷史教科書已經採用此概念，在以色列國內的心理學家布魯諾·貝特海姆〔Bruno Bettelheim〕大力鼓吹這個解釋，但官方的美國尤太教教會激烈反對），尤太區心理是結合歷史與社會因素的產物，許多人以此解釋當時尤太人的行為，但其實這些行為不僅僅限於尤太民族，當然也就不能單單用尤太人因素加以解釋，接著便出現各種論點，眾說紛紜，直到某天有人突然發現這些說法都太過乏味，便靈機一動把佛洛依德理論扯進來，他們認為尤太民族具有一種「死亡衝動（death wish）」——當然是無意識的，對於刻意從本書的「影子」出發的評論家而言，這可是出乎意料之外的結論。這些特定團體捏造出本書的「影子」以符合其利益，據說在他們的版本中，我宣稱其實是尤太人謀殺自己的同胞，至於我為何會說出如此大逆不道的謊話？不用說，當然是因為「自我仇恨」。

法庭中曾提及尤太領導人在這場浩劫裡發揮的作用問題，而這場審判是我報導與評論的對象，我在書中討論這個問題是理所當然。我認為這是非常嚴肅的問題，但是種種爭論絲毫未使尤太領導問題得到進一步澄清，整個尤太體系中對此充滿各式分歧不一的意見，從最近以色列的一樁審判可見一斑。該審判的被告是赫爾施·貝恩班特（Hirsch Birnblat），曾在波蘭某個小城的尤太警局擔任警長，目前在以色列歌劇院擔任指揮，一審時被地方法院判處五年監禁，後來耶路撒冷的最高法院卻將他無罪釋放，最高法院全體一致的判決等於間接為整個尤太人長老會開脫罪名。而在關於尤太領袖的爭論中，最響亮的聲音來自將尤太人及其領袖混為一談的人（但幾乎所有關於倖存者的報導中，都對二者有嚴格區分，以特瑞辛集中營某位倖存者的話概述之：「整體尤太人的表現令人欽佩，但尤太領袖除外」），以及頻頻列舉尤太領袖在戰前、尤其是「最終解決方案」施行前的汗馬功勞以便為其辯解的人，好像他們認為協助尤太人移民跟協助納粹驅逐尤太人，都是同一回事。

雖然這些議題遭到不當誇大，但確實與本書有某些關聯，不過，有些議題跟本書根本毫不相干，比如，希特勒帝國建立之初在德國出現的抗爭行動，便引起熱烈討論，但這當然完全不在本書的討論範圍內，因為有關艾希曼的良知以及處境問題，都只與二戰和「最終解決方案」時期有關。此外還有更天馬行空的問題，不少人開始論辯，受害者是否經常會比殺人兇手更為「醜陋」？在這場浩劫中缺席的人是否有資格評判過去？審判舞台上的主角應該是被告還是受害者？就這個問題而言，有些人甚至說，我不該對艾希曼的人格類型感興趣，而且其實根本就不應該讓艾希曼發言──換言之，他們認為這場審判應該只有控訴方，而無辯護方。

這些討論往往極度情緒化，某些特定團體只想著如何干預、扭曲事實，其利益很快便與某些狂妄知識分子的思考緊密結合，這些知識分子完全不在意事實為何，只把事實當成催生「點子」的工具。然而，即使是在如此淩虛蹈空的論戰中，還是經常可以發現一些真正嚴肅、重大的議題，即使是那些聲稱從來沒有讀過本書、未來也絕不屑一讀的人，他們的文章中有時也不乏見此類議題。

相較於漫無邊際的論戰，本書處理的議題少得可憐。作為一份審判報告，本書僅能討論與審判程序相關、或是出於正義考量而理應探討的問題，如果審判所在國的國情碰巧對審判具有重要影響，當然也必須加以考量。因此，本書既不討論尤太民族的苦難史、無意探究極權主義、也不討論大德意志帝國時期的德國民族史，更完全不是一部探討邪惡本質的理論。每場審判的焦點都是那個站在被告席的人，他有血有肉、有自己的歷史，具有獨一無二的性格、品格、行為模式以及生長背景，就對於審判的影響程度上而言，無論是尤太民族的離散史、反尤主義的歷史、德意志民族以及其他民族的所做所為，或是當時的意識型態以及大德意志帝國的政府機構等，其重要性都不及這些因素，因為正是這些因素構成被告犯罪的背景和條件。所有與被告無關、對被告沒有影響的事物，都必須排除在審判程序之外，理所當然，也必須排除在審判報告之外。

或許有人會認為，這些相關談論在初期所引出的問題——為何是德國人？為何是尤太人？極權統治的本質是什麼？——其實極為重要，重要性遠超乎與審判相關的問題，諸如罪犯應該以何種罪名接受審判？應以何種方式伸張正義？現行法律制度是否有能力處理自二戰以來不斷現身法庭的特殊犯罪和罪犯？可以說這個問題已經超乎特定的個人、或是被告席上的獨一無二的個體，而是關乎德國人全體、所有形式的反尤主義、整個現代史、人性及原罪，因此從根本來說，全人類無形中都和被告一起站在被告席上。這些論點反覆被提及，有些人殫精竭慮就是要在「每個人身上」都找出一個艾希曼，他們對這些論點的討論更是熱衷。但如果被告僅是個象徵、審判僅是個藉口，真正目的是要引出遠要比被告是否有罪更有意思的議題，我們便得低頭認同艾希曼及其律師的聲明：艾希曼之所以被繩之以法，原因是這整件事需要一個替罪羔羊，不僅是為了德意志聯邦共和國，更需要一個替罪羔羊才能解釋整場浩劫事件以及事發原因——也就是反尤主義、極權政府、人類以及原罪。

如果我認可這些觀點，那我根本不會到耶路撒冷。我始終堅持認為這次審判的唯一目的就是伸張正義，僅此而已，而法官在判決書中強調「以色列的建國，被視為等同於尤太民族的建國」，因此以色列有權對於針對尤太民族的犯罪進行審判，我也認為這個論點允為得當，此外，法律界對於在這場審判中判刑是否具有意義或作用的意見仍莫衷一是，所以我很欣慰判決書中引用克羅提斯（Grotius）的話，他在話中援引先人名言，解釋懲罰絕對有其必要：「因為受到侵害的人必須捍衛其榮譽和尊嚴，即使無法達到懲罰的目的，也無損於其榮譽和尊嚴。」

確實，被告及其行為、審判本身所引發的普遍性問題，遠遠超出耶路撒冷法庭上處理的議題，我在結語中也嘗試探討其中某些問題，因此本書結語已不僅是單純的報導。如果有人認為我的觀點有失偏頗，我也不會過於驚訝，而且，只要以確切事實為基礎，我十分樂見大家對整起事件的普遍意義進行討論，此外，我早已預期本書（英文版）的副標題會引起嚴肅的討論，我之所以稱之為邪惡的平庸性，僅僅指涉到事實層面。艾希曼既非《奧賽羅》中的奸惡小人伊阿古（Iago），也不是偏激乖戾的馬克白，在他的內心深處，也從來不曾像殺害先王遺孤的理查三世那樣「一心想作個惡人。」註1 艾希曼格外勤奮努力的原因，是因為他一心一意想升官加爵，除此之外根本毫無任何動

註 1：伊阿古、馬克白和理查三世分別是莎士比亞悲劇《奧賽羅》、《馬克白》和《理查三世》中的人物。伊阿古因為妒嫉奧賽羅，設計害死了其妻。馬克白是蘇格蘭大將，受野心驅使，弒君篡位，後失敗身亡。理查三世用狡詐、血腥毒辣的手段登上王座，又很快為敵黨所殺。

機，而我們無法說這種勤奮是犯罪，畢竟他永遠不會殺害上司以篡其職位。說得明白些，他其實完全不知道自己在做什麼，正因為缺乏舉一反三的能力，他才會連續幾個月坐在審訊室，對一位負責審訊的德國尤太人掏心掏肺，反覆解釋自己為何還只是個中校，而無法晉級其實錯不在他。大體說來，艾希曼完全瞭解所有發生的一切，在對法庭的最後陳述中，他指出「（納粹）政府重新定義固有的價值標準。」他並不愚蠢，只不過是喪失思考能力（但這絕不等於愚蠢），也正是因為如此，他便化身為當時最十惡不赦的魔頭。如果這算得上「平庸」，甚至滑稽，如果我們竭盡所能也無法從艾希曼身上找到任何殘忍、魔鬼般的品性，他的情況還是遠超乎常態。按照常理，一個人在面對死亡、甚至已經站在絞刑架前時，不可能還是毫無思考能力，而他只想著葬禮上別人會如何評價自己，因為受到「自捧自吹空話」的蒙蔽，所以他看不清行將就死事實。這種與現實隔閡、麻木不仁的情況，是引發災難和浩劫的元兇，遠比人類與生俱來的所有罪惡本性加總起來更可怕——事實上，這才是我們真正應該從耶路撒冷獲得的教訓。而這也只是一個教訓而已，既不是對某種現象的解釋，也並非要發展任何理論。

本書所討論的究竟是什麼罪（而且所有人都同意這是一種前所未見的罪刑）？這個問題看似非常複雜，但實際上遠比探究無思想性與邪惡之間那種弔詭的相互依存關係來得簡單，因為種族滅絕雖然是特意用以涵蓋前所未知的罪，但也僅在某種程度上適用，實際上，針對整個民族的屠殺並非毫無先例。在古代，種族屠殺是根本就是社會法則之一，在殖民主義和帝國主義盛行的數世紀中，種族屠殺的例子更是層出不窮，雖然執行結果頗有落差。「行政性屠殺（administrative massacres）」這個詞可能更適用於我們眼前遇到的狀況，這個詞是隨著大英帝國主義而出現的，英國人堅拒使用這種方法維持對印度的統治。使用該詞的妙處在於，殘暴行為可以不僅指涉對付外國或異族的舉動，這是其他詞語的限制與偏見。眾所周知，希特勒在實施集體屠殺初期，是號稱要對「患有不治之症者」實施「安樂死」，為了加速滅絕腳步，他甚至不惜處死那些「患有遺傳性疾病」的德國人（心臟病和肺病病人）。很明顯這類屠殺可能針對任何族群，換言之，無論如何都會進行屠殺，只是族群的選擇會因不同情況而有所變化。因此不難想像，不遠的將來，隨著世界邁入自動化經濟生產的時代，也許智商在某個水平線以下的人會全部遭到滅絕。

有關尤太人屠殺究竟該歸屬為何種罪名的問題，在耶路撒冷法庭並未獲得充分討論，因為就法理而言確實很難掌握，辯護方忿忿不平地說艾希曼只不過是最終解決方案這部巨型機器中的一個「小齒輪」而已，而控訴方則振振有詞地說他們發現這部機器的馬達就是艾希曼本身。我對這兩種理論的看法與耶路撒冷法庭相近，因為所謂的「齒輪」理論在法律上毫無意義，既然如此，那麼艾希曼這個「齒輪」的尺寸大小也就無關緊要。法院在判決書中指出，這種罪行只有龐大、可自由運用政府資源的官僚體制才有能力實施，但是既然是犯罪——當然，犯罪是審判的前提——那麼，這部機器上的所有齒輪，無論其作用大小，便立刻成為堂前囚，也就是說，都要回歸到人的層次。如果被告為了開脫罪責，說自己並不是出自於作為「人」的意願，而只是因為職務要求才像機械般執行犯罪行動，而且任何擔任這個職務的都會如此做，這種說法，就好比一個罪犯指著犯罪統計表——該統計表顯示某時某地的每日犯罪人數——，說自己不過是做了統計表所預期的事情罷了，換言之，既然總得有人犯罪，那麼只不過碰巧是他而非別人。

當然，極權政府以及所有官僚體系的本質，正是將每個人都化為行政機器上中，變成各司其職的工具，也就是將人類非人化，這一點就政治學和社會學的角度而言非常重要。當然，我們也可以對「非人統治」（the rule of Nobody，一種無人負責的政府形式，即官僚制度的本質）進行廣泛而深入的討論，但有一點必須非常清楚，在司法實踐中，只能將這些因素視為犯罪的外在環境因素——就像在盜竊案中，固然要酌情考慮犯人面臨經濟窘迫的狀況，但絕不能因此寬恕盜竊行為，更別說要因此免予起訴。的確，由於我們都受到現代心理學和社會學，當然還有現代官僚體系的影響，已經非常習慣以決定論[註2]來為某人的行為開脫責任，這些看似高深的人類行為解釋論到底是對是錯，還有待討論澄清，但有一點絕對毋庸置疑，沒有任何司法程序能依照這個理論來運作，以這些理論為標準的司法制度，不僅缺乏現代化，更是與時代脫節。希特勒曾說總有一天，德國人會以當「法學家」為恥，希特勒所描述的狀況，只有在他夢想中的完美官僚體系中才會發生。

據我所知，能處理這類問題的法學範疇只有兩個（但在我看來，這兩個範疇並不足以解決問題），一是「國家行為」，一是「服從上級命令的行為」，至少在類似審判中這是唯一被提出用以處理此類議題的方式，而且通常是由被告方所提出。「國家行為」此一概念的精神在於主權國家不能審判他國（par in parem non habet jurisdictionem），實際上，紐倫堡大審判時該範疇早

註 2：決定論（determinism）主張宇宙中的任何事件皆受因果法則控制，否定人具有自由選擇的可能性，一般而言，科學家或唯物論者多半主張決定論。

就遭到否定，且自始至終都站不住腳，若依此概念行事，連希特勒也無須擔負責任，然而他是大屠殺最關鍵的推手——如此一來，豈不連最基本的正義都無法實現。但是，在實踐層面難以執行的論點，在理論層面卻不一定會遭到屏棄。最常見的推托之詞是，大德意志帝國的統治者是一群罪犯，對他們來說，既談不上什麼主權，也談不上什麼公平，但這個說法幾乎毫無說服力。一方面，誰都知道，罪犯的比喻只在特定的範圍內適用，用在此處顯然不妥，另一方面，無可否認的是，這些罪行都是在「法制」內所發生，這正是此類罪行最顯著的特徵。

如果我們能瞭解，在國家行為理論背後，還有國家利益理論（raison d'etat），我們對此問題的理解會更深刻。依據國家利益理論，國家的主要職責是維繫國家的生存、保障法律的運行，但國家不受該國公民應遵守之行為守則所限制。如同法律制度雖以消弭暴力和戰爭為目的，但仍舊需要借助暴力以保障法律制度的效力，同樣的道理，一國的政府可能也必須採取某些咸認為是犯罪行為的措施，以確保國家續存及其合法性。這正是常用來將戰爭合法化的理由，然而國家犯罪行為並不只是存在於國際關係的領域之中，文明國家的歷史為我們提供了許多例證：從拿破崙處死德翁根公爵（Duc d'Enghien），到社會主義領導人馬提奧第（Matteotti）的暗殺事件[註3]——一般認為墨索里尼應該為此事負責。

國家利益理論——對錯與否要視情況而定——強調的是一種必要性，而以國家名義實施的犯罪（依照該國主要法律制度確

註 3：德翁根公爵（Duc d'Enghien），波旁王族成員，1804 年遭拿破崙殺害。
馬提奧第（Matteotti）是義大利統一社會黨領袖，1924 年 6 月失蹤。

實是不折不扣的犯罪）被視為是緊急措施，是對現實政治中的嚴峻情勢所做的讓步，目的在於維護政權，以確保現行法律秩序能持續運行。在一般的法政體系中，這種犯罪屬於例外情況，不需受到法律的制裁（即德國法學理論中的「免起訴」〔gerichts-frei〕），原因是此時一國的生存已經受到威脅，而且沒有任何外部政治實體有權否定其存在，或規定該國應如何做才能維持其主權。然而，正如在大德意志帝國的尤太政策史，就一個建立於犯罪基礎上的國家，情況其實正好相反。在這種環境中，無罪行為（比如，1944 年夏末，希姆萊下令停止驅逐尤太人）反倒成為對於現實（此處指即將戰敗）必要性的讓步。這下問題來了，這種政治實體的主權本質為何？難道該國沒有違反「地位平等者間相互無管轄權」的原則？「地位平等」只是主權的附屬的特性？還是真的指涉實質平等或相似？對於將犯罪和暴力視為例外和邊緣事件、將犯罪合法化統治主體，是否同樣適用這條原則？

現有法學原則在處理這類審判中某些關鍵的犯罪事實時，已經十分勉強，面對「執行上級命令的行為」時，便更顯得左支右絀。為了反駁辯護方的意見，耶路撒冷法庭不厭其煩地從文明國家（尤其德國）的刑法典和軍事法典中引經據典；在希特勒統治時期，相關法律並沒有被廢除，這些法律一致認定：不得服從明顯是犯罪的命令。耶路撒冷法庭還以數年前在以色列發生的一案為例：一群士兵因為屠殺位於邊界的阿拉伯村莊平民，而遭受審判，時間在西奈戰役（Sinai Campaign）發生的不久之前，這些村民在軍事宵禁期間外出因此遭到射殺，但事實證明，這些人完全不知道當晚有宵禁。可惜的是，法庭將兩件事相提並論，然而進一步思考後，會發現這有兩個缺失。首先，必須再次考慮，在艾希曼的行為中，規則與例外的關係已經相互顛倒，這種關係對於判斷下屬執行的命令是否構成犯罪至關重要。既然規則與例外已經顛倒，艾希曼沒有服從希姆萊的某些命令，或者即使服從但態度猶豫，這種行為確實無可厚非：因為這些命令明顯是違反現行規則的例外。然而法官們卻認為，這種行為尤其更能顯示艾希曼罪行滔天，他們的想法不難理解，然而在邏輯上卻出現不一致，這在以色列軍事法庭法官的相關判定中可以清楚看出，該軍事法庭的法官認為：拒絕服從的命令必須屬於「明顯不合法」，就好像這道命令上方「插有一支寫著『禁止』的警示黑旗。」換言之，被士兵認為是「明顯不合法」的命令，一定是以一種反常的形式違背他已經習以為常的法律制度。在這些問題上，以色列法律和其他國家是完全一致，毋庸置疑，在制定這些條款時，立法者一定預想到諸如此類的情況：某個軍官突然發瘋了，並命令手下殺死另一名軍官。一般狀況下，這類案件的審判中，沒有人會要求這個士兵聽從良心的召喚，聽從「每個人內心深處都對合法性的感知召喚，也沒有聽從那些不諳法律條文的人的召喚……只要他眼睛不瞎，不是鐵石心腸，良心還沒有完全墮落。」而是希望這個士兵有能力區分規則和明顯違反規則的例外。至少，德國的《軍事法》明確指出個人良知不足以成為判斷依據，該法第四十八條規定：「個人的良知或宗教戒律，不得成為其行為是否應受懲處的理由。」以色列法律所依循的邏輯有一個顯著的特徵，即每個人內心深處的正義感，都只不過是他對法律熟悉程度的一個反映。這個推論的前提是，法律所傳達的也正是良知對人們的勸諭。

如果要以合理方式將上述論證運用於艾希曼一案，那麼我們不得不說，艾希曼的行為完全在審判所要求的框架之內：他依照規則行事，依據「明顯的」合法性（亦即常規）檢驗施加於他的命令；他完全不必訴諸於自己的「良知」，因為他並非不熟悉自己國家的法律，恰好相反，他深諳這些法律規定。

第二項缺失與司法實踐有關，法庭論斷案件時往往將「執行上級命令」視為減免罪責的重要理由，而艾希曼一案的判決書中也明確提及此事，其中並引用前文所提有關阿拉伯村莊平民遭屠殺的案例，據此證明以色列司法機關絕不會因為「執行上級命令」而免除被告的責任。的確，這些以色列士兵後來被以謀殺罪起訴，但是「執行上級命令」構成有力的從輕量刑理由，因此他們最後僅被判處相對短期的監禁，可以肯定的是，此案所處理的是單一的個案行為，而非艾希曼一案中長達數年之久、屢次累犯的罪行，但是，艾希曼確實一直都在執行「上級命令」，這個事實無可否認，那麼按照一般的以色列法律，便很難對他處以極刑。問題的關鍵在於，和其他國家一樣，以色列的法律無論在理論或實踐層面都必須承認，即使是「明顯」不合法的「上級命令」，也會嚴重影響個人的良知判斷。

這只是眾多例子中的一個，但也足以表明，現行法律制度以及司法概念在處理由國家機器主導的行政性屠殺時，有多麼左支右絀。如果再進一步深究，不難發現在所有這類審判中，法官僅依據罪行的殘暴程度做出判決，換言之，他們的判決完全是自由發揮，並沒有真正依據或多或少能讓他們的判決更有說服力的準則或法律先例。這一點在紐倫堡審判中已經非常清楚，當時，法官一方面宣稱「反和平罪」是他們所處理過最嚴重的罪行，因為其中包含所有其他罪，但是另一方面，他們卻只對那些涉入行政性屠殺這種新罪行的人處以死刑——按照他們的說法，這應該是比反和平罪更輕微的罪才是。在最強調一致性的法學領域中細究這類例外狀況，想必很有意思，但這顯然是本書力所不及的。

此外，還有一個根本性的問題沒有解決，這個問題在所有的戰後審判中都隱約浮現過，而且關乎各個時代最核心的道德問題，換言之，便是關乎人類判斷力性質和功用的問題。法庭審判中，被告觸犯「法律」，而我們對審判的訴求是：人應能明辨是非，即使在只能仰賴個人判斷力、甚至當自己的判斷與眾人公信的判斷完全相左的時候，也是如此。正如我們所知，當少數「高傲自大的」人堅信他們的判斷與那些信守舊的價值標準或者恪守某種宗教信念的人截然不同時，問題將變得更為嚴重。既然一個高尚的社會全都臣服於希特勒，可以說過往曾經用以規範社會行為的道德信念、引導社會良知的宗教戒律——「不可殺人！」也同時遭到否棄。少數還能明辨是非的人只能依靠自己的判斷力，此外便別無依憑，生活在當時那種特殊的情境中，他們沒有任何規則可遵循，只能見機行事，自行做判斷，因為對於前所未見的事來說，不可能有規則存在。

上述這種關於判斷的問題（或者，更常見的說法是那些膽敢「高坐於審判席」的人）究竟讓現代人感到多麼困惑不安，從圍繞本書的論戰、以及有關霍赫夫斯（Rolf Hochhuth）之作《代理人》（*The Deputy*）展開的類似討論中即可見一斑。出乎某些人的預料，這些論戰的內容既沒有高唱虛無論調，也沒有憤世嫉俗的意味，反而是在基本道德問題上出現異常混亂——好像在現代已完全無法憑藉直覺做出道德評斷。討論中出現一些奇特的觀點似乎尤其發人深省，比如某些美國學者表達十分天真的信念：誘惑和強迫實際上是一回事，沒有人能夠抵禦誘惑（如果有人用手槍抵住你的腦袋逼你槍斃最好的朋友，你肯定會開槍。同樣，還有人提到幾年前的醜聞，某大學老師在益智競賽節目中作弊欺騙觀眾，他們說面對如此高額的獎金，有誰能抵擋誘惑呢？）還有人認為，只要不在現場、不是當事人，都無權評判，這種說法倒是廣受認同，但如果照此邏輯，司法審判和歷史紀錄顯然無從進行。與這種眾說紛紜局面形成鮮明對照的是，大家始終都對司法人員明哲保身的態度提出譴責，不過這種譴責完全於事無補。就算某個法官剛剛將一位殺人犯判刑，回到家後還是能對自己說：「還好上帝保佑，我才沒淪落到跟那個人一樣。」所有的德國尤太人都異口同聲地譴責 1933 年德國人民對納粹的妥協，認為正是這種妥協使得尤太人一覺醒來便淪為賤民，但難道這些尤太人中從來沒有一個人捫心自問：在同樣狀況下，他們有多少人會做出同樣的選擇？但即使時至今日，他們的譴責聲浪還不是跟當時一樣理直氣壯嗎？

也許我們自己在同樣的情形下會做出同樣的惡行，這種反思可能有助激發寬恕精神，但是將這種寬恕精神與基督教的寬容相連結的人，似乎又讓問題更為混亂，我們不妨讀一讀德國福音教派，即新教教會在戰後發表的聲明：「我們在仁慈的上帝面前坦白，我們的國民對尤太人犯下了令人髮指的暴行，由於不做為和沉默，我們理應和他們一起分擔罪責。」註4 在我看來，如果一個基督徒以怨報怨，便可以說他在仁慈的上帝面前是有罪的，同樣的道理，如果成千上萬的尤太人是因為他們犯下的某些惡而被殺、以示懲罰的話，那麼便可以說基督教會在上帝的仁慈（God of Mercy）面前是有罪的，但是如果誠如教會所坦

註　4：牧師歐瑞爾．馮．里臣（Aurel von Jüchen）之語，引自《惡之極》（*Summa Iniuria*），霍赫夫斯戲劇評論集，Rowohl Verlag 出版社，第 195 頁。

言，他們參與一樁純粹的暴行，那麼問題便仍有待上帝的正義（God of Justice）加以評判。

如果有人認為前段有關仁慈與正義的部分是筆誤，那其實是有意為之。因為正義才是審判的關鍵，而不是仁慈，而公共輿論對於「誰也無權審判他人」的說法則是一致欣然同意，但正義與這些公共輿論毫無關係，公共輿論允許我們判斷或譴責的內容，只不過是趨勢，或者集體意見——人越多越好，簡言之，不能有任何區別、更不可指名道姓，一旦事關權要名流的言行，這條禁忌便更是雙倍嚴格。從一個不無誇張的說法中可以清楚看出：對於細節糾纏不清、或針對個人的行為都是「膚淺的」，反之，說話時遵循諸如「天下烏鴉一般黑」、「大家都有罪」這種一概化之的原則，則是深明世理的表現。因此，當霍赫胡斯對某個主教提起訴訟時——這個主教是一個有名有姓、所指明確的人——立即遭到整個基督教會的反訴。因為基督教已經有兩千多年的歷史，對基督教所做的任何指控都不會被證實，因為後果將不堪設想。既然從來不涉及特定個人，大家對於控訴基督教之舉也並不介意，還能放心地進一步指出：「毫無疑問，確實有理由提起更為重大的訴訟，但是被告卻是全人類。」（魏爾什〔Robert Weltsch〕之語，參照前引《惡之極》〔*Summa Iniuria*〕）

逃離確立事實和個體責任論域的，是各式各樣奠基於籠統、抽象、假定前提的理論——從時代精神到伊底帕斯情結，不一而足——這些理論具有強烈概括性，足以解釋並正當化一切事情與行為：這些理論根本沒有考慮過任何一種改變過去的方案，甚至認為沒有人能夠擺脫過去的行為方式。在這些通過模糊細節來「解釋」一切事物的概念中，包含歐洲尤太人的「尤太區心理」，以及從德國歷史的特定闡釋中所引導出的德國人集體罪行論，以及同樣荒誕的尤太人集體清白論，這些論點都認為審判是多餘的，只要附合這些陳詞濫調，便是萬無一失。我們可以理解這些人（對判斷）的拒斥。德國人和尤太人受到大屠殺災難的影響，因此積極深入檢討那些看似、或者肯定受到集體道德崩潰影響的團體或個人行為，比如基督教會、尤太領導人、秘謀反希特勒人士於 1944 年 7 月 20 日的行為等，這種疏於判斷的態度儘管不難理解，但並不足以解釋，何以到處都對基於個體道德責任感的判斷表現出明顯的拒斥。

今天許多人認為，所謂的集體罪行根本不存在，正如不存在集體清白一樣，原因是若真有集體罪行，個人的有罪或清白便全無意義。這麼說，當然並不是要否認諸如政治責任這類事物，其實政治責任跟集體中的個人行為完全不同，既不能從道德的角度進行評判，也沒有辦法訴諸法庭審判。所有的政府都要為前任政府的政績以及罪行承擔責任，所有的民族也都要為該民族的過去負責。拿破崙透過大革命攫取法國政權之後說：「我將對法國過去所做的一切負責，對從聖路易斯到公共安全委員所做的一切負責。」但他只強調了所有政治生活中一個最基本的事實。簡言之，他所表達的是：既然每個人都生活在一個綿延不斷的歷史過程中，那麼，受惠於其祖先的每一代人，也都應該背負起祖先的罪，但這並非本書所討論的責任，他所說的責任與個體無關，而且大家也只是在象徵意義上表示自己應對祖先或民族的所做所為負責（從道德上講，為自己實際上未犯的罪行負有罪惡感，與理應對某件罪行承擔罪責卻毫無罪惡感，兩者是同樣大錯特錯。）不難想像，總有一天，將會有一個國際法庭來仲裁國家之間特定的政治責任，但難以想像的是，屆時會由宣判個人是否有罪的刑事法庭來扮演這個角色。

個人是否有罪、如何對被告和受害者雙方都給予正義的判決，只有這些才是刑事法庭極待解決的問題。艾希曼一案也不例外，儘管法庭面臨的是從未見於任何法律專書的罪、至少截至紐倫堡大審判為止都未出現於任何法庭的罪行，這句話同樣適用。本報告旨在呈現耶路撒冷法庭滿足正義訴求的程度，此亦是本報告唯一意旨。

參考書目

Adler, H.G., *Theresienstadt 1941-1945*, Tübingen, 1955

———, *Die verheimlichte Wahrheit. Theresienstädter Dokumente*, Tübingen, 1958

American Jewish Committee, The Eichmann Case in the *American Press*, New York, n.d.

Anti-Defamation League, *Bulletin*, March, 1961

Badde, Han W., "Some Legal Aspects of the Eichmann Trial" in *Duke Law Journal*, 1961

Bamm, Peter, *Die unsichtbare Flagge*, Munich, 1952

Barkai, Meyer, *The Fighting Ghettos*, New York, 1962

Baumann, Jürgen, "Gedanken zum Eichmann-Urteil" in *Juristenzeitung*, 1963, Nr.4.

Benton, Wilbourn E., and Grimm, Georg, eds., *Nuremberg: German Views of the War Trials*, Dallas, 1955

Bertelsen, Aage, *October '43*, New York, 1954. (About Denmark)

Bondy, François, "Karl Jaspers zum Eichmann-Prozess." *Der Monat*, May, 1961

Buchheim, Hans, "Die SS in der Verfassung des Dritten Reichs," *Vierteljahrshefte für Zeitgeschichte*, April, 1955

Centre de Documentation Juive Contemporaine, *Le Dossier Eichmann*, Paris, 1960

de Jong, Louis, "Jews and Non-Jews in Nazi-occupied Holland" in *On the Track of Tyranny*, ed. M. Beloff, Wiener Library, London

Dicey, Albert Venn, *Introduction to the Study of the Law of the Constitution*, 9th edition, New York, 1939

Drost, Peiter N., *The Crime of State*, 2 vols., Leyden, 1959

"Eichmann Tells His Own Damnung Story," *Life*, November 28 and December 5,1960

Einstein, Siegfried, Eichmann, *Chefbuchhalter des Todes*, Frankfourt, 1961

Fest, T. C., *Das Gesicht des Dritten Reiches*, Munich, 1963

Finch, George A., "The Nuremberg Trials and International Law," *American Journal for International Law*, vol. XLI,1947

Flender, Harold, *Rescue in Denmark*, New York, 1963

Frank, Hans, *Die Technik des Staates*, Munich, 1942

Globke, Hans, *Kommentare zur deutschen Rassegesetzgebung*, Munich-Berlin, 1936

Green, L. C., "The Eichmann Case," *Modern Law Review*, vol.XXIII, London, 1960

Hausner, Gideon, "Eichmann and His Trial," *Saturday Evening Post*, November 3, 10, and 17, 1962

Heilber, Helmut, "Der Fall Grünspan," *Vierteljahrshefte für Zeitgeschichte*, April, 1957

Henk, Emil, *Die Tragödie des 20. Juli 1944*, 1946

Hesse, Fritz, *Das Spiel um Deutschland*, Munich, 1953

Hiberg, Raul, *The Destruction of the European Jews*, Chicago, 1961

Höss, Rudolf, *Commandant of Auschwitz*, New York, 1960

Hofer, Walther, *Der Nationalsozialismus. Dokumente 1933-1945*, Frankfurt, 1957

Holborn, Louise, ed., *War and Peace Aims of the United Nations*, 2 vols., Boston, 1943, 1948

Jäger, Herbert, "Betrachtungen zum Eichmann-Prozess" in *Kriminologie und Strafrechtsreform*, Heft 3/4, 1962

Jaspers, Karl, "Beispiel für das Verhängnis des Vorrangs nationalpolitischen Denkens" in *Lebensfragen der deutschen Politik*, 1963

Kaltenbrunner, Ernst, *Spiegelbild einer Verschwörung*, Stuttgart, 1961

Kastner, Rudolf, *Der Kastner Bericht*, Munich, 1961

Kempner, Robert M. W., Eichmann und Komplizen, Zurich, 1961. (Contains the complete minutes of the Wannsee Conference)

Kimche, Jon and David, *The Secret Roads. The "Illegal" Migration of a People, 1938-48*, London, 1954

Kirchheimer, Otto, *Political Justice*, Princeton, 1961

Kirchhoff, Hans, "What Save the Danish Jews?" in *Peace News*, London, November 8, 1963

Klein, Bernard, "The Judenrat" in *Jewish Social Studies*, vol. 22, January, 1960

Knierim, August von, *The Nuremberg Trials*, Chicago, 1959

Krug, Mark M., "Young Israelis and Jew Abriad—A Study of Selected History Textbooks" in *Comparative Education Review*, October, 1963

Lamm, Hans, *Über die Entwicklung des deutschen Judentums im Dritten Reich*, mimeographed dissertation, Erlangen, 1951

———, *Der Eichmannprozess in der deutschen öffentlichen Meinung*, Frankfourt, 1961

Lankin, Doris, *The Legal System*, "Israel Today" series, No. 19, Jerusalem, 1961

Lederer, Zdenek, *Ghetto Theresienstadt*, London, 1953

Lehnsdorff, Hans Graf von, *Ostpreussisches Tagebuch*, Munich, 1961

Lévai, Eugene, *Black Book on the Martyrdom of Hungarian Jews*, Zurich, 1948

Lösener, Bernhard, *Die Nürnberger Gesetze*, Sammlung Vahlen, vol. XXIII, Berlin, 1936

Maschmann, Melitta, *Fazit*, Stuttgart, 1963

Maunz, Theodor, *Gestalt und Recht der Polizei*, Hamburg, 1943

Monneray, Henri, *La Persécution des Juifs en France*, Paris, 1947

Motzkin, Leo, ed., *Les Pogromes en Ukraine sous les gouvernements ukrainiens 1917-1920*, Comité des Délégations Juives, Paris, 1927

Mulish, Harry, *Strafsache 40/61*, Köln, 1963

Nazi Conspiracy and Aggression, 11 vols., Washington, 1946-1948

Oppenheim, L., and Lauterpacht, Sir Hersch, *International Law*, 7th ed., 1952

Paechter, Henry, "The Legend of the 20th of July, 1944" in *Social Research*, Spring, 1962

Pearlman, Moshe, *The Capture of Adolf Eichmann*, London, 1961

Pendorf, Robert, *Mörder und Ermordete. Eichmann und die Judenpolitik des Dritten Reiches*, Hamburg, 1961

Poliakov, Léon, *Auschwitz*, Paris, 1964

Poliakov, Léon, and Wulf, Josef, *Das Dritte Reich und die Juden*, Berlin, 1955

Reck-Malleczewen, Friedrich P., *Tagebuch eines Verzweifelten*, Stuttgart, 1947

Reitlinger, Gerald, *The Final Solution*, New York, 1953; Perpetua ed., 1961

Reynolds, Quentin; Katz, Ephraim; and Aldouby, Zwy, *Minister of Death*, New York, 1960

Ritter, Gerhard, *The German Resistance: Carl Goerdeler's Struggle against Tyranny*, New York, 1958

Robinson, Jacob, "Eichmann and the Questuon of Jurisdiction," *Commentary*, July, 1960

Robinson, Jacob, and Friedman, Philip, *Guide to Jewish History under Nazi Impact*, a bibliography published jointly by YIVO Institute for Jewish Research and Yad Vashem, New York and Jerusalem, 1960

Rogat, Yosal, *The Eichmann Trial and the Rule of Law*, published by the Center for the Study of Democratic Institutions, Santa Barbara, California, 1961

Romoser, George K., *The Crisis of Political Direction in the German Resistance to Nazism*, University of Chicago dissertation, 1958

———, "The Politics of Uncertainty: The German Resistance Movement" in *Social Research*, Spring, 1964

Rothfels, Hans, *German Opposition to Hitler*, Chicago, 1948

Rotkirchen, Livia, *The Destruction of Slovak Jewry*, Jerusalem, 1961

Rousset, David, *Les Jours de notre mort*, Paris, 1947

Schneider Hans, *Gerichtsfreie Hoheitsakte*, Tübingen, 1950

Schramm, Percy Ernst, "Adolf Hitler—Anatomie eines Diktators" in *Hitlers Tischgespräche*, 1964

Servatius, Robert, *Verteidigung Adolf Eichmann, Plädoyer*, Bad Kreuznach, 1961

Silving, Helen, "In Re Eichmann: A Dilemma of Law and Morality," *American Journal of International Law*, vol. LV, 1961

Stone, Julius, *Legal Controls of International Conflict*, New York, 1954

Strauss, Walter, "Das Reichsministerium des Innern und die Judengesetzgebung. Aufzeichnungen von Bernhard Lösener," *Vierteljahrshefte für Zeitgeschiche*, July, 1961

Strecker, Reinhard, ed., *Dr. Hans Globke*, Hamburg, n.d.

Taylor, Telford, "Large Questions in the Eichmann Case," *New York Times Magazine*, January 22, 1961

Torrès, Henri, *Le Procès des Pogromes*, Paris, 1928

Trial of the Major War Criminals, The, 42 vols., Nuremberg, 1947-1948

Trials of War Criminals before the Nuremberg Military Tribunals, 15 vols., Washington, 1949-1953

Vabres, Donnedieu de, *Le Procès de Nuremberg*, Paris, 1947

Wade, E. C. S., "Act of State in English Law," *British Yaer Book of International Law*, 1934

Wechsler, Herbert, "The Issues of the Nuremberg Trials," *Principles, Politics, and Fundamental Law*, New York, 1961

Weisenborn, Günther, *Der lautlose Aufstand*, Hamburg, 1953

Wighton, Charles, *Eichmann, His Career and His Crimes*, London, 1961

Woetzel, Robert K., *The Nuremberg Trials in International Law*, New York, 1960

Wucher, Albert, *Eichmanns gab es Viele*, Munich-Zurich, 1961

Wulf, Josef, *Lodz. Das letzte Ghetto auf polnischem Boden*, Schriftenreihe der Bubdeszentrale für Heimatdienst, vol. LIX, Bonn, 1962

———,*Vom Leben, Kampf und Tod im Ghetto Warschau*, op. cit., vol. XXXII, Bonn, 1960

Yad Vashem, *Bulletin*, Jerusalem, April, 1961 and April-May, 1962

Zaborowski, Jan, *Dr. Hans Globke, the Good Clerk*, Poznan, 1962

Zeisel, Hans, "Eichmann, Adolf," *Britannica Book of the Year*, 1962

索　引

1005 單位 232
1915 年亞美尼亞大屠殺 293
《1950 年納粹與其共犯（懲罰）法》[The Nazis and Nazi Collaborators (Punishment) Law of 1950] 35, 111, 113, 245, 273, 282, 291, 300
7 月刺殺事件 118-126, 189, 327

二劃

二十五點綱領 58, 59
人民大會堂 16

三劃

上奧地利電氣設備公司 [Oberösterreichischen Elektrobau Company] 44
《凡爾賽條約》[Versailles, Treaty of] 45, 52, 206
大德意志帝國尤太移民中心 83, 84, 94
大衛・金瑟 [Kimche, David] 78, 79
大衛・魯塞 [Rousset, David] 24

四劃

中央尤太委員會 139, 221-224
丹內克 [Dannecker, Theodor] 187,190, 211, 212
丹麥 174, 193-198, 202, 212, 215, 250
內蓋夫 [Negev] 277
尤太人全國代表機構 [Reichsvertretung] 55, 77, 81
尤太人救濟和救援委員會（布拉提斯拉發）166, 229
尤太人救濟和救援委員會（匈牙利）222-224
尤太長老委員會 94, 112, 136, 141, 244, 311
《尤太前線》[*Jewish Frontier*] 19
尤太軍團 250
尤太復國主義 → 尤太復國運動
尤太復國主義組織 45, 54, 58, 82, 83, 143, 223, 229
尤太復國運動 23, 33, 55-57, 74, 76-78, 80-82, 94, 95, 143, 144, 165, 223, 224, 234, 295
《尤太評論》[*Jüdische Rundschau, Die*] 77
巴伐利亞天主教學院 36
巴多格里奧 [Badoglio, Pietro] 199, 208
巴庫 [Baky, Lászlo] 224
巴勒斯坦 43, 57, 63, 76-82, 218, 223, 250-252, 254
巴勒斯坦尤太人辦事處 [Jewish Agency for Palestine] 77, 78, 146
巴登 [Baden] 152, 177
《巴塞爾全國報》[*Basler Nationalzeitung*] 190
巴爾特哈德・雅克布 [Jakob, Berthold] 292
巴黎 175, 187, 211, 221, 252, 253, 283, 293-295
《巴黎非戰公約》[Briand-Kellogg pact] 283
戈林 [Göring, Hermann Wilhelm] 60, 83, 103, 114, 121, 155, 213, 227
戈培爾 [Goebbels, Joseph Paul] 36, 68, 121, 216
《日內瓦協定》283, 296
《月報》[Monat, Der] 279, 298
比利時 164,185, 186, 188-190, 250, 265, 283
毛奇 [Moltke, Helmuth von] 120
毛特豪森 [Mauthausen] 24
水晶之夜 [Kristallnacht] 54, 60, 83, 232, 252

五劃

世界尤太國會 299

以色列 15-17, 19, 20, 22, 24, 26, 29-31, 33, 35, 36, 41, 43, 44, 47, 60, 63, 79, 80, 94, 117, 140, 143, 151, 165, 175, 218, 232, 234, 235, 246-251, 256, 257, 262, 265-271, 273, 275-277, 281, 287, 288, 290-293, 295, 297-302, 304, 313. 316, 321-323
以色列人民公社 [Kibbuzniks] 143
以色列工黨 [Mapai Party] 22
以色列法律 20, 271, 297, 300, 322, 323
以色列軍隊 80
以色列航空 [El Al Israel Airlines] 266, 268
以色列國會 20, 26, 300
以色列情報局 265, 266, 293
以色列第六分局 → 以色列警方
以色列最高法院 20, 40, 88, 165, 169, 275, 276, 313, 314
以色列歌劇院 313
以色列警方 43, 63, 94, 246, 247, 262
《代理人》[*Deputy*] 324
加廷森林 [Katyn Forest] 284
加拿大 124
卡根 [Kagan, Raja] 239
卡梅爾山 [Carmel, Mount] 80
卡斯特納 [Kastner, Rudolf] 45, 57, 58, 138-140, 154, 165, 168, 221, 222, 224
卡爾・弗蘭克 [Frank, Karl Hermann] 99
卡爾・克林根弗思 [Klingenfuss, Karl] 292
卡爾滕布倫納 [Kaltenbrunner, Ernst] 46-49, 52, 87, 89, 91, 155, 162, 166, 168, 169, 174, 182, 191, 261, 263
可瑞茲 [Koretz, Chief Rabbi] 213
古斯塔夫・吉爾伯特 [Gilbert, Gustave M.] 236
古魯克 [Glücks, Richard] 107, 174, 225
史密特 [Schmitt, Carl] 167
史畢爾 [Speer, Albert] 56
史脫佛 [Storfer, Kommerzialrat] 66, 67, 81
史陶芬堡 [Stauffenberg, Klaus von] 120
史塔赫萊克 [Stahlecker, Franz] 92-95
史道萊 [Storey Robert G.] 281
史達林 [Stalin, Joseph] 199
史達林格勒 [Stalingrad] 119, 137
尼斯 [Nice] 200
尼斯科計畫 [Nisko project] 49, 92-94
布加勒斯特 [Bucharest] 216, 217
布宜諾斯艾利斯 [Buenos Aires] 35, 262-265, 267-269, 293, 294
布拉格 60, 84, 92, 93, 99, 100, 116, 168, 190, 205, 224, 250, 271, 287
布拉提斯拉發 [Bratislava] 100, 228-230
布洛・貝爾 [Blobel, Paul] 233
布倫納 [Brunner, Alois] 200, 213, 221, 230
布勞希奇 [Brauchitsch, Walter von] 237
布萊費 [Bradfisch, Otto] 27, 149
布隆貝格 [Blomberg, Wernier von] 243
布達佩斯 [Budapest] 39, 41, 45, 57, 139, 145, 160, 162, 169, 220-222, 225-227, 229
布雷斯勞 [Breslau] 225
布裏希特 [Ulbricht, Walter] 26
布魯諾・貝特海姆 [Bettelheim, Bruno] 313
布藍德 [Brand, Joel] 222-224
布蘭第 [Brandt, Willy] 75
弗里奇 [Fritsh, Werner von] 243
弗來茲・赫賽 [Hesse, Fritz] 120
弗朗茨・約瑟夫 [Franz Joseph, Emperor of Austria] 109
弗羅丁格 [Freudiger, Pinchas] 145, 146, 221-223
本古里安 [Ben-Gurion, David] 17, 22, 23, 25, 26, 30, 32, 33, 143, 235, 266, 268, 276, 281, 299, 300
瓦力恩特 [Valiant, Xavier] 185
瓦格納 [Wagner, Gerhard] 129
瓦隆人 [Walloons] 189
瓦爾特高省 [Warthegau] 92, 107, 116, 149, 176, 231, 238, 242
瓦爾登堡 [Wartenberg, York von] 121
甘什 [Hunsche, Otto] 27, 221, 226, 262
《生活》[*Life*] 37, 265
白俄羅斯 28, 108, 128, 231
立陶宛 176, 231, 250
民族社會主義德意志工人黨 → 納粹黨

六劃

伊扎克・本茲維 [Ben-Zvi, Itzhak] 276
伊扎克・歐盛 [Olshan, Itzhak] 275
伊斯蘭教大教長 25, 31
伊澤爾省 [Isère] 200
伏騰 [Fünten, Ferdinand aus der] 190
《先鋒報》[*Stürmer, Der*] 45, 286
共產黨人 [Communists] 28, 53, 89, 116, 118, 201, 213
共濟會 [Freemasonry] 47, 52, 89
列西菲德 [Lechfeld] 49
列奧・莫茲金 [Motzkin, Leo] 294
匈牙利 27, 37, 41, 57, 62, 138, 139, 145, 151, 160-166, 169, 186, 197, 199, 206, 214, 219-230, 232, 238, 250, 251, 286
印度 318
吉斯林 [Quisling, Vidkun] 193
吉普賽人 37, 114, 117, 127, 212, 242, 271, 272, 304
同化主義者 [Assimilationists] 55, 57, 77
在羅斯柴爾德皇宮 [Rothschild Palais] 82
多姆區 [Radom District] 93, 94
《安妮・法蘭克日記》278
安東・施密特 [Schmidt, Anton] 256
安東內斯庫 [Antonescu, Ion] 199, 216, 217
安樂死計劃 89, 127-131, 318
托德組織 [Organisation, Todt] 56
朱克曼 [Zuckerman, Itzhak] 144
朱克曼女士 [Zuckerman, Zivia Lubetkin] 143, 144
米德那 [Mildner, Rudolf] 174
米德斯坦 [Mildenstein, von] 56
老人尤太區 → 特瑞辛
艾希曼家族
（父）卡爾・阿道夫・艾希曼 [Eichmann, Karl Adolf] 17, 35, 42-44, 47, 264
（母）瑪利亞・雅伯靈 [Eichmann Maria, née Schefferling] 35, 42, 44, 264
（妻）維拉・勒伯 [Eichmann, Veronika Liebl] 43, 263, 264, 269, 276
（長子）迪特爾・艾希曼 [Eichmann, Dieter] 228, 264
（四子）里卡多・弗朗西斯科・克萊門特・艾希曼 [Eichmann, Ricardo Francisco Klement] 264
艾哈德・米爾希 [Milch, Erhard] 155, 201
艾森豪 [Eisenhower, Dwight D.] 261
艾德諾 [Adenauer, Konrad] 26, 29-31, 133
西伯利亞 67
西門子—修克特工程公司 [Siemens-Schuckart Werke] 98
西班牙 178, 179, 199, 201, 225
西班牙尤太人 [Sephardic Jews] 191, 215
西爾伯 [Silber, Gershon] 254
西蒙・佩特留拉 [Petlyura, Simon] 293
西德 26-31, 38, 49, 133, 140, 149, 267, 275, 277, 292, 316

七劃

亨利・特雷思 [Torrès, Henri] 294
佛朗哥 [Franco, Francisco] 179, 199
佛蘭德地區 [Flanders] 189
佐帕夫 [Zöpf, Willi] 27
伯姆 [Böhm, Adolf] 56, 234
克里米亞 [Crimea] 231
克拉科夫 [Cracow] 242
克林格 [Killinger, Manfred von] 217, 218
克斯滕 [Kersten, Felix] 74
克魯密 [Krumey, Hermann] 27, 208
克魯普—沃克公司 [Krupp-Werke] 98, 225
克盧格 [Kluge, Günther von] 121, 124
克羅埃西亞 164, 206-208, 227
克羅提斯 [Grotius] 316
利沃夫 [Lwów] 108, 109
利迪策 [Lidice] 232, 272, 275
呂納堡石楠草原 [Lünenburger Heide] 263
君特 [Günther, Rolf] 89, 129, 168, 196, 221
希姆萊 [Himmler, Heinrich] 26, 27, 39, 50, 51, 66, 68, 74, 75, 87-90, 93, 95, 103, 104, 106, 114, 115, 121, 126-129, 133, 137, 138, 151, 155, 160, 162-171, 173, 174, 177, 179, 180, 185, 188, 190, 191, 195, 218,

222, 223, 227, 236, 238-242, 257, 261, 262, 272, 321, 322
希特勒 [Hitler, Adolf] 23, 26, 28, 30-32, 38, 48, 49, 52, 53, 55, 58, 59, 68, 75-77, 80, 84, 85, 89, 91, 97, 103, 104, 106, 107, 114, 117-130, 133, 135, 137, 147-151, 155, 160, 162, 167, 169-173, 175, 177-179, 182, 183, 189, 193, 199, 205, 207, 208, 210, 215, 216, 218, 230, 235, 236, 241-243, 281, 295, 301, 312, 314, 318-321, 324, 327
希爾伯格 [Hilberg, Raul] 37, 90, 98, 128, 139, 155, 162, 212, 216, 311
希臘 191, 199, 210, 212-214, 221, 250, 286
《我的奮鬥》[*Mein Kampf*] 48
李斯頓伯 [Lichtenberg, Bernard] 152
沃切特 [Wächter, Otto] 202
沃夫 [Wolff, Karl] 27
沃特・赫伯克頓 [Huppenkothen, Walter] 310
沃斯 [Wirth, Christian] 107
沃爾特・卡度 [Kadow, Walter] 113
貝什沃克 [Berthawerk] 225
貝克勒 [Beckerle, Adolf] 212
貝克曼 [Beckmann, Heinz] 75
貝希特斯加登 [Buchenwald] 24
貝斯特 [Best, Werner] 195, 196, 198
貝當 [Pétain, Marshal] 186, 199
貝爾根—貝爾森 [Bergen-Belsen] 106, 139, 144, 165, 178, 213, 233, 250
貝爾澤克 [Belzek] 130
貝赫 [Becher, Kurt] 160, 163-166, 169, 223, 224, 310
那貝 [Nebe, Arthur] 121
里加 [Riga] 25, 115, 116, 231
里特爾 [Ritter, Gerhard] 119-121, 124
里賓特洛甫 [Ribbentrop, Joachim von] 96, 126, 133, 173, 235
《防止及懲治滅絕種族罪公約》[Law for the Prevention and Punishment of Genocide] 297

八劃

亞科維奇 [Rajakowitsch, Erich] 60, 94, 190, 191
亞韋斯托克 [Bialystok] 238
亞德・希莫尼 [Shimoni, Yad] 266
《奇愛博士》[*Dr. Strangelove*] 118
季米特洛夫 [Dimitrov, Georgi] 212, 213
帕韋利奇 [Pavelic, Ante] 207
帕紹 [Passau] 49
彼得・班姆 [Bamm, Peter] 257, 258
拉托維亞 176, 231
拉姆 [Lamm, Hans] 55, 76
拉德馬赫拉 [Rademacher, Franz] 37, 38
抵制尤太人運動 76
昆汀・雷諾茲 [Reynolds, Quentin] 248
《明星周刊》[*Stern, Der*] 37, 265
明斯克 [Minsk] 25, 28, 108, 109, 115-117
東陸 → 愛沙尼亞、拉托維亞、立陶宛、波蘭（納粹佔領）、烏克蘭、瓦爾特高省、白俄羅斯
東陸佔領區事務部 217, 231
東德 26, 83
林茨 [Linz] 42, 45, 46, 87, 214, 247, 263, 264, 270, 276
波利亞科夫 [Poliakov, Léon] 174, 246
波希米亞 84, 99, 100, 102, 116, 176
波奈特 [Bonnet, Georges] 96
波姆 [Böhme, Franz] 37, 38, 209
波茲南省 [Poznan] 242, 255
波爾多 [Bordeaux] 186, 187
波赫 [Pohl, Oswald] 87, 98, 107, 174
波蘭（二戰前）52, 58, 84, 95, 96, 253-255
波蘭（納粹佔領）21, 28, 29, 49, 85, 92-96, 104, 107, 110, 114, 116, 128, 134, 138, 140, 142-144, 149, 152, 153, 155, 161, 174, 176, 177, 186, 187, 189, 192, 202, 222, 223, 229, 231, 233, 238, 240-244, 250, 251, 256, 257, 272, 283, 313
波蘭西部 → 瓦爾特高省
波蘭總督 → 波蘭（納粹佔領）
法本公司 [Farben, I. G.,] 98
法西斯（義大利）161, 199, 201-203, 220

法利納西 [Farinacci, Roberto] 201
法肯豪森 [Falkenhausen, Alexander von] 189
法朗索瓦・德・蒙頓 [Menthon, François de] 285
法國（二戰）→ 法國（義大利佔領區）、法國（納粹佔領區）、維希法國
法國（二戰前）96
法國（納粹佔領區）104, 164, 185-189, 195, 196, 199, 200
法國（義大利佔領區）188, 200
《法蘭克福評論報》[*Frankfurter Rundschau*] 30
法蘭柯 [Fränkel, Wolfgang Immerwahr] 28
法蘭茲 [Ferenczy] 224
舍費爾 [Schäfer, Emanuel] 209
芬蘭 193, 283
邱吉爾 [Churchill, Winston] 285
長崎 284
阜姆 [Fiume] 201
陀思妥耶夫斯基 [Dostoevski] 67
阿巴・科夫納 [Kovner, Abba] 255
阿吉蘭德 [Krüger, Friendrich-Wilhelm] 28
阿姆斯特丹 24, 27, 139, 191
阿拉伯 22, 25, 26, 262, 321, 323
阿拉伯村莊屠殺案 321, 323
阿根廷 17, 36, 37, 49, 62, 64, 68, 70, 98, 104, 123, 235, 247, 262-269, 275, 279, 292, 293, 310
阿特奧斯 [Alt-Aussee] 261,263
阿爾巴尼亞 83
阿爾佛萊德・史萊衛 [Slawik, Alfred Joseph] 310
阿爾佛萊德・西客斯 [Six, Adfred] 310
阿爾薩斯—洛林 [Alsace-Lorraine] 122, 123
阿德勒 [Adler. H.G.] 141, 155
青年部 [Jungfrontkämpfeverband, the] 47

九劃

保加利亞 194, 206, 209-213, 221, 250, 256
保加利亞法西斯運動組織 210
保安本部第四分部 46, 89, 91, 169, 174, 177, 180, 213, 233, 242
保安本部第四分部 B 組 46, 89, 169, 174, 180, 213
俄軍 → 蘇俄紅軍
俄羅斯 → 蘇俄
俄羅斯帝國 205
前親衛隊成員組織 [ODESSA (organization of former S.S. men)] 263
勃蘭特 [Brandt, Karl] 89
南美洲 124
南斯拉夫 37, 78, 160, 199-201, 205, 207-210, 221, 223, 250, 272, 286
哈士登 [Harsten, Wilhelm] 190
哈加納 [Haganah] 80
哈姆孫 [Hamsun, Knut] 176
哈根 [Hagen, Herbert] 80
哈勒維 [Halevi, Benjamin] 58, 88, 146, 165, 248, 256
哈曼 [Haman] 32
威廉・克普 [Kube, Wilhelm] 117
威廉・赫爾 [Hull, William] 279
威廉・霍特 [Höttl, Wilhelm] 208, 310
威廉一世 [Wilhelm I] 122
威廉二世 [Wilhelm II] 283
威瑪共和 53, 58, 209
帝國衛生局 129
拜克 [Baeck, Leo] 140
拜倫 [Baron, Salo W.] 32, 117
施拉格特 [Schlageter, Leo] 113
施倫堡 [Schellenberg, Walter] 211, 237
施特勞斯 [Strauss, Franz-Josef] 75
施特萊歇爾 [Streicher, Julius] 45, 54, 88, 99, 286
《星期六晚間郵報》[*Saturday Evening Post*] 40, 287
柯尼斯堡 [Königsberg] 132
柏林 49, 54, 55, 60, 61, 75, 79, 81-85, 91, 94, 101, 103, 109, 121, 125, 133, 136, 138-141, 152, 169-171, 178, 181, 188, 190, 191, 196, 198, 209, 211, 212, 214, 215, 217, 221, 224, 226, 227, 229, 242, 261, 271, 293-295

柏林尤太人 55, 61, 82, 180
柏林國會大樓縱火案 212
《柏林條約》 [Berlin, Treaty of] 215
科夫諾 [Kovno] 142
科恩 [Cohn, Benno] 54
約瑟夫・布勒 [Bühler, Joseph] 134, 241
約瑟夫・蒙格勒 [Mengele, Josef] 292
約瑟爾・洛加特 [Rogat, Yosal] 299, 305
約德爾 [Jodl Alfred] 171
美國 18, 32, 74, 78, 81, 118, 119, 150, 153, 165, 171, 181, 182, 223, 226, 235, 236, 240, 241, 256, 262, 263, 270, 276, 311-313, 324
美國尤太聯合分配委員會 165, 223
美國拉比中央會議 276
美國國家檔案館 94
耶路撒冷希伯來大學 276
耶路撒冷法庭 17, 33, 35, 36, 40, 42, 52, 54, 59, 70, 82, 83, 88, 91, 97, 100, 129, 137, 140, 150, 154, 165-167, 170, 173, 178, 181, 186, 187, 189, 190, 208, 222, 232, 233, 241, 243, 245, 252, 255, 266, 267, 274, 275, 282, 288, 292, 297, 298, 302-304, 306, 316, 318, 321, 328
《胡貝圖斯堡和約》[Hubertusburg, Treaty of] 137
英國 78-81, 96, 181, 250, 261, 262, 284, 311, 312, 318
迪努爾 [Dinoor] 249
迪特爾 [Wisliceny, Dieter] 166, 168, 213, 214, 221, 222, 224, 228-230, 238, 263
《重建》 [*Aufbau, Der*] 41
韋赫特伯夫 [Wechtenbruch, Dieter] 167, 168
韋德 [Wade, E.C.S.] 114

十劃

倫根洛伊斯 [Löwenherz, Josef] 45, 62, 63, 80, 81, 84, 250
倫高斯基 [Rumkowski, Chaim] 140
《倫敦協定》[London Agreement, the] →《紐倫堡憲章》
唐納迪烏・德・瓦博利斯 [Vabres, Donnedieu de] 285
哥德曼 [Goldmann, Nahum] 299
埃及 25, 32, 80
埃及國民會議 32
埃布 [Ebner] 66, 67
埃維昂會議 [Evian Conference] 84
埃德蒙 [Veesenmaver, Edmund] 162, 163, 169, 220, 224, 226, 230, 310
庫爾姆 [Kulm] → 海烏姆諾
恩斯特・馮・拉特 [Rath, Ernst vom] 252, 253
恩德雷 [Endre, Vitez Láslo] 41, 162, 224
拿破崙 122, 320, 327
挪威 75, 176, 193, 194, 250
格但斯克 [Danzig] 242
格里斯 [Greiser, Artur] 149, 231, 239
格洛博奇尼克 [Globocnik, Odilo] 104, 106, 107, 109, 129, 202
格奧爾格文學圈 [George, Stefan] 178
格德勒 [Goerdeler, Carl Friedrich] 120-124, 126
格魯伯 [Grüber, Heinrich] 150-154
泰列利安 [Tehlirian, Soghomon] 293, 295
海牙 [Hague] 175, 190
《海牙協定》[Hague Convention] 283, 284
海法 [Haifa] 80
海烏姆諾 [Chelmno] 28, 130, 250
海德里希 [Heydrich, Reinhardt] 51, 59, 60, 62, 75, 83, 87-89, 91, 93-95, 97, 99-101, 103, 104, 115, 116, 127, 128, 133-135, 154, 155, 160, 177, 178, 190, 196, 201, 209, 229, 232, 236, 237, 241-244, 272
烏干達 95
烏克蘭 176, 216, 231, 257
烏斯塔沙 [Ustashe] 207, 208
烏赫貝爾 [Uebelhör] 115
特別行動隊 [Einsatzgruppen] 27, 28, 65, 85, 89, 90, 93, 94, 97, 103, 105, 110, 115-117, 126-128, 130, 149, 195, 221, 235, 237, 242, 243, 257, 258
《特里亞農條約》[Trianon, Treaty of] 206, 220

特納 [Turner, Harald] 37, 209
特搜隊（羅森堡創立）208
特瑞辛 [Theresienstadt] 62, 77, 81, 82, 99-102, 105, 106, 139-142, 144, 145, 147, 154, 155, 168, 178, 180, 181, 196, 197, 221, 250, 251, 261, 271, 314
特雷布林卡 [Treblinka] 28, 107, 109, 130, 212, 250
真空石油公司 [Vacuum Oil Company] 43, 44, 46, 48, 49
索比布爾 [Sobibor] 130, 192
索多瑪和蛾摩拉 [Sodom and Gomorrah] 306
索林根 [Solingen] 41, 42
索非亞 [Sofia] 211, 212
索非亞首席拉比 212
紐本森 [Neubenschen] 254
紐倫堡大審判 [Nuremberg Trials] 18, 19, 21, 28, 35, 89, 91, 104, 112, 113, 131, 148, 150, 157, 165, 171, 174, 181, 198, 209, 228, 233, 235, 236, 246, 262, 281-283, 285-287, 291, 302, 303, 305, 319, 323, 328
《紐倫堡法案》[Nuremberg Laws of 1935] 20, 31, 44, 54, 55, 149, 296
《紐倫堡憲章》282, 283, 285-287, 303
納粹罪犯調查中心 26
納粹衝鋒隊 [S.A (Sturm Abteilung)] 53, 55, 118, 217
納粹親衛隊 [S.S.] 24, 25, 27-29, 36, 38, 43-49, 51, 52, 55, 56, 65-67, 78, 87-91, 94, 95, 98, 104, 107, 109, 112, 116, 117, 120, 122, 124-130, 135, 137, 141, 142, 144, 150, 155, 160, 162-167, 170, 171, 173, 174, 179-181, 188, 190-192, 195, 197, 201, 208, 212, 214, 215, 217, 220, 222-226, 228-230, 237, 238, 240, 245, 254, 257, 263, 265, 273, 310
納粹黨 [Nazi Party] 17, 21-32, 35, 36, 38, 41-49, 51-56, 58-63, 65-69, 73, 75-81, 83, 85, 87-92, 95-99, 104, 105, 111-113, 118-126, 129, 130, 132-140, 142-151, 153, 154, 161, 163, 164, 166, 172, 173, 176-181, 185, 186, 188, 189, 191-203, 205, 207-213, 218, 220-222, 224-233, 236, 237, 239, 242-246, 248, 251, 253, 257, 258, 263, 265, 267, 273, 274, 279, 286-288, 291, 292, 296, 297, 299, 301, 303-306, 311, 314, 317, 325
茲巴斯珍城 [Zbaszyn] 58, 255
茲維・多哈 [Tohar, Zvi] 266
馬丁・布伯 [Buber, Martin] 276, 278
馬丁・鮑曼 [Bormann, Maritn] 180, 257, 287
馬扎爾民族 [Magyars] 219-221
馬伊達內克 [Majdanek] 130, 250
馬克・庫格 [Krug, Mark M.] 140
馬提奧第 [Matteotti, Giacomo] 320
馬達加斯加計畫 48, 62, 63, 95-97, 99, 124, 179
馬賽 200
高級親衛隊和警察領袖 29, 89, 90, 104, 137, 162, 163, 173, 174, 188, 190, 191, 238
曼弗雷德・魏斯 [Weiss, Manfred] 164

十一劃

國家社會黨 → 納粹黨
國家保安本部 [R.S.H.A] 46, 50, 87, 89-91, 94, 95, 104, 121, 128, 155, 160, 162, 163, 166, 174, 175, 177, 180, 190, 191, 200, 211, 212, 230, 233, 237, 238, 241, 261
國際紅十字會 102, 106, 168, 251, 261
國際聯盟 52
基督教青年會協會 47
寇普 [Koppe, Wilhelm] 28
康德 [Kant, Immanuel] 157-159
捷尼亞科夫 [Czerniakow, Adam] 140
捷克斯洛伐克 [Czechoslovakia] 44, 84, 95, 168, 205, 227
敖德薩 [Odessa] 216, 295
救濟和救援委員會 [Vaadat Ezra va Hazalah] 222-224, 229, 230
梵蒂岡 105, 212, 225, 229
理查德・克萊門特 [Klement, Richard (or Ricardo)] 263, 265, 267
移民局 [Aliyah Beth] 79, 194, 250
紹克爾 [Saukel, Fritz] 114
莎樂姆・施瓦茨巴德 [Schwartzbard, Shalom] 293
莫吉廖夫 [Mogilev] 28

莫姆伯特 [Mombert, Alfred] 178
莫頓 [Merten, Max] 213-215, 310
荷蘭 24, 36, 41, 60, 94, 146, 147, 153, 185, 186, 188, 190-193, 197, 250, 265, 266, 310, 311
荷蘭國家戰爭文件研究處 60
麥卡錫 [McCarthy, Mary] 312

十二劃

傑克遜 [Jackson, Robert H.] 302, 303
傑利耶斯・斯通 [Stone, Julius] 286
凱邵組織 [Kreisau] 120
勞特 [Rauter, Hans] 190
喬治・羅莫森 [Romoser, George K.] 120
喬治・蘇雷茲 [Suarez, Georges] 294
《惡之極》[*Summa Iniuria*] 326
提拉克 [Thierack, Otto] 179
提索 [Tiso, Josef] 227, 230
斯文赫定 [Hedin, Sven] 155, 176
斯洛伐克 100, 101, 105, 160, 161, 164, 166, 168, 197, 205, 221, 223, 227-230, 250
斯特恩 [Stern, Samuel] 222
斯莫勒維奇 [Smolevichi] 27
斯蒂芬 [Stephan, Metropolitan of Sofia] 212
斯圖卡特 [Stuckart, Wilhelm] 134, 150, 181
斯摩棱斯克 [Smolensk] 284
斯賽新 [Stettin]] 177
普法戰爭 122
欽德爾・格林斯潘 [Grynszpan, Zindel] 252-255
登那 [Dunand, Paul] 168
華沙 25, 28, 92, 128, 139, 140, 142, 238, 241
萊比錫 [Leipzig] 120, 254
萊尼・亞西爾 [Yahil, Leni] 202
萊伊 [Ley, Robert] 68
《萊茵河週報》[*Rheinischer Merkur*] 30, 36, 75
萊茵非武裝區 [Rhineland] 52, 113, 114
萊斯 [Less Avner] 43, 44, 65, 66, 101, 269
菲力森 [Philippsohn] 155
菲利普・吉倫 [Gillon, Philip] 19
費思特 [Fest, T. C.,] 311
費倫茲 [Fellenz, Martin] 29
費倫茨 [Szalasi, Ferenc] 226
賀伯・凱帕勒 [Kappler, Herbert] 310
賀爾多夫 [Helldorf] 121
開羅 25, 80
隆美爾 [Rommel, Erwin] 121
雅士培 [Jaspers, Karl] 125, 178, 198
雅各 [Jacob, E.] 190
雅各夫・巴若 [Baror, Ya'akov] 141
黑格爾 32

十三劃

塞巴家族 [Sebba family] 45
塞瓦斯托波爾 [Sevastopol] 257
塞洛希 [Bach-Zelewski, Erich von dem] 28, 112, 310
塞萬提斯 [Servatius, Robert] 16, 21, 32, 33, 35-37, 49, 73, 79, 88, 89, 110, 113, 114, 129, 141, 152, 167, 187, 233, 234, 246, 247, 266, 270, 271, 274, 275, 277
塞爾維亞 37, 38, 205, 209, 211
塞德爾 [Seidl, Siegfried] 221
塔登 [Thadden, Eberhard von] 173, 310
《奧本海國際法》[*Oppenheim-Lauterpacht*] 170
奧匈帝國 206, 219
奧地利 24, 27, 42-44, 47, 49, 50, 52, 58-60, 79, 81, 94, 108, 116, 122, 123, 137, 160, 176, 177, 180, 183, 186, 203, 219, 232, 245, 250, 261, 263, 264, 279
奧地利的流亡軍團 50
奧地利移民中心 59
奧托・基希海默 [Kirchheimer, Otto] 148, 284, 285, 294
奧托・馮・哈布斯堡 [Hapsburg, Otto von] 219
奧茲維辛 [Auschwitz] 25, 27, 57, 66, 81, 90, 98, 106, 110, 113, 129, 130, 138-140, 160, 163, 169, 174, 178, 187, 189, 191, 193,

203, 214, 221, 225, 226, 238. 239, 249-251, 253, 272, 292, 296
奧圖・海林格 [Heninger, Otto] 263
愛因斯坦 [Einstein, Albert] 156
愛沙尼亞 176, 231
愛博梅特 [Abromeit, Franz] 207, 221
愛普斯頓 [Eppstein, Paul] 81, 141
溫克爾曼 [Winkelmann, Otto] 162, 163, 310
瑞士 44, 106, 151, 165, 168, 178, 190, 195, 201, 225, 264, 292, 311
瑞克特 [Richter, Gustav] 27, 216
瑞沃 [Raveh, Yitzhak] 146, 158
瑞典 176, 193-195, 197, 225
萬湖會議 [Wannsee Conference] 69, 133, 150, 154, 160, 173, 181, 182, 193, 241
《聖日耳曼條約》[St. Germain, Treaty of] 206
《聖經・以西結書》32
葛利克曼公司 [Glickman Corporation] 18
葛斯 [Gurs] 151, 178
葛羅波克 [Globke, Hans] 31, 91, 134, 149, 150, 275
葡萄牙 164, 225
《話報》[*Davar*] 22
路德 [Luther, Martin] 38, 95, 173, 193
路德維希・貝克 [Beck, Ludwig] 122
達呂格 [Daluege, Kurt] 87
達拉特貝依 [Talaat Bey] 293
達豪 [Dachau] 50,152
雷克馬爾克 [Reck-Malleczewen, Friedrich P.] 123, 125, 131
雷奇塔勒爾 [Lechthaler, Joseph] 27
雷歇納爾 [Leuschner, Wilhelm] 120
雷福德・泰勒 [Taylor, Telford] 289
雷德 [Räder, Erich] 243
電車與電力有限公司 [Tramways and Electricity Company] 42, 44
電氣設備公司 [Oberösterreichischen Elektrobau Company] 44

十四劃

圖卡 [Tuka, Vojtek] 229
榮恩・金瑟 [Kimche, Jon] 78, 79
漢那根 [Hannecken, General von] 195, 196
漢斯・屈特納 [Jüttner, Hans] 310
漢斯・弗蘭克 [Frank, Hans] 21, 92, 94, 95, 155, 158
瑪斯曼諾 [Musmanno, Michael A.] 150, 235-237
《種族滅絕公約》[Genocide Convention, The] 290
維也納 44, 45, 49, 56, 58-60, 63, 66, 73, 78-84, 92-94, 106, 138, 141, 159, 190, 221, 224, 225, 250, 271
維克多・布拉克 [Brack, Viktor] 104, 129
維希法國 [Vichy France] 151, 177, 178, 185-187
維斯 [Weiss, Julius] 44
維森伯恩 [Weisenborn, Günther] 125
維爾納 [Vilna] 142
蒙茲 [Maunz, Theodor] 38, 39
蓋世太保 [Gestapo] 46, 51, 66, 78, 83, 87, 89, 118, 174, 181, 188, 196, 215, 232, 253, 273, 292
賓士汽車工廠 264
賓哈斯・羅森 [Rosen, Pinhas] 291, 297
赫伯特・耶格爾 [Jäger, Herbert] 112
赫林卡衛隊 [Hlinka Guard] 227
赫茨爾 [Herzl, Theodor] 56, 74, 95, 234
赫歇爾・格林斯潘 [Grynszpan, Herschel] 252, 253
赫瑞希 [Jahrreiss, Hermann] 148
赫爾施・貝恩班特 [Birnblat, Hirsch] 313
齊亞諾 [Ciano, Galeazzo] 201

十五劃

廣島 284
德克瓦茲 [Duckwitz, George F.] 196
德沛拉波 [Pellepoix, Darquier de] 185
德貝爾 [Baer, Richard] 27, 310

德容 [Jong, Louis de] 146, 153, 192
德朗西 [Drancy] 187
德國內政部 91, 134, 149, 150, 181, 207
德國尤太信仰公民中央協會 77
德國司法部 179, 180
德國外交部 25, 32, 37, 38, 62, 91, 95, 96, 105, 133, 134, 136, 161-163, 173, 179, 181, 182, 189, 193, 194, 199, 202, 210-212, 217, 220, 224, 227, 229, 240, 241
德國交通運輸部 175, 186
德國青年運動 [Wandervogel] 47
德國財政部 61, 62, 136
德國國家銀行 [Reichsbank] 136
德國情報人員 128, 212
德奧合併 52, 58, 129
德意志聯邦共和國 → 西德
德雷福斯案件 [Dreyfus Affair] 23
德邁 [Sztojai, Dome] 199
德羅斯特 [Drost, P. N.] 288
慕尼黑大學 125
《慕尼黑畫報》[*Münchener Illustrierten Zeitung*] 51
摩協・培曼 [Pearlman, Moshe] 262
摩拉維亞 [Moravia] 84, 99, 102, 116, 176
摩納哥 200
摩梅斯坦 [Murmelstein, Benjamin] 141
《歐洲保障人權和基本自由公約》[Convention for the Protection of Human Rights and Fundamental Freedoms, the] 277
歐洲計畫 222, 224, 229
歐瑞爾・馮・里臣 [Aurel von Jüchen] 325
潘道夫 [Pendorf, Robert] 107,139, 311
箭十字黨 [Arrow Cross Party] 220, 226, 227
蔚藍海岸 [Côte d'Azur] 188, 200
墨索里尼 [Mussolnin, Benito] 161, 199-201, 320

十六劃

盧丁 [Ludin, Hans Elard] 229
盧布林 [Lublin] 98, 104, 106, 107, 109, 129, 177, 192, 202, 217
盧貝 [Lubbe, Marinus van der] 213
盧森納 [Lösener, Bernhard] 149
盧森堡 250
盧薩可 [Slutsk] 27
穆里斯 [Mulisch, Harry] 41-43, 117, 311
穆勒 [Muller, Heinrich] 46, 75, 83, 84, 89, 91, 107-109, 135, 160, 162, 166, 168 , 174, 175, 182, 199, 202, 233
親衛隊保安服務處 [S.D.] 50, 51, 87, 90, 93, 99, 105, 181, 190, 208, 211, 228, 273
親衛隊經濟管理本部 [W.V.H.A.] 87, 90, 98, 100, 104, 107, 174, 225
諾瓦克 [Novak, Franz] 27, 221, 222, 238, 310
賴伐爾 [Laval, Pierre] 186, 187
賴特林格 [Reitlinger, Gerald] 51, 103, 128, 174, 181, 200, 246, 311
霍特葉率 [Hoter-Yishai, Aharon] 250-252
霍斯 [Höss, Rudolf] 27, 66, 67, 90, 106, 107, 110, 113, 225, 238
《霍斯巴赫協議》[Hössbach protocol] 242
霍斯特・葛萊爾 [Grell, Horst] 62, 310
霍斯納 [Hausner, Gideon] 17-21, 31, 32, 40, 41, 75, 118, 143, 234, 237, 247-250, 252, 256, 275, 287, 288, 295, 305
霍爾蒂 [Horthy, Nikolaus von] 161, 162, 169, 199, 219, 222, 224-226
霍赫夫斯 [Hochhuth, Rolf] 324
鮑里斯 [Boris III, King of Bulgaria] 211, 212
鮑爾 [Bauer, Fritz] 30

十七劃

戴雪 [Dicey, Albert Venn] 112
聯合國 290, 298, 299
賽依塞爾 [Zeisel, H.] 290
邁耶 [Meyer, Franz] 82

十八劃

簡森 [Jansen, J.J.] 30
薩布里 [Sabri, Hussain Zulficar] 32
薩瓦省 [Savoie] 200
薩克森豪森 [Sachsenhausen] 152
薩洛尼卡 [Salonika] 191, 213, 214
薩格勒布 [Zagreb] 207, 208
薩森 [Sassen, Willem] 36, 64, 70, 74, 147, 247, 265, 310
薩爾茨堡 [Salzburg] 46
薩爾普法爾茨 [Saarpfalz] 152, 177
薩諾・馬赫 [Mach, Sano] 100, 101, 227
轉讓協議 [Ha'avarah] 77, 78

十九劃

離散尤太人 [Diaspora] 20, 22, 23, 99
魏茲曼 [Weizmann, Chaim] 143, 146, 275
魏茨澤克 [Weizsäcker, Ernst von] 193
魏爾什 [Weltsch, Robert] 76, 326
羅姆 [Röhm, Ernst] 28, 55, 217
羅阿塔 [Roatta, General] 200
羅浩森 [Lahousen, Erwin] 241
羅茲 [Lódz] 108, 115, 116, 140, 214, 232, 239
羅馬 199, 203
羅馬尼亞 27, 84, 145, 160, 176, 186, 199, 203, 206, 210, 215-218, 223, 226, 250
羅馬尼亞軍團 216
羅馬帝國 202, 300
羅斯福 [Roosevelt, Franklin D.] 225
羅森堡 [Rosenberg, Adolf] 208, 217, 231
《羅麗塔》[*Lolita*] 64

二十劃

蘇台德地區 [Sudetenland] 99, 122, 123, 205
蘇亞雷斯 [Suarez] 264
蘇拉非亞社 [Schlaraffia] 47, 48
蘇俄 38, 83, 92-94, 96, 97, 99, 103, 107, 115-117, 119, 122, 127, 128, 130, 132, 143, 151, 161, 165, 171, 186, 189, 195, 203, 209, 210, 217, 218, 230, 231, 250, 251, 257, 283, 284, 286
蘇俄俘虜（納粹集中營）116, 179
蘇俄紅軍 49, 132, 160, 162, 168, 212, 218, 220, 226, 227, 230, 261
蘇俄情報局 265
蘇茲貝克 [Salzberger, Charlotte] 142
蘇赫 [Schüle, Erwin] 26

二十一劃

蘭朵夫 [Lehnsdorf, Hans von] 132
蘭金 [Lankin, Doris] 20
蘭道 [Landau, Moshe] 16, 18, 64, 69, 116, 168, 234, 250, 252, 255
鐵衛軍團 [Iron Guard] 216

國家圖書館出版品預行編目資料

平凡的邪惡：艾希曼耶路撒冷大審紀實 / 漢娜．鄂蘭 (Hannah Arendt) 作；施奕如譯，-- 初版，-- 台北市；玉山社，2013.8
面； 公分
譯 自：Eichmann in Jerusalem: a report on the banality of evil
ISBN 978-986-294-057-0（平裝）
1. 納粹主義 2. 戰犯

571.193 102013890

平凡的邪惡 —艾希曼耶路撒冷大審紀實—

作　　者／漢娜．鄂蘭（Hannah Arendt）
譯　　者／施奕如
審　　訂／黃　默
發 行 人／魏淑貞
出 版 者／玉山社出版事業股份有限公司
地　　址／台北市 106 仁愛路四段 145 號 3 樓之 2
電　　話／(02)27753736
傳　　真／(02)27753776
電子信箱／tipi395@ms19.hinet.net
網　　址／http://www.tipi.com.tw
劃撥帳號／18599799 玉山社出版事業股份有限公司

副總編輯／蔡明雲
編　　輯／林邦由、陳文葳、薛維萩
封面設計／黃聖文工作室
行銷企劃／侯欣妘
業務行政／林欣怡
法律顧問／魏千峰律師
印　　刷／松霖彩色印刷有限公司
初版一刷／2013 年 8 月　初版二十刷／2019 年 6 月
定　　價／新台幣 480 元